JN048770

世界で最も危険な男

「トランプ家の暗部」を姪が告発

メアリー・トランプ
訳 草野香 菊池由美 他

MARY L. TRUMP, PH.D.

TOO MUCH AND NEVER ENOUGH

HOW MY FAMILY CREATED THE WORLD'S MOST DANGEROUS MAN

小学館

世界で最も危険な男

「トランプ家の暗部」を姪が告発

Too Much and Never Enough
How My Family Created the World's Most Dangerous Man
by Mary L. Trump
Copyright © 2020 by Compson Enterprises LLC
Japanese translation rights arranged with Compson Enterprises LLC
c/o William Morris Endeavor Entertainment LLC., New York
through Tuttle-Mori Agency, Inc., Tokyo

わが娘、エイヴァリー
そして
亡き父へ

闇のなかにとり残された魂は、罪を犯すようになる。
責められるべきは罪を犯す者ではなく、
その闇を生じさせた者である。

――ヴィクトル・ユゴー『レ・ミゼラブル』より

目次

著者による覚え書き

この本の内容は、私自身が記憶しているとおりに書いた部分が多い。私がその場にいなかったときの出来事については家族《ファミリー》・親族の誰かから、あるいは家族ぐるみの付き合いがある友人、隣人、知人から聞いた話にもとづいて書いた。その聞き取りインタビューの録音は相当数にのぼる。本書には随所で会話のシーンが出てくるが、すべて一語一句そのままの再現というわけではない。私が覚えているものや、人から聞いたその会話のエッセンスを伝えるべく、再構成したものもある。それ以外に資料として用いたものには、法的記録文書、銀行の取引明細書、納税申告書、私的な日誌、一族の記録文書、手紙、メール、メッセージ、写真などがある。

社会的背景に関して依拠したものは以下のとおり。ニューヨーク・タイムズ紙、とくにデイヴィッド・バーストウ、スザンヌ・クレイグ、ラス・ビュートナーの連名による二〇一八年一〇月二日掲載の調査記事。ワシントン・ポスト紙、ヴァニティ・フェア誌、ポリティコ（政治ニュースサイト）、TWAミュージアムのウェブサイト。ノーマン・ヴィンセント・ピール著『積極的考え方の力』(邦訳はダイヤモンド社刊)。スティープルチェース・パークに関する背景知識については、コニーアイランド・ヒストリー・プロジェクトのウェブサイト、ブルックリン・ペーパー、そして6sqft.comに二〇一八年五月一四日掲載されたデーナ・シュルツによる記事のお世話になった。またダン・P・マカダムズの「エピソード的人物」に対する洞察にも助けられた。トランプ一族の歴史と、事業および疑われている罪状の数々に関する情報については、以下の諸氏に謝意を表したい。故ウェイン・バレット、デイヴィッド・コーン、ミカエル・ダントーニオ、デイヴィッド・ケイ・ジョンストン、ティム・オブライエン、チャールズ・P・ピアス、アダム・サーワー。またグウェンダ・ブレア、マイケル・クラニッシュ、マーク・フィッシャーにも感謝しているが、私の父は亡くなったとき四三歳ではなく、四二歳だった。

プロローグ

私はかつて、自分の姓が好きだった。一九七〇年代、子どもだった私は夏のヨット体験合宿でみんなから「トランプ」と呼ばれたものだ。その名前が誇らしかった理由は権力とも不動産とも関係なく（当時はニューヨークのブルックリンとクイーンズ以外でこの姓を知る人はいなかった）、単にその響きが自分に合っている気がしていたからだ。私は元気な六歳児で、怖いもの知らずだった。だが、私が大学生だった一九八〇年代、叔父のドナルドがマンハッタンにある自社ビルのすべてにトランプの名をつけるようになると、私は自分の姓に複雑な感情を抱くようになった。

さらに三〇年が過ぎた二〇一七年四月四日、私はホワイトハウスで行われる親族の晩餐会《ファミリー・ディナー》に出席するため、首都ワシントンに向かうアムトラック列車の静かな客車内にいた。その一〇日前に受け取ったメールに、八〇歳になろうとする伯母のマリアンと七五歳になる叔母のエリザベス、両方の誕生日を祝う席に招待したいと書かれていたのだ。

二人の弟であるドナルドは、その年の一月から大統領執務室《オーバルオフィス》の主となっていた。

　高い丸天井をいただくユニオン駅で列車を降り、白と黒の大理石の床を歩きはじめたところで、台の上にバッジを並べている物売りを見かけた。赤い丸に囲まれた私の姓に、赤い斜線が引かれている。ほかにも、「トランプ追放」「捨てろ《ダンプ》トランプ」「トランプは疫病神だ」などと書かれたものがあった。私はサングラスをかけ、足を早めて通り過ぎた。

　タクシーを拾い、私たち親族《ファミリー》が一泊招待されているトランプ・インターナショナル・ホテルに向かう。チェックインをすませ、吹き抜けのロビーを歩きながらガラス天井を仰ぐと青い空が見えた。頭上高く組み合わされた梁《はり》の中央から吊り下げられた三段クリスタルのシャンデリアが、やわらかい光を投げかけている。ロビーには肘《ひじ》掛け椅子やソファ、カウチなどがいくつかの小グループに分けて置かれていた。色はロイヤルブルー、翡翠《ひすい》、アイボリー。別のコーナーには、兄との待ち合わせ場所にした大きなバーがあり、そのまわりにテーブルと椅子が配置されている。もっと下品でけばけばしいホテルを想像していたのに、実物は違っていた。

　あてがわれた部屋も内装の趣味はよかった。だが、いたるところに自分の名前があるのにはまいった。シャンプーにもトランプ、コンディショナーにもトランプ、スリッパにもトランプ、シャワーキャップにもトランプ、靴用クリームにもトランプ、裁縫セットにもトランプ、バスローブにもトランプ。冷蔵庫を開けてトランプ印の白ワインを取り出し、トランプである自分の喉に流しこむと、トランプの血管を伝わってアルコールがトランプ脳の快楽中枢に達した。

一時間後、私は兄と合流した。三代目のフレデリック・クライスト・トランプだが、私は子ども時代から彼をフリッツと呼んでいる。兄は妻のリサといっしょだった。じきにほかの親族たちも集まってきた。まず伯母のマリアン。私の祖父母であるフレッドとメアリー・アンの夫婦には五人の子どもがいて、彼女はその最年長者だ。連邦控訴裁判所の判事を務め、敬意を払われている。つぎに、末っ子の叔父ロバート。かつて短期間アトランティック・シティでドナルドの部下だったことがあるが、一九九〇年代初頭にドナルドとうまくいかなくなって辞めた。彼はガールフレンドを連れてきていた。叔母のエリザベスは五人の真ん中で、その夫がジム。私のいとこ、デイヴィッド・デズモンド・ジュニア（伯母のマリアンの一人息子で、孫世代ではいちばん年上）も妻を同伴している。あとはおば二人のごく親しい友人たちが、少数ながら招待されていた。トランプ家のきょうだいのうち、この祝いの席にいないのはただ一人、私の父、長男で二代目のフレデリック・クライスト・トランプ・ジュニア（フレディと呼ばれていた）だけだ。父が亡くなったのは三五年以上も前だった。

ようやく全員がそろうと、屋外にいたホワイトハウスの保安要員によるチェックを経て、私たちはホワイトハウス専用のバン二台にまるで運動部の二軍チームか何かのように無造作に詰めこまれた。年配の客にはステップを上るのに苦労している人もいる。ベンチシートで、誰もが窮屈な思いをしなくてはならなかった。ホワイトハウスともあろうところが、どうして老齢の伯母たちだけでもリムジンに乗せてやろうと考えないのか、不思議だった。

一〇分後に南庭《サウスローン》の入り口から入ると、正門の手前でバンは止まり、詰所から出てきた二人の警備員が車体の下側を調べた。さらに少し進んで東棟《イーストウイング》に付属する小さな保安官舎の前で車を降りた私たちは、一人ずつ名前を呼ばれて屋内に入り、携帯電話と手荷物を渡して金属探知機を通過した。

ホワイトハウスの内部に入ってからは、長い廊下を二、三人ずつのグループに分かれて歩いた。窓の外には芝生の庭が見え、屋内には歴代大統領夫人《ファーストレディ》たちの等身大の肖像画がかけられている。ヒラリー・クリントンを描いた絵の前で私は足を止め、沈黙してしばし立ちつくした。どうしてこんなことになったのかと、心のなかでふたたび問いながら。

私はこれまで、自分がホワイトハウスを訪問することになるなど考えたことがなかった。ましてやこの状況は完全に想定外だった。すべてが現実とは思えなかった。私はあたりを見回した。ホワイトハウスは優雅で、壮麗で、風格がある。そしてもうすぐ、ここに住まう叔父と八年ぶりに会うことになっている。

薄暗い廊下から屋外に出てローズガーデンを囲む柱廊を進み、大統領執務室の外側で私たち一行は立ち止まった。フランス窓を通して、会議がまだ続いている様子の室内が見て取れた。マイク・ペンス副大統領は脇に離れて立っていたが、下院議長のポール・ライアンと上院議員のチャック・シューマーをはじめとする十数人の議員や新聞記者が、大統領執務机《レゾリュート・デスク》に向かって座ったままのドナルドを取り囲んでいた。

その図を見て私は、祖父が用いていた戦術の一つを思い出した。祖父は自分に頼みごとをする人間に会うときは、ブルックリンのオフィスあるいはクイーンズの自宅に来させ、自分は座ったままで相手を立たせておくのが常だった。一九八五年の晩秋、タフツ大学を一年間休学した私は復学しようと、祖父の許可を求めに行った。正面に立つ私を祖父は上目づかいに見て「馬鹿なことだ。大学に行ってなんになる？　職業訓練校に入って受付嬢にでもなればいいだろう」と言った。

「学位を取りたいんです」。そう答えた私の口調にはいらだちが含まれていたに違いない。祖父は目を細め、値踏みするかのようにじっと私を見た。口の端が上がって冷笑のかたちになり、それから笑い声を立てた。「くだらん」。祖父はそう言った。

数分後、会議は終了した。

大統領執務室は私が想像していたより狭く、居心地がよいとはいえなかった。いとこのエリック（ドナルドの次男）が、初めて見る彼の妻ララを連れて扉のすぐそばに立っていたので、声をかけた。「こんにちは、エリック。いとこのメアリーよ」

「それくらい知ってるよ」と彼は言った。

「そうね、でも久しぶりだから」と私は言った。「この前会ったのは、あなたがまだ高校生のころだったと思うけど」

彼は肩をすくめ、「そうだったかもね」と答えると、妻を紹介することもなくその場を去った。私はあたりを見回した。メラニア（ドナルドの妻）、イヴァンカ（ドナルドの長女）とその夫ジャレッド、それにドナルドの長男であるドン（ドナルド・トランプ・ジュニア）はすでに到着していて、まだ座ったままのドナルドの近くに立っている。マイク・ペンス副大統領は生気のない笑みを浮かべたまま、相変わらず離れたところで目立たないようにしている。誰もが避けたがっている監督官のようだ。

私は副大統領の視線をとらえようとして彼をじっと見たが、一向にこちらを向こうとしなかった。

「みなさま、よろしいでしょうか?」と陽気な声を上げたのは、ホワイトハウス専属のカメラマンだった。黒っぽいパンツスーツ姿の小柄な若い女性だ。「上階に移動する前に、おそろいになっているお写真を撮らせてください」という彼女の指示に従って、まだ執務机についているドナルドのまわりを私たち全員が囲んだ。

彼女はカメラを構え、「ワン、ツー、スリー、はい笑って」と声をかけた。

撮影が終わるとドナルドは立ち上がり、執務机の後方にある台の上に額縁に入って飾られている祖父の白黒写真を指し示した。「マリアン、父さんのこの写真、いいと思わないか？」それは祖父母の家の書斎でサイドテーブルにあった写真と同じものだった。その写真の祖父はまだ若く、生えぎわが後退しはじめているものの髪の色も濃く口ひげもある。命令を下すことに慣れきったその表情は、認知症で損なわれるまで変わらなかった。私たち全員が、何度も何度も目にしてきた写真だ。

「母さんの写真もいっしょに飾ったらどうかしら」とマリアンが提案した。

「そりゃいい考えだ」。そんなことは思いもしなかったかのように、ドナルドは言った。

「誰か、母さんの写真をくれよ」

私たちはさらに何分かを費やして、順番に大統領執務机の椅子に座った。私の写真は兄が撮ってくれた。あとで写真を眺めてみると、私の背後に祖父の幽霊が浮かんでいるようにも見えた。

執務室を出たところで私たちはホワイトハウスの歴史解説員に先導されて、晩餐《ばんさん》の前にエグゼクティブ・レジデンスの二階を見学した。階段を上ると〈リンカーンの寝室〉がある。ちらっと中を見たら、ベッド脇の小卓にかじりかけのリンゴがあって驚いた。歴史解説員がこの部屋で歴史上どういう出来事があったかを語っているあいだ、ドナルドはときおり室内を漠然と指し示しては「ジョージ・ワシントンがここに住んでいた時代以来、いまがいちばん立派だよ」などと言っていた。ホワイトハウスが完成したのはワシントンが故人になったあとだという事実を、礼儀正しい解説員は指摘しなかった。私たち一行は廊下を歩いて条約の間《トリーティールーム》とエグゼクティブ・ダイニングルームに向かった。

ドナルドは入り口に立ち、客の一人一人に挨拶をしては室内に通した。最後の一人が私で、このときまで彼とはまだ最初の挨拶も交わしていなかった。彼は私を見ると驚いたような顔をして私を指しながら「きみにはぜひ来てもらうようにと、特別に言っておいたんだ」と言った。これは彼がよくやる人心掌握の手だったが、その場その場に合わせて本気らしく言うコツを心得ているようだ。その言葉が本当でないと知っているだけに、私はなおさら感心させられた。ドナルドは両腕を広げた。私は生まれて初めて彼のハグを受けた。

エグゼクティブ・ダイニングルームに入って真っ先に感じたのはその美しさだった。完璧に磨かれたダークウッド、調度類の絶妙な配置、流麗な手書き文字の座席票とメニュー

(アイスバーグ・レタスサラダ、トランプ家の定番料理であるマッシュポテト、そして和牛のフィレ)。腰を下ろしてから気づいたのは席順だった。わが一族《ファミリー》においては常に、座席の位置を見ればその人の価値が測れることになっている。けれど私は気を悪くしたりはしなかった。兄夫妻や伯母のマリアンの義理の娘夫妻など、気持ちよく話せる人たちは私と近い席にいたからだ。

ウェイターは各自、赤と白のワインを一本ずつ持ち運んでいる。トランプ印ではない、本物のワインだ。意外だった。これまで一族《ファミリー》の集まりでアルコール類が供されたことは一度もなく、祖父母の家で出されるのはコカ・コーラとアップルジュースと決まっていた。

食事が半分ほど進んだところでジャレッドが入室してきた。「あら」。イヴァンカは手を打って、「ジャレッドが中東への旅から帰ってきたわ」と言った。ついさっきまで大統領執務室にいっしょにいたというのに、まるで私たちの誰も彼を見ていなかったかのように。彼は妻のイヴァンカに歩み寄ってその頬に軽くキスをしてから、すぐ隣に座っているドナルドに向かって身をかがめ、小声で数分間何か話していた。それからジャレッドは、ほかの誰にも――伯母たちにさえも――挨拶ひとつせずに立ち去った。彼が出て行くのを見るなり、ドンは勢いよく席を立ち、興奮した子犬のように走ってそのあとを追った。

デザートが配られる頃合いに、ロバートがワイングラスを手にして立ち上がった。「アメリカ合衆国大統領と同席するという栄誉を与えられ、感謝にたえません。大統領閣下《ミスター・プレジデント》、われらの姉二人の誕生日を祝って、親族一同を招いてくださってありがとう」

それで私は思い出した。最後に親族が集まったのは、父の日を祝うためにブルックリンにある〈ピーター・ルーガー・ステーキハウス〉で食事をしたときのことだ。あのときもいまと同じように、ドナルドとロバートは隣り合って座り、私はその正反対の端の席にいた。そしてドナルドはなんの説明もなしにロバートに向かって「ほら」と言いながら歯をむき出して、その自分の口を指さしたのだ。

「え？　何？」とロバートは聞いた。

それに対するドナルドの返答は、もっと歯を見せて熱心に指さすことだけだった。

ロバートの顔に不安がきざした。わけがわからないのは私も同じだったが、コカ・コーラ片手に面白がって見物していた。

「見ろって！」ドナルドは歯を食いしばったまま言った。「どう思う？」

「なんのことだい？」ロバートは明らかに困惑していた。周囲を見回し、誰も彼に注目していないのを確かめてから小さい声で言った。「ぼくの歯に何かついてるのか？」食卓にはホウレン草のクリーム煮も並んでいたから、その可能性は十分にあった。

ドナルドは口をもとに戻し、指さすのもやめた。そのとき彼があらわにした軽蔑の念は、生涯にわたるこの兄弟二人の関係を集約するものだった。「歯のホワイトニングってのをやったのさ。どうかな」ドナルドはそっけなく言った。

二〇年近くも昔に〈ピーター・ルーガー〉で見たその見下すような表情がそっくりそのまま、いまロバートから感謝の言葉を聞いたドナルドの顔に浮かんでいた。それからドナルドはダイエット・コークを片手に、姉二人に誕生日を祝う型どおりの言葉を述べ、続いて息子の妻を手ぶりで指し示しつつ言った。「ララだったな。選挙運動の際にジョージアですばらしい応援演説をしてくれた。正直に言うと、あのときまで名前もろくに覚えていなかったんだが」。実際にはその時点で、ララとエリックが結婚してからほぼ八年もたっていたのだから、少なくとも息子の結婚式では彼女に会っていたはずだ。しかしそのときの言い方は、選挙運動の集会で彼女がドナルドに好意的な発言をするまで、彼女がどこの誰だか本当に知らなかったかのように聞こえた。ドナルドはよくこういうもの言いをする。彼にとっては、事実よりも話の面白さのほうが大事なのだ。つくり話のほうが受けると思えば、真実はあっさりと犠牲にされる。

伯母のマリアンの番になり、彼女が話しはじめた。「みなさん、私たち姉妹の誕生日を祝うためにわざわざ足を運んでくれてありがとう。思えば遠くへ来たものね。ドナルドがあんまり悪い子だからってフレディがボウルに入ったマッシュポテトを頭からぶっかけたこともあったのに。もうはるか昔の出来事よ」。伝説的なそのマッシュポテト事件のことを聞き知っているみんなは笑ったが、ドナルドだけは笑わなかった。マリアンがその話を持ち出したときの常で、きつく腕を組んでしかめっ面をしていた。まるで七歳児だった当時のままに、彼は毎回本気で腹を立てるのだ。これほど長い年月がたってもなお、彼が屈辱の記憶を苦にしていることは明らかだった。

ジャレッドを追いかけて出ていったいとこのドンが戻ってきて、誰に促されたわけでもないのに立ち上がり、話しはじめた。伯母たちへの祝いの言葉ではなく、選挙演説もどきのスピーチだった。「昨年一一月、アメリカ合衆国は特別な出来事を目撃しました。人民を真に理解する大統領が誕生したのです。人民はこのトランプ家の偉大さを知り、私たちと価値観を共有しました」。私は兄に目配せした。まいったわね、という気分だった。

私は手を上げてウェイターを呼び止め、「ワインをもう少しもらえる?」と言った。

ウェイターはすぐに二本のボトルを手に戻ってきて、赤と白のどちらにするかと尋ねた。

「どっちでも」と私は答えた。

デザートを食べおえると、間《ま》をおかずに誰もが席を立った。大統領執務室に入ってから二時間しかたっていない。だが、食事が終わった以上は帰る時間だ。感謝祭やクリスマスの集まりで祖父母の家に滞在した時間に比べれば、今回ホワイトハウスに入ってから出るまでの時間のほうがゆうに二倍は長かった。とはいえドナルドに関していえば、この二週間後にキッド・ロックやサラ・ペイリンやテッド・ニュージェント（いずれもトランプ大統領支持の有名人）といっしょに過ごす時間のほうがもっと長かったわけだが。

誰が提案したのか、一人ずつドナルドとツーショット写真を撮ろうということになった（主賓である伯母たちとではなかった）。私の番が来て、ドナルドはカメラに向かって笑顔をつくり、親指を立ててポーズを取ったが、その笑顔の下には疲労が透けて見えた。うわべの陽気さを保つのが重荷になりつつあったのだろう。

「負けないでくださいね」と、兄に写真を撮ってもらいながら私はドナルドに言った。トランプ政権は最初の国家安全保障問題担当大統領補佐官（マイケル・フリン。トランプ大統領によって任命されたが、ロシア疑惑の発覚を受けて2017年2月に辞任）が不名誉な辞任に追い込まれてまもない時期で、早くもほころびが見えはじめていたのだ。

あごを突き出し、ぐっと歯をかみしめたドナルドは、一瞬だが亡き祖母の幽霊のように見えた。「負けやしないよ」と彼は言った。

二〇一五年六月一六日、ドナルドが大統領選挙に打って出ると聞いたとき、私は本気にしなかった。ドナルド自身、本気ではなかったと思う。単に広告費をかけずに自社ブランドの名前を宣伝したかっただけだろう。似たようなことは以前にもやっていた。しかし支持率が上がりはじめ、ウラジーミル・プーチン大統領からドナルドを当選させるべくロシアが全面的に協力するという暗黙の保証を得たらしいあたりで、勝利の可能性が芽生えた。

「道化みたいなものよ」と、伯母のマリアンは言ったものだ。当時、私と彼女は定期的に昼食をともにしていたのだ。「当選するはずないじゃない」

　同感だった。

　かつてリアリティ番組のスターと言われた栄光も色あせ、事業でも失敗続きの男が当選するわけがない、と私たちは話した。「『腕一本の叩き上げ』だなんて、聞いて呆《あき》れるわ。信じる人がいるの？　彼が自力で成し遂げたことなんてこれまでに何かあったかしら？」と私は言った。

「あるわよ」。伯母はサハラ砂漠のように乾いた声で言った。「五回もの破産記録がね」

ドナルドが麻薬蔓延問題《オピオイド・クライシス》に言及しはじめたとき、麻薬撲滅運動に説得力を持たせ、さらには同情を引くために、私の父がアルコール依存症だったという話を利用するようになった。これには伯母も私も怒りを覚えた。

「亡くなった兄さんの思い出を政治に利用するなんて、なんて罪深いのかしら。本当ならフレディこそが、トランプ家の筆頭だったはずなのに」と伯母は言った。

大統領選出馬の表明演説でドナルドの露骨な人種差別発言を聞いたときには、今度こそ彼も終わりだと思ったが、すぐにそれが間違いだと思い知らされた。ジェリー・ファルウェル・ジュニアをはじめとする白人の福音派信徒たちがこぞってドナルドの発言を是認し、賛同者が増えていったからだ。改宗して五〇年になる敬虔なカトリック教徒の伯母は激怒した。「こんな馬鹿なことがあっていいの？　ドナルドは写真を撮る以外で教会に行ったことすらないくせに。開いた口がふさがらないわ。なんて無節操な！　信条も何もあったもんじゃない！」

　議論の余地はあるにせよ、アメリカ史上最も優秀といってもいい大統領候補、ヒラリー・クリントン元国務長官を「イヤな女」と決めつけたのに始まり、身体障害者でありながらピュリツァー賞を受賞したニューヨーク・タイムズ紙の記者サージ・コバレスキを嘲笑したことに至るまで、選挙期間中に物議をかもしたドナルドの発言は、私から見れば少しも意外ではなかった。むしろ親族《ファミリー》の会食のたびに彼が必ず他人をけなし、笑いものにしていたことをまざまざと思い出させられた。女性に対してはデブだの不細工だのと言い、男性なら有力者でも教養人でも負け犬《ルーザー》呼ばわりする。祖父もマリアンもエリザベスもロバートも、それを聞いてみんないっしょになって笑っていた。トランプ家のディナーの席では、そうやって人をおとしめるのが当たり前のことだったのだ。私が驚いたのは、そんな暴言を繰り返しても、結局彼が許されつづけたことのほうだ。

そうしてドナルドは大統領候補の指名を獲得した。私には不適格の証明としか思えない言動が、かえって彼の人気を高め、支持率を上昇させていった。それでも私はまだ、真剣に心配してはいなかった。ドナルドが当選するなどありえないと確信していたからだ。とはいえ、彼が大統領の座を狙っているということ自体、考えるだけでも不快だった。

二〇一六年の夏が終わるころには、ドナルドが完全に不適格だと知っている自分が声を上げるべきではないかと考えていた。「合衆国憲法修正第2条を支持する人々」に「ヒラリー・クリントンを止《と》めろ」と呼びかけたにもかかわらず、ドナルドが比較的無事に共和党全国大会を終えた時期のことだ（修正第2条とは自衛のため武器を保持する権利を認める条項。２０１６年大統領選挙戦中にドナルド・トランプはこの条項を支持する（銃規制に反対する）人々に「クリントン候補を止めろ」と呼びかけたことが、銃を持つ者は彼女を撃て、とも解釈できるために物議をかもした）。イラク戦争に従軍し戦死した米陸軍大尉の両親であるヒズル・カーン夫妻（パキスタン生まれのアメリカ人でイスラム教徒。民主党大会で「信教の自由」を保障する合衆国憲法を引用し、トランプ候補の「ムスリム入国禁止論」を批判した）に対する攻撃さえ問題ではなかったらしい。『アクセス・ハリウッド』の録画（エンターテインメントニュース番組『アクセス・ハリウッド』の取材で、ドナルドは卑猥語を交えつつ既婚女性との性関係などを自慢した）が公開されてもなお、共和党員の大半が彼を支持しつづけるのを見て、私は自分の判断が正しかったことを知った。

いつしか私は、トランプ一族《ファミリー》の歴史がスケールを拡大して再演されるのを観ているかのように感じていた。その中心にドナルドがいる。私の父がかつてそうだったように、自分の手の届くはずがない高さにある目標を目指して、競争に勝とうとするドナルド。彼の言動はますます俗悪に、無責任に、下劣になっていき、それによって失敗するはずが逆に成功へと近づきつつある。そんなことが繰り返されてたまるものかと私は思った。しかし現に、そうなっていったのだ。

マスコミは気づかなかったようだが、ドナルドの実子と義理の息子ジャレッド、それに現在の妻以外には、親族の誰一人として彼を支持する言葉を発したことがない。選挙運動の全期間を通してひと言も、である。伯母のマリアンは、連邦控訴裁判所判事として中立を保つ義務があって幸いだった、と私に言ったものだ。姉という立場に加え、専門家《プロフェッショナル》としての信望もあった彼女はおそらく合衆国でただ一人、当時の情勢をくつがえす力を持つ人物だったかもしれない。もしも彼女に、ドナルドは完全に不適格であって大統領になどなってはいけない、と明言する気があったならの話だが。だが、彼女にも守るべき秘密があった。そして彼女が「やっぱり家族だから」という理由で弟ドナルドに票を投じたと聞いたときも、私はさして驚かなかった。

私にとってトランプ一族《ファミリー》に生まれ育つということ、とりわけフレディの子として成長することには、かなりの苦難がともなった。私は立派な私立校に通わせてもらったし、おおむね最高水準の医療が生涯にわたって保障されているなど、いくつかの面ではとても恵まれていた。しかし同時に、ドナルドを除く親族の誰もが、拭いきれないある種の不足感を抱いていた。一九九九年に祖父が死去したあと、長男であった私の父はあたかも最初から存在しなかったかのように遺言状から抹消されてしまっていた。そして裁判になった。最終的な私の結論は、もしドナルドについて公に語ろうものなら、私は遺産を取りそこなった不満から仕返しをしようとしているとか、金目当ての行動だとかいうレッテルを貼られるに違いないということだ。

なぜドナルドが——そして私たち親族全員《ファミリー》が——いまこんな状況に置かれているのか。それを理解するためには、私の祖父の話にまでさかのぼる必要がある。祖父自身が持っていた強い承認欲求が、息子ドナルドの無謀な誇張癖や分不相応な自信を奨励し、推し進めたのだ。だがドナルドはその裏に、病的な弱さと不安を隠していた。

成長期を通じて、ドナルドは自分自身の応援団にならなくてはいけなかった。第一に、自分が兄のフレディよりも優れていて自信もあると父親に信じさせる必要があり、第二に、父親もそのことを望んでいたからだ。そして最後には、ドナルド本人も自分の誇大宣伝を信じ込むようになった。矛盾するようだが、ほかの誰も信じていないのではないかという恐れが心の奥深くにあればこそ、自分の嘘を自分で信じずにはいられなくなるのだ。大統領選のときにはすでに、ドナルドは自分の優越感をおびやかすものにはなんであれ怒りで反応するようになっていた。彼の怯《おび》えと脆弱《ぜいじゃく》さはあまりに深く埋め隠されているので、いまさらその存在を認めることは彼自身にとって不可能になっている。この先もけっして認めることはないだろう。

一九七〇年代、祖父が次男のドナルドのほうをひいきにして人前に出すようになってから何年か過ぎたころ、ドナルドの誇大宣伝は実体をともなっていないにもかかわらずニューヨークのマスコミに取り上げられ、拡散されはじめた。一九八〇年代、銀行もその尻馬に乗って彼の投機に資金を提供する。最初は喜んで金を出したものの、のちには損失を取り返そうと必死になった彼らの望みに応え、ドナルドはますます根拠のない成功の約束を重ねた。

そして何度も破産があり、ステーキからウォッカに至るさまざまな事業で失敗し四苦八苦した一〇年間が過ぎたあとになって、テレビプロデューサーのマーク・バーネットが彼に挽回のチャンスをくれた。低俗なリアリティ番組『アプレンティス』で、ドナルドをホスト役に据えて、「精力的なやり手実業家」かつ「叩き上げで富豪になった金儲けの達人」として扱ったのだ。これは五〇年前に祖父がつくりあげた人物像そのままで、驚くべきことに、それがほとんどまったく変わらないまま二一世紀に生き延びたのである。二〇一五年にドナルドが共和党の大統領候補に名乗りを上げるまでに、かなりの数の国民がこの神話を本当のことだと信じるようになっていた。

今日に至るまで、私の叔父の人物像は虚偽と誤伝とでっち上げで成り立っていて、共和党と白人至上思想の福音派キリスト教徒たちがその虚像を延命させてきた。そこまで愚かではない人々にしても、たとえば上院多数党院内総務ミッチ・マコーネル、真の信仰者である下院議員ケヴィン・マッカーシー、国務長官マイク・ポンペオ、司法長官ウィリアム・バー、その他名を挙げ切れないほど多くの人が、意図するとしないとにかかわらず、黙認によってその延命に加担しているのだ。

私の祖母は身体的にも精神的にも病人であったし、祖父は社会病質者《ソシオパス》（反社会的な人格障害を持つ人）だった。その子どもたち、五人のきょうだいのなかに無傷ですんだ者は一人もいないが、叔父のドナルドと私の父フレディはほかの三人よりも多くの苦しみを受けた。ドナルド・トランプの精神病理と行動機能障害の意味を完全に解き明かすためには、どうしても家族《ファミリー》の歴史をさかのぼって詳細に見ていく必要がある。

この三年間というもの、自滅的としか見えないドナルドの奇行が意味するところを筋道立ててとらえようとして、数え切れないほどの有識者や自称心理学者、ジャーナリストたちが「悪性ナルシシズム」だの「自己愛的人格障害」だのと的外れなことばかり言うのを目にしてきた。彼が自己陶酔症（ナルシシスト）であることについては私にも異論はない。アメリカ精神医学会による精神障害診断基準、通称ＤＳＭ－５に照らし合わせても九項目すべてにあてはまるのだから確実だ。しかし、病名のレッテルを貼ることにさほど大きな意義はないだろう。

私はダーナー高等心理学研究所で臨床心理学の博士号を取得したが、自分の学位論文のための研究をしながら、一年間はマンハッタン精神医学センターの入院病棟で働いた。重症で扱いの難しい患者を対象として診断や鑑定や治療を行う州立の施設である。その後数年間は非常勤講師として大学院生を対象とする心理学の講義を受け持ち、精神的外傷《トラウマ》、精神病理学、発達心理学などを教えたほか、依存症に特化したコミュニティ・クリニックで患者に心理テストやセラピーを行った。

これらの経験を通じてわかったのは、診断名というのはそれ自体が独立して存在するわけではないということだ。ドナルドには、私たちがまだ気づいていない、別の病気の兆候があるのではないか？　現時点の診断名と同じぐらい、あるいはそれ以上にうまく説明のつくような別の疾患である可能性はないか？　ありうることだ。彼は反社会性人格障害の診断基準にもあてはまっている。この障害が重度の場合、通常は社会病質者《ソシオパス》と判断されるが、別のケースでは犯罪常習者や、傲岸《ごうがん》で他者の権利を無視する人の場合もある。併存疾患はあるのか？　おそらくあるだろう。ドナルドは依存性人格障害の診断基準のいくつかにも該当しそうだ。この病気の特徴として挙げられるのは、決断力あるいは責任能力の欠如、一人でいることに耐えられない、他者からの支持を得るためならどんな手段でも使うなどである。ほかに考慮すべき要素はないか？　もちろんある。明らかにそれと診断されたことはないが、学習能力におけるなんらかの欠陥がここ何十年かにわたって彼の情報処理に悪影響を及ぼしている可能性がある。また彼の睡眠時間は極端に短いが、一日に一二本以上のダイエット・コークを飲むという話からして、これは薬物由来の（この場合カフェイン由来の）睡眠障害とも考えられる。彼の食生活はひどいもので、そのうえ運動もしないため、不調が悪化することもありうるだろう。

実際のところ、ドナルドの病理は複雑で、説明不能の言動が多すぎるため、心理学と神経心理学の両面にわたる十全な検査を行うことなしには、正確で包括的な診断を下すことができない。しかし、彼はけっしてそんな検査を受けようとはしないだろう。また、毎日の生活を医学的に観察することによって判断するという方法もとれない。ドナルドはホワイトハウスのウエストウイング（西棟）に組み込まれてしまっているからだ。もともと彼は、成人してからの生活のほとんどを組織の中心で送ってきた人間である。単身で実社会に放り出されたとき、彼はどうやって生きていくのだろう？　そもそも生き延びられるのか？　それを知る術《すべ》はない。

二〇一七年に催された伯母たちの誕生祝いでいっしょに写真撮影をしたときにはすでに、ドナルドがかつて経験したことのないストレスにさらされているのが見て取れた。この三年間、国家統治に必要な能力レベルと彼の無能さとのギャップは広がるばかりで、彼にのしかかるプレッシャーは増し、その結果、彼の妄想がこれまでになく明白にむき出しになったのだ。

多くのアメリカ人（全員ではないにせよ）は、つい最近まで深刻な危機もなく経済が安定していたために、彼の病理がもたらす最悪の影響を受けないだけの自己武装ができていた。だがいま、新型コロナウイルスのパンデミックが到来した。経済は大不況に向かい、ドナルドの分断政策のせいでアメリカ社会分断の危機は深まり、わが国の未来はとてつもない不安に満ちている。なだれを打って押しよせる大惨事《カタストロフ》の連鎖に直面しているいま、彼ほどなんの備えもしていなかった指導者はほかにいない。この危機に対処するために必要なのは、勇気、人徳、専門識者に意見を求めそれに従うこと、そして責任を引き受ける強い決意と、自らの間違いを認め進路を修正するという態度である。だが好ましくない状況になったときに彼がとる常套手段は、その場しのぎの嘘をつくこと、問題を先送りにして不明瞭にすることでしかなく、いま私たちの目の前にある悲劇のさなかにあってはなんの役にも立ちはしない。わざとではないかもしれないが、この大惨事に対して彼は言語道断ともいえる間違った対処ばかりしてきた。その結果、かつてないほどの反発と厳しい批判にさらされ、いっそう喧嘩腰になっている。自分に尻尾を振らない州知事に対しては、生死にかかわる重要な資金援助、また医療用防具や人工呼吸器の援助を差し止めるといった卑劣な仕返しで応じているのだ。

メアリー・シェリーの小説『フランケンシュタイン』をもとにした一九九四年の映画のなかで、怪物がこう語る。「命ある存在としての共感から、私はたしかに知っている。すべてのものと争わず和解したいと望んでいる。私のなかには、あなたが想像もできないような類《たぐ》いの愛と、あなたが信じられないであろう類いの怒りとがある。愛を求めて満たされなければ、怒りをほしいままにするだけだ」。エスクァイア誌に寄せた記事のなかで、チャールズ・P・ピアスはこの台詞を引用したのちにこう続けた。「(ドナルドは)自分のまわりに何をつくりだしているかについて頭を悩ませたりはしない。自分のつくった怪物を自慢するだけだ。その怪物が怒って何かを破壊すれば得意がるだろう。彼は愛については想像できないが、怒りのほうは容易に信じ、心から応援するに違いない。彼は良心を持たないフランケンシュタイン博士のようなものだ」

これはむしろ、ドナルドの父フレッドのほうにあてはまる。違うのはフレッドがつくった怪物、すなわち子どもたちのなかで唯一フレッドにとって重要だった息子ドナルドは、フレッドに好まれたその性質によって結局誰からも愛されない人間になったということだ。最終的に、ドナルドが必死に求めた愛が与えられることはなく、残された怒りは増幅し、あらゆるものに向けられるだろう。

大統領選挙の日の夜にニューヨーク市でドナルドが主催するパーティーの招待状が、長年の「門番」ことローナ・グラフ（トランプの「門番」と呼ばれる女性。大統領選出馬前から長年トランプタワーで働いていた。トランプ・オーガニゼーション社の副社長）から私と私の娘に送られてきたとき、私は出席を遠慮すると返事をした。クリントンの勝利の報が入ったら私は歓喜を隠せないだろうから、礼儀に反することになるのを避けたいと思ったのだ。翌朝五時、予想とは反対の結果が出てからまだ数時間しかたっていないころ、私は家のまわりをうろうろと歩いていた。同じように精神的なショックを受けた人はほかにも数多くいただろうが、私の頭を占めていたのはもっと個人的な感情だった。六二九七万九六三六人もの有権者がドナルドに投票した結果、わが一族《ファミリー》固有の悪質な病がこれからこの国全体に広がっていくのか。

選挙が終わってから一カ月ほどのあいだ、私は強迫神経症になったかのようにニュースを見たりツイッターをチェックしたりを繰り返し、何も手につかない状態だった。ドナルドが何をやっても驚きはしなかったが、彼が衝動のままに最悪の国策をつぎつぎに繰り出すスピードと、その量の多さには圧倒された。まず大統領就任式に集まった人数について嘘をつき、待遇が悪いと文句を言い、環境保護政策をくつがえし、医療保険制度改革を撤廃して何百万という人々から適正負担でまかなえる医療《ヘルスケア》を奪おうとし、人種差別主義にもとづいてイスラム教徒の入国を禁止した。私はもう、ドナルドの顔を見るのも、自分と同じその名前を耳にするのも嫌でたまらなかったが、それが毎日何十回と起きるのだ。私は、祖父の冷酷な態度のもとで父が生気を失い死に至るまでの日々に突き戻されたような気がしていた。父が四二歳の若さで世を去ったとき、私は一六歳だった。ドナルドの冷酷さはいまや合衆国の公的な政策となるまでに巨大化し、何百万もの人々に影響を与えている。恐るべきことだった。

トランプ家において分裂不和の空気をつくっていたのは祖父であり、ドナルドは常にその空気のなかを泳いで育った。分裂によって彼だけが利益を得て、ほかの全員が苦しんだ。私の父が衰弱していったように、いまや合衆国は分裂によって弱体化している。不和が私たちを変えてしまっても、ドナルドだけは変わらない。対立は他者を思いやる能力を低下させ、人を不寛容にするが、思いやりも寛容もドナルドにとっては常に無意味な概念でしかない。不平不満を給付金でなだめる彼の政策に政府機関と共和党は取り込まれた。さらに悪いことに、ドナルドは歴史を知らず、合衆国憲法の根本方針を理解しておらず、地政学や外交にも（実際のところほかのどの分野においても）まったくの無知である。彼がそうした知識を披露する必要に迫られたことは一度もなかった。わが国のいかなる同盟国についても、どの社会事業のことも、ドナルドは父親に教わったとおりカネの問題というプリズムを通してしか見ていない。アメリカ合衆国の国庫をあたかも自分の貯金箱のように見なしていて、政府の支出と利益を会計用語でしか考慮しない。彼にとって出て行くカネは「損」であり、入ってくるカネは「得」なのだ。不当なまでに豊かな国の中心にあって、一人の人間が権力の梃子《てこ》を好き放題に使い、あらゆる機会を思いのままに利用することで個人的な利益を得る。妻子や親しい友人や追従者たちも条件つきでその利益にあずかる。ほかの者たちに十分な分け前が行きわたることは絶対にない。これは祖父が一家を束ねていたやり方そのものだ。

ドナルドは過去五〇年にわたって多大な注目を集め、マスコミにも取り上げられてきたというのに、彼という人物を精査した例がほとんど存在しないのは驚きだ。彼の人格的な問題点や常軌を逸した言動はしばしば話題になり、ジョークの種にもされている。だが、どうして彼があんな人間になったのか、明らかに適性に欠けているにもかかわらずどうして何度失敗しても立ち直れるのか、そうしたことを本当に理解しようとする努力がなされたためしは皆無といっていい。

いくつかの意味でドナルドは常に組織の一部となっていたので、自分の限界を思い知らされることも、自力で社会的に成功する必要もなく守られてきた。まっとうに働く必要がなく、不可解なことに、どれだけひどい失敗をしても挽回をしてきた。ホワイトハウスにあってはなおのこと、やらかした大失態は誰かが尻拭いしてくれる。彼の発言はことごとく忠実な取り巻きたちに拍手で迎えられ、犯罪的な職務怠慢までもが擁護され正当化されるのだ。そのうち国民は、大統領の度重なる違背《いはい》行為にほとんど何も感じなくなった。だが状況は一変し、私たちはいま空前の危機にさらされている。文字どおり、生きるか死ぬかの危機だ。これまでの彼の人生とは違って、もはや彼の失敗は覆い隠すことも無視することもできない。いまや私たち国民の一人一人が、生存をおびやかされているのだから。

叔父や伯母たちがどう思おうと、私がこの本を書いたのは金儲けや復讐のためではない。もしそれが目的なら、何年も前にとっくに親族についての本を出していただろう。ドナルドがホワイトハウス入りするなどとは誰も思っていなかったころなら、批判する者や警告を鳴らす者がいまのように脅迫されて身の危険を感じるようなこともなく、よほど安全だったのだから。しかしこの三年間の出来事が、私に書けと強いている。これ以上沈黙していてはならない。この本が出版されるころには、十万人単位のアメリカ人の生命が、ドナルドの不遜《ふそん》で頑迷な無知の祭壇に捧げられた犠牲となっていることだろう。彼が二期目も大統領に就任するようなことがあれば、アメリカの民主主義は終わりだ。

ドナルドがどうしていまのような人間になったのか、最もよく知っているのは血のつながった家族《ファミリー》である。しかし不幸なことに、そのほとんど全員が、身内びいきの感情あるいは恐れから口を閉ざしてきた。だが私は、そのどちらの感情にも妨げられない。ドナルドの兄の娘であり唯一の姪として直接見聞きしてきたことに加え、私には訓練を受けた臨床心理学の専門家としての視野がある。本書『世界で最も危険な男』は、世界で最も有力かつ衆目にさらされている一族《ファミリー》の歴史物語である。トランプの血族でそれを語る意志を持つ者は、私しかいない。

私はこの本によってドナルドの「戦略《ストラテジー》」だの「課題《アジェンダ》」だのという議論に終止符を打つことを望んでいる。そうした言葉は、あたかも彼が秩序ある理念や信条を持ってものを考えているかのように思わせるが、彼にそんなものはないからだ。ドナルドのエゴは昔もいまも脆弱で現実世界から彼を守る障壁としては不十分だが、父親の残した財力と権力のおかげで、これまで彼は自分で努力することなく生きてこられた。私の祖父がつくりだした、強くて、頭がよくて、特別な人間という虚構《フィクション》をドナルドは常に必要とし、それを維持することに腐心してきた。自分がその三つの資質のどれも備えていないという真実に直面することは、あまりに恐ろしすぎて彼には想像すらできないのだ。

声を上げず行動も起こさなかったきょうだいたちを共犯者として、ドナルドは祖父の指導に従い私の父を破滅させた。私は、彼がこの国を破滅へと導くのを許すことはできない。

第一部

重要なのは残酷さ

第一章　屋敷《ザ・ハウス》

「パパ、大変！　ママが血だらけなの！」

私の祖父、フレッドの一家の住まいは単に「屋敷」と呼ばれていたが、そのとき一二歳のマリアン（著者の伯母。ドナルドの姉）にとっては越してきてまだ一年にもならないなじみの薄い家だった。真夜中にバスルームで母親が意識を失って倒れているのを発見したマリアンが、すっかり混乱して方向がわからなくなったのも当然だった。そこは二階にあるバスルームの一つで、廊下の突き当たりにあって、マリアンと妹が使う手洗いだった。室内には床のいたるところに血が落ちていて、恐怖にかられたマリアンは広い家の反対側へと走った。ふだんならけっして邪魔をしてはいけないとわかっている父親フレッドの寝室に行き、父をゆり起こした。

フレッドはベッドから出ると足早に廊下を歩き、倒れている妻に呼びかけたが反応はなかった。彼は急いで寝室にとって返し、マリアンはそのすぐうしろを走ってついて行った。

フレッドは、寝室に引かれている内線電話から病院に連絡した。

当時すでに有力者になっていたフレッドはジャマイカ病院に顔がきいたので、電話はすぐさま救急車を手配できる役職にある誰かにつないでもらえ、病院に到着するころには最高の医師たちが救急医療室で待機し準備しておくと言ってもらえた。フレッドが電話の相手に妻、メアリー・アンの状態を説明しているのを娘のマリアンは聞いていたが、そのとき父の口から出た「月経《メンストレイション》」という知らない単語の奇妙な響きがマリアンの耳に残った。

病院にかつぎこまれたメアリー・アンは子宮摘出の緊急手術を受けることになった。九カ月前にロバートを出産したあと、診断されないままに分娩後の合併症が進行して悪化したのだ。細菌感染から腹膜炎を起こし、さらにほかの病気まで併発していた。

書斎の電話台から、フレッドはメアリー・アンを診察した医師に話を聞いた。通話を終えると娘のマリアンを呼んでこう言った。

「お母さんは今夜が峠だそうだ」

ほどなくフレッドは妻のいる病院に行くために家を出たが、出ていくときに娘に「明日は学校に行きなさい。何かあったら電話するから」と言った。

マリアンはそれを「お母さんが死んだら電話する」と理解したという。

その夜、マリアンは独り自室で泣いてばかりいたが、下の子どもたちはそんな災難が降りかかっていることなど知らないまま、それぞれのベッドで眠りつづけた。翌日、恐怖でいっぱいの心を抱えてマリアンは登校した。父が理事会の一員となってから彼女は私立のキュー・フォレスト校に通っていたのだが、校長のジェイムズ・ディクソン博士が自習室にいたマリアンを呼びに来た。「きみに電話がかかってきているので、校長室まで来てください」

マリアンは母が死んだと思い込んだ。校長室へ歩いていくまでのあいだが、まるで処刑台への道のように感じられたらしい。一二歳の少女の頭のなかにあったのは、自分が四人の弟妹の母親代わりにならなければいけないということだけだった。

受話器を持ち上げると、父は短く「お母さんは助かる」と言った。

メアリー・アンは翌週、さらに二度の手術を受けることになったが、たしかに命は助かった。フレッドが病院にかなりの影響力を持っていたために、最も腕のいい医師と最高水準の看護師に担当してもらえた。おそらくそのおかげでメアリー・アンは命を取りとめたのだろう。だが、回復までの道ははるかに遠かった。

その後半年間、メアリー・アンは入院と退院を繰り返した。長期的に見ても病状はかなり深刻だった。子宮摘出に加えて卵巣も全部一度に切除するという、当時はよく行われていたが実際には不必要なことも多かった処置のせいで、いきなり女性ホルモン《エストロゲン》を失い、重度の骨粗鬆症《こつそしょう》に陥っていたのだ。その結果、骨は細く脆《もろ》くなるばかり。骨折を起こしては耐え難い痛みに苦しむことが多くなった。

誰であれ、乳幼児期には生理的欲求を満たすだけでなく、求めに応じて自分に注意を向けてくれる人の存在が必要である。運がよければ、少なくとも親のどちらかがその役割をはたしてくれる。子どもの精神が健全に発達するためには、泣いただけで不安や不満をわかってもらえ、抱っこされてあやされることが不可欠だ。自分に注意が向けられていればこそ、子どもは安心できる。最終的にその安心感が土台となり、過剰に恐れたり不安で縮こまったりすることなしに、もっと広い世界を探求しようと外界へ出て行けるようになる。少なくとも必ず一人は頼れる保育者がいるとわかっていれば、それが、子どもがしがみつくことができる床岩《ベッドロック》になるのだ。

乳幼児の発達にもう一つ不可欠なのは、鏡像的模倣行動《ミラーリング》だ。赤ん坊にきちんと意識を向けている親が、赤ん坊の表情や動作をまねることで感情を反射するように返すという無意識の行動である。ミラーリングがないと赤ん坊は自分の心の働きについて重要な情報を得ることができず、外の世界をどう理解すればいいのか知る術《すべ》を得られないままになる。最初の保育者との安定した愛情関係という土台の上に高い情緒的知性が育つのと同じように、ミラーリングは共感《エンパシー》の根となるものだ。

メアリー・アンとフレッドはそもそも、親になるには問題がありすぎる人たちだった。メアリー・アンは自分の子ども時代のことや自分の両親についてはほとんど語らなかったので想像するしかないのだが、彼女が一〇人きょうだいの末っ子だったことはわかっている。いちばん上の子とは二一歳も年が離れていて、すぐ上の子とは四歳違いだった。一九一〇年代という厳しい時代に育った彼女はたぶん、あまり大事にされた子どもではなかったのだろう。あるいはほかの理由があったのかもしれないが、ともかく彼女は子どもに慰められることはあっても、子どもたちが必要とするときに慰めを与える母親ではなかった。自分の都合がいいときには子どもの世話もしたが、子どもから求められたからといって応じることはなかった。しばしば精神的に不安定になり、要求が多く、すぐに自己憐憫《れんびん》にかられては自分だけが苦労しているように言い、相手より自分のことを優先する人だった。とくに息子たちに関しては、まるで何一つ彼女がしてやれることなどないかのように行動した。

メアリー・アンの度重なる手術と入院のあいだ、家には文字どおりの意味で母親がいなくなったが、子どもたちにとってはその後長く続くことになる感情面での母親不在のほうが深刻だった。マリアン、フレディ（著者の父。ドナルドの兄）、エリザベス（著者の叔母。ドナルドの姉）という上の三人の子どもはまだよかった。つらくても何が起きているかわかっていたし、ある程度自分のことは自分でできたからだ。とくに大きな影響を受けたのが、ドナルドとロバート（著者の叔父。ドナルドの弟）だった。二歳半と生後九カ月という幼さはまったく無力で、母親が消えたあとの空白を埋めてくれる人もいなかった。住み込みのメイドが一人いたが、家事の負担があまりにも大変でほかのことには手が回らなかったに違いない。近くに住んでいたマリアンたちの父方の祖母は食事こそつくってくれたが、彼女は息子のフレッドと同じぐらいきびきびとして素っ気なく、愛情を身体で表現するということがなかった。マリアンは学校にいるとき以外、小さい弟たちの世話を独りで負わされたようなものだった（男の子であるフレディには手助けを期待できなかったからだ）。お風呂に入れるのも寝かしつけるのも彼女の役目だったが、一二歳ではできることに限界がある。五人のきょうだいは母なし子同然になってしまっていた。

メアリー・アンと違い、夫フレッドには悩みや苦しみというものがなかったようだ。実際、彼は高機能の社会病質者《ソシオパス》だった。これは、ありふれているというほど多くはないが珍しいほど少なくもない障害で、人口のおよそ三パーセントにこの障害が見られるといわれている。そのうちの七五パーセントは男性で、特徴としては共感力を持たない、平気で嘘をつく、善悪の区別に無関心、他者の人権を意に介さない、などが挙げられる。親が社会病質者《ソシオパス》で、しかもその影響を和らげてくれるほかの大人が身近にいないという状況は、間違いなく過酷だろう。自分という概念を理解し、感情をコントロールし、外の世界とのかかわり方を学ぶべき時期にもそれができず、子どもは混乱する。フレッドの冷淡さと無関心、支配的な態度によって何か問題が起きても、妻のメアリー・アンはそれに対処できなかった。フレッドには人間らしい生《なま》の感情がなく、夫としても親としても厳格で融通がきかない。加えて女は生まれつき男より劣っているものと最初から決めている性差別主義者だったので、夫には助けてもらえないとメアリー・アンが感じていたとしてもおかしくなかった。

メアリー・アンが親としては身体的にも感情的にもほとんどいないも同然になってしまった以上、残る親はフレッドだけだったが、彼もまた子どもの「保育者」にはなれなかった。幼い子どもの相手をするのは自分の仕事ではないと思い込んでいた。そのため、あたかも子どもたちが自分で自分の面倒をみられる年齢でもあるかのように、それまでと変わらずトランプ・マネジメント社で一日一二時間、週に六日働いていた。フレッドにとって大事なのは成功しつつあるビジネスだけで、そこに全力投球していた。その当時開発にたずさわっていたのはブルックリンにある〈ショア・ヘイヴン〉と〈ビーチ・ヘイヴン〉という二つの巨大な住宅プロジェクトで、彼の一世一代の大事業となるべきものだった。

　フレッドの無関心によって最も大きな危険にさらされたのは、またしてもドナルドとロバートだ。乳幼児が示す行動はすべて、愛着希求行動、すなわち保育者からの積極的な愛情表現という反応を求めるためにある。笑顔には笑顔が返され、涙には抱擁《ほうよう》が与えられるべきなのだ。だが、フレッドは普通のときでさえ、子どもが愛情を求めるそういう行動を煩《わずら》わしいとしか思わなかった。ドナルドとロバートは、母親がいなくなったことでそれまで以上に親の愛情を必要としていたのに、二人が寂しがって甘えたがれば甘えたがるほどフレッドは二人を遠ざけた。彼は何かを要求されるということ自体が嫌いだったので、子どもたちが必要なことを父に求めるだけで家のなかには危険な緊張感が生み出された。親の世話を要求するという赤ん坊の行動は生物学的に刷り込まれているものであるにもかかわらず、トランプ家の幼な子二人はそうした行動によって安心感を得ることができなかったのだ。それどころか、最も傷つきやすい時期に父親の怒りを買うことも多かった。そうでないときには、放っておかれる。やがて、ドナルドとロバートにとって「必要があって求める《ニーディング》」ことは、屈辱、絶望、どうしようもない無力さしか手に入れられないものとなった。家にいるときに邪魔されたくないフレッドにしてみれば、どういう経緯であれ子どもたちが自分に何かを要求しなくなったのは、いいことだったのだろう。

　実際フレッドの態度は、母親の不在が子どもたちに与えた悪影響をよりいっそう大きいものにした。結局、子どもたちは外界から孤立しただけでなく、子どもどうしでも疎外感を抱くようになっていく。つまり、他者と仲間関係を築くことがどんどん難しくなった。きょうだいが最終的にいちばん上の兄、フレディを助けようとしなかったのも、究極の原因はこの時期にある。フレディをかばったり助けたりしようとすれば、父親の恐ろしい怒りを買う恐れがあったからだ。

メアリー・アンの病気によって、ドナルドの安楽の源であり他者とのつながりの象徴ともいえる存在がいきなり消えてしまった。何が起きたのか誰も教えてくれず、頼れる相手は父親のフレッドだけ。いつもではないものの、病気をする前の母はドナルドの必要を満たしてくれていた。だが、父親がその代わりをしてくれることはまったく望めなかった。本来ならドナルドに慰めを与えるべきときに限って、フレッドは拒否し、あるいは恐怖心を与えた。ドナルドは耐え難いジレンマに陥る。父親に完全に依存していながら、一方ではその父親が恐怖の根源でもあるという状況である。

児童虐待《アビューズ》とは放置《ネグレクト》なども含まれる言葉だが、「過剰」と「不足」の経験とも定義できる。ドナルドは母親との絆《きずな》が決定的に重要な段階でそれを失うという「不足」に見舞われ、深い精神的外傷《トラウマ》を負った。ある日突然、彼の欲求は満たされなくなり、怯《おび》えて母親を求めても慰めてくれる者はいなかった。少なくとも一年間は母親に捨てられたも同然だったのに、父親は彼の必要を満たしてやらなかった。安心と愛情を与えることもなかった。大切にされずミラーリングもしてもらえず、その欠乏が、ドナルドに一生消えない傷を負わせたのだ。その結果、ドナルドの性格には、うぬぼれと自己顕示、他者への攻撃性、誇張癖といった特徴が形成されていく。それによってようやく父親の気を引くことができたものの、だからといって父親に対する恐怖心が薄まったわけではなかった。成長するにつれてドナルドは、父親の「過剰性」の影響下に置かれた。ただし直接ではなく間接的に。ドナルドは、兄のフレディが父親から過剰な干渉と過剰な期待をされ、その結果、過剰なまでに自尊心を傷つけられるのをつぶさに見て育った。

そもそもの最初から父のフレッドは自己中心的で、彼の優先事項はかなりいびつなものだった。わが子をかまうときでさえ、子どもが必要としているからではなく自分にとって必要だからという理由だった。愛はフレッドにとってなんの意味も持たない。社会病質者《ソシオパス》を定義づける特徴でもあるが、他者の苦痛にまったく共感できないのだ。フレッドが子どもたちに期待したのは服従だけ。それ以外には何もなかった。だが、子どもにそんなことはわからない。フレッドの子どもたちも、父親は当然自分たちを愛しているものと思っていた。あるいは、どうにかすれば父親の愛を得ることができると信じていた。だが一方で、彼らは無意識のうちにわかっていたのだ。父フレッドに無条件の愛というものはなく、完全にその反対でしかないということを。

　マリアン、エリザベス、ロバートが親から受けていた扱いも、ドナルドとさして変わらなかった。フレッドはどの子にも同じように無関心だったからだ。関心があったのは自分の後継者にするために育てていた、自分と同じ名前を与えた長男だけだった。

　そのことに対抗するためにドナルドがとった防衛手段は、強力だが幼稚なものだった。他者には敵意を強め、母の不在や父の放置《ネグレクト》には無関心を装うというやり方だ。この無関心なふりは、時がたつにつれて一種の学習性無力感となっていく。それは、絶縁体みたいなものだった。最悪の苦痛から自分を隔てて、感情的には親を必要としていないふりがうまくなると、その分、必要を満たしてもらうことがさらに難しくなる（しまいにはそれが不可能になってしまったのだと私は思う）。そうやって親を求める気持ちを否定すると、その代償として不満の感情が育っていく。ドナルドの行動にも、ほかの子どもに対するいじめや無礼さ、攻撃的な態度が見られるようになった。そういう行動はその場では目的を達したとしても、長期的に見れば問題を悪化させるだけだった。誰か大人がそのことに気づいて正しくケアをしていれば、彼もその問題を克服できたかもしれない。だが、ドナルドにとって、また地球上のすべての人間にとって不幸なことに、そうした彼の態度は変えようのないほどできあがっていき、彼の個性となり特質となった。だが、ドナルドのその個性ゆえに、フレッドはこの騒々しく扱いにくかった次男に関心を向けた。しかも彼の言動をほめはじめた。言い換えれば、ドナルドの資質のうち本質的に他人から嫌われる部分、父親による「虐待」の直接的な産物である部分については、父親のフレッド・トランプはそれを正当であると認め、その部分を助長して、援護したのである。

メアリー・アンが完全に健康を回復することはなかった。もともと落ち着きがなかった彼女は不眠症になり、夜昼かまわず家のなかを幽霊のように徘徊《はいかい》した。上の子どもたちは母親のそうした奇行を何度も目撃している。長男のフレディは真夜中に母親が梯子《はしご》に上ってペンキ塗りをしているのを見たことがあった。また朝になって、思いもよらぬ場所にメアリー・アンが意識なく横たわっているのを誰かが発見し、病院に運ぶということも何度かあった。母親の奇行はもはや家族の生活の一部になっていった。メアリー・アン自身は、身体的な治療は受けられても、危険な行動の根底にある精神的な問題については、まったく助けが得られないままだったのだ。

フレッドは妻がときどき怪我をするという以上のことには何も気づいていなかった。自分が親として特殊すぎるせいで子どもたちに悪影響を与えているなどとは考えもしなかった。仮にあとから気づいたとしても絶対に認めなかっただろう。自分の富と力をもってしても死にかけた妻の健康を元どおりにすることはできないという限界を突きつけられたものの、それも束の間のことだった。壮大な計画を進めている彼にとって、妻のメアリー・アンの病状がちっともよくならないことなどたいした問題ではなかったのだ。妻にはしかるべき治療が施されているし、〈ショア・ヘイヴン〉と〈ビーチ・ヘイヴン〉という、進行中の大規模な不動産開発はどちらも記録的な成功を収めつつある。フレッドにとって、すべてはふたたび順調に進んでいるように思えた。

九歳のフレディが「お母さんはどうしてそんなに太ったの?」と質問したとき、夕食のテーブルに緊張が走った。母のメアリー・アンが妊娠中の大きな腹を抱えていた一九四八年のことだ。当時、トランプ家には一〇歳のマリアンをかしらに、フレディ、五歳のエリザベス、そして一歳半のドナルドと四人の子どもがいた。フレッドは二三部屋もある屋敷を建築中で、数週間後には引っ越しを予定していた。メアリー・アンはうつむいて自分の皿を見つめ、毎日のように来ているフレッドの母、つまり祖母のエリザベスは食べる手を止めた。

私の祖父母の家では食事のエチケットが厳しく、フレッドによる禁止事項がいくつかあった。「テーブルに肘《ひじ》をつくんじゃない。ここは馬小屋《ステーブル》じゃないんだぞ」というのがおなじみのフレーズで、違反者はフレッドが手に持ったナイフの柄で肘を突っつかれることになっていた（後年、ロバートとドナルドは熱意をもってその役を引き継ぎ、私も兄のフリッツもいとこのデイヴィッド・ジュニアも小さいころにはこれをやられたものだ）。また子どもが口にしてはならない事柄というものもあり、とくに父フレッドやその母である祖母エリザベスがいるところでは気をつけなければならなかった。フレディが「赤ちゃんはどこから来るの？」と聞いたとき、父とその母は何も言わずに席を立って食卓を離れた。フレッドはまだしも、エリザベスはヴィクトリア朝の性禁忌に凝り固まっていて堅苦しく、淑女ぶっていた。

男女の役割についてては厳格なエリザベスだったが、一度だけ息子のために例外をつくったことがある。フレッドの父が若くして突然亡くなった数年後、彼女は一五歳だった息子フレッドの共同経営者となったのだ。

それが可能だったのは、ちょっとした個人事業主だった夫フリードリヒ・トルンプが現金と不動産あわせて現代の貨幣価値で換算するとおよそ三〇万ドルもの遺産をのこしてくれたおかげだった。

フリードリヒはドイツ西部の小さい村カルシュタットに生まれ、一八歳になった一八八五年に兵役を忌避して合衆国に渡った。その後、カナダのブリティッシュコロンビアで飲食店や売春宿を営み、ひと財産を築く。ユーコンテリトリー(ゴールドラッシュで有名なカナダ北西部の准州)のゴールドラッシュにぎりぎり間に合ってさらに儲け、世紀の変わり目に金の価格が暴落する直前にうまく売り抜けた。

一九〇一年、ドイツの家族のもとに帰省していたフリードリヒは彼より一二歳ほど年下の小柄なブロンド娘、エリザベス・クライストに出会って結婚する。彼は花嫁を連れてニューヨークに渡ったが、最初の赤ん坊が生まれてエリザベスと名づけたその一カ月後にはもう、ドイツに永住するつもりでふたたび故郷に帰った。しかし、フリードリヒの最初の出国の事情が兵役忌避にあったために、当局は彼が故郷にとどまることを許可しなかった。一九〇五年七月、二人目の子どもを身ごもった妊娠四カ月の妻と二歳になった長女を連れて、フリードリヒは最終的に合衆国に戻る。その年に長男フレデリック、一九〇七年に次男ジョンが生まれ、一家はクイーンズのウッドヘイヴンに落ち着いた。三人の子どもたちはニューヨークにいながらドイツ語を母語として育った。

フリードリヒがスペイン風邪で急死すると、一二歳だったフレッドが家長になった。夫の遺産があったにもかかわらず、エリザベスはやりくりに苦労する。スペイン風邪が大流行し世界じゅうで推計五〇〇〇万人もの死をもたらし、戦争景気もどこへやら、社会不安が増大していたためである。まだ高校生だったフレッドも金銭的に母親を助けるべく臨時雇いの半端《はんぱ》仕事などで稼ぎながら、建築業の勉強を始めた。物心ついたときから建築者《ビルダー》になるのが夢だったのだ。建築業のなかで興味を持つ分野があれば、あらゆる機会をとらえて学んだ。一五歳のときには、母親のあと押しつきではあったものの、近隣の住宅にガレージを建てるという商売を始めた。それによって自分がその仕事に向いていることを発見し、それ以来、ひたすら建築業ビジネスに専念した。フレッドが学校を卒業して二年後、エリザベスはエリザベス・トランプ・アンド・サン社という会社を設立する。息子に素質があることを知ったエリザベスは、未成年（当時の成年は二一歳であった）のフレッドに代わって経理を受け持ち、彼をサポートした。事業は成功し、一家は豊かになった。

二五歳のとき、フレッドはダンスパーティーでメアリー・アン・マクラウドに出会う。メアリー・アンはスコットランドから移民してきたばかりだった。トランプ家に伝わる話では、フレッドは帰宅するなり母親に「結婚相手が見つかった」と言ったそうだ。

メアリー・アンは一九一二年、スコットランド北西海岸から四〇マイル（約六四キロメートル）離れたアウター・ヘブリディーズ諸島にあるルイス島のトング村に生まれた。彼女の子ども時代には世界的な大悲劇が二つ起きている。第一次世界大戦とスペイン風邪の大流行である。ルイス島は戦争によってこの島の人口に不釣り合いなほど多くの男たちを失った。さらに残酷な運命のいたずらによって、一九一八年一一月に休戦協定が成立した二カ月後、復員兵を満載した船がスコットランド本土からルイス島に向かった。だが、あと少しで島に着くというところで岩に衝突した。一九一九年一月一日未明のことである。そのため、安全なストーノウェイ港まで一マイル（約一・六キロメートル）もない場所で、乗船していた兵士約二八〇人のうち二〇〇人以上が無惨にも冷たい海に投げ出されて死んだ。こうして島の成人男性が激減したため、夫を見つけたい若い女性は島の外で相手を探すしかなくなった。

一〇人きょうだいで姉妹六人のうち末娘だったメアリー・アンは、男性の数も多く、相手を見つけるチャンスも多いアメリカに渡ろうと考えた。

一九三〇年五月の初め、「連鎖移住」といわれた移民の典型として、メアリー・アンはすでにアメリカに移住していた姉二人のあとを追って〈RMSトランシルヴァニア号〉（RMSとはロイヤルメールシップ、英国王立郵便船のこと）に乗った。彼女の身分は家事労働者でしかなかったが、白人でアングロサクソンだったため、たとえ約九〇年後に彼女の息子ドナルド・トランプが過酷に変えた新移民法のもとであってさえ、問題なくアメリカに受け入れられたことだろう。彼女はニューヨークに上陸する前日に一八歳になったばかりだった。そしてほどなくフレッドに出会う。

一九三六年一月のある土曜日、フレッドとメアリー・アンは結婚した。マンハッタンの〈カーライルホテル〉での披露宴のあと、二人はアトランティック・シティで一夜だけのハネムーンを過ごし、月曜の朝にフレッドはブルックリンの仕事に戻った。

新婚夫婦の最初の住まいは、フレッドが母エリザベスと住んでいた家があるデヴォンシャー・ロードからすぐ近くのウェアハム・ロードにあった。結婚したばかりの数年間、メアリー・アンは経済的にも社会的地位という点でも自分の運命が急変したために、めまいがするような怯えを感じていた。住み込みのメイドにすぎなかったはずが使用人を雇う側になり、窮乏生活からいきなり奥様の身分になったのだ。自由な時間とお金が手に入った彼女はけっして過去を振り返らなかった。おそらくそのためだろう、彼女は似たような境遇からの出身者については判断を下すのが早かった。フレッドとメアリー・アンは、夫の役割と妻の役割が厳格に分けられていた当時の規範に従って生活した。夫はブルックリンで自分の会社を経営し、週に六日、一日に一〇時間から一二時間働く。妻は家事いっさいをとりしきったが、家のことでも最終決定権は夫にあった。それどころか、少なくとも最初のうちは、家のなかで決定権を持っていたのは夫の母、エリザベスだった。威圧的な姑は、息子が結婚して最初の数年で真の管理者が誰であるのかを嫁に思い知らせたのだ。白い手袋をはめたエリザベスは息子の家にやってきては、メアリー・アンが家をきちんとしているかに目を光らせた。そのときばかりはメアリー・アンも、住み込み家事労働者という結婚前の職業に引き戻された気分だっただろう。

エリザベスの嫁いびりはあったものの、新婚の二人はバイタリティにあふれ、将来に希望を抱いていた。フレッドは出勤するために階段を下りながら口笛を吹き、帰宅して階段を上るときにも口笛を吹いた。そして夕食のテーブルにつく前には、毎回、清潔なシャツに着替えた。

だが、メアリー・アンとフレッドが子どもの名前について話し合うことはなかった。最初の子どもが生まれると、女の子だったので母親のファーストネームとミドルネームをつないで「マリアン」と名づけた。一年半後の一九三八年一〇月一四日、最初の息子が生まれたときも父親と同じ名前がつけられたが、一つだけ小さな変更があった。父フレッドのミドルネームは母の旧姓からとったクライスト（Christ）だったが、息子のミドルネームは綴《つづ》りを一文字変えたクライスト（Crist）としたのだ。この赤ん坊は父親以外からは「フレディ」と呼ばれることになる。

フレッドは息子の将来について、まだ生まれもしないうちから決めていたようだ。息子フレディは成長するにつれて父親の期待を重荷に感じるようになったが、幼いうちはマリアンをはじめとするほかの子たちより優遇され、長男の特権を享受していた。フレディは、トランプ帝国が長男を通じてさらに拡大し永続的な繁栄へと進むという、父フレッドの将来設計において特別な位置を占めていたのである。

三年半がたち、メアリー・アンは次女エリザベスを産んだ。その直前、フレッドはヴァージニア・ビーチで長期の仕事に取り組むために家を離れる。当時、第二次世界大戦から兵士たちが戻ってきたために住居不足が深刻で、フレッドはそれを好機として海軍の職員およびその家族向けのアパートメントを建てた。このときまでにフレッドは腕を磨くだけの時間があり、それだけの評判も得ていたからこそ、この機会を利用することができた。だが、それはほかの若い男たちが出征していくなかで、フレッドは父の先例にならって軍隊に入らないという選択をしたからでもあった。

たくさんの建設を同時進行させるという経験を積み、そこに地域メディアを自分の目的のために巧みに利用するといった生来の才能も加わったフレッドは、有力なコネのある政治家と付き合いはじめる。そしてその政治家たちからは、貸しをつくっておいて必要なときに頼みごとを聞いてもらうというやり方や、どうすれば政府の金を狙えるかを学んでいく。当時のヴァージニア・ビーチ事業の魅力は、連邦住宅局（ＦＨＡ）が潤沢な資金を提供してくれることだった。この事業でフレッドは、政府から建設事業を請け負うことが自分の不動産帝国にとっていかに有利かを学んだ。連邦住宅局は一九三四年にフランクリン・ルーズベルト大統領によって設立されたものだが、この時代には当初の役割から大きく道をはずれつつあった。その気前のよさをフレッドはせっせと利用したのだ。もともとは、人口増加に対応するために十分な数の住宅を手ごろな価格で国民に広く提供することを主な目的としていたのだが、第二次大戦後のＦＨＡは、どうやらフレッド・トランプのような宅地開発業者を儲けさせることにも熱心になったようだ。

ブルックリンで大規模な建築プロジェクトをいくつも同時進行させていた彼は、できるかぎり早く、効率よく、なるべく費用を抑えながら、それでも借り手にとっては魅力的だと思わせるというコツを身につけていたが、ヴァージニアではそれにいっそう磨きがかかった。ニューヨーク市クイーンズとを往復する面倒をなくすため、フレッドは家族ぐるみでヴァージニア・ビーチへ引っ越すことに決めた。エリザベスはまだ赤ん坊だった。

メアリー・アンにとっては、ヴァージニアは知らない土地だということ以外、基本的に生活はジャマイカ・エステーツと変わりなかった。フレッドは長時間働き、メアリー・アンは六歳を頭に三人の幼い子どもを抱えて独りで家にいる。社交的な付き合いはフレッドの同僚、あるいはフレッドが仕事でかかわっている人々に限られていた。そして、一九四四年、フレッドの建築プロジェクトに出資していたＦＨＡが財政難に陥り、一家はニューヨークに舞い戻る。

ジャマイカ・エステーツに戻ると、メアリー・アンは流産し、回復には何カ月もかかるような深刻な状態になった。医師たちは彼女にもうこれ以上の出産は危険だと警告したが、一年後にまた妊娠する。それでも流産のせいで、子どもたちの年齢には開きができた。真ん中のエリザベスは上とも下ともおよそ四歳差だったが、いちばん上のマリアンとフレディは、末の二人とは年がとても離れていて、別の世代のようだった。

ドナルドは一九四六年に、第四子で二人めの男子として生まれた。そのころフレッドは、家族が住む新しい家を考えはじめていた。そこで、ウェアハム・ロードにある家のすぐ裏手にあたる丘の上に半エーカー（約二〇二三平方メートル）の土地を購入する。ミッドランド・パークウェイを見下ろし、街路樹のある幅広い道路が近くを通っている場所だ。そこを見た子どもたちは、引っ越しにトラックを借りなくていい、転がして運んでいけるからね、と冗談を言った。

四〇〇〇平方フィート（約三七二平方メートル）以上の広さの「屋敷」はこの地区で一番の威容を誇ったが、北のほうにある丘陵地に君臨するたくさんの大邸宅に比べるとだいぶ見劣りがした。それでも高台のてっぺんに立つ「屋敷」は、午後になると歩道から正面玄関扉へと続く広い石畳の私道に影を落とした。だが、その玄関を家族が使うのは特別な場合だけだった。また、人種差別が当たり前だったジム・クロウ法時代の遺物のようなローン・ジョッキー（前庭に置かれる騎手の服装をした像で、代表的なデザインは黒人男性）が置かれていたが、のちにピンクに塗られ、さらにのちには撤去されて花壇になった。玄関扉上の破風につけられた紋章まがいのものは残った。

後年、クイーンズは世界でも指折りの多様な人種が暮らす場所となるが、私の祖父が土地を買って高さ二〇フィート（約六メートル）の円柱を持つジョージアン・コロニアル様式の赤レンガでできた屋敷を建てた一九四〇年代には、まだ住人の九五パーセントが白人だった。ジャマイカ・エステーツのようなアッパーミドル階級の住宅街では、白人の割合がさらに高かっただろう。一九五〇年代になって初めてイタリア系アメリカ人の家族が近くに越してきたとき、フレッドは憤慨した。

一九四七年、フレッドはそれまでにない規模のプロジェクトに着手した。ブルックリンのベンソンハーストに、六階建て三二棟の集合住宅とショッピングセンターとの三〇エーカー（約一二万一四〇〇平方メートル）以上の複合施設〈ショア・ヘイヴン〉を建設するという計画である。このとき、フレッドには前金としてＦＨＡ基金から直接九〇〇万ドルが支払われることになっていた。これは後年、ニューヨーク市と州の両方が税制上の優遇措置をドナルドに気前よく与え、ドナルドもそれを利用して資産を築いたという事実に匹敵する。その二二〇一世帯分にもなるアパートを借りるタイプの人たちのことを、フレッドはそれまで「まともじゃない連中」と言っていた。なぜなら、彼は一家族で一軒の家に住んでいる市民こそがまっとうだと考えていて、実際、フレッドの初期の専門はそうした建売り住宅だった。だが、九〇〇万ドルという額はあまりに魅力的だった。当時、フレッドの資産は明らかに増えつづけ、フレッドと母エリザベスは、子どもたちを税金取り立てから守るために信託基金を設立している。

家庭でも会社でもフレッドは冷酷な専制君主であったが、一方で、自分より上の権力とコネを持つ人間に対しては媚《こ》びへつらい、そういう人物たちに巧みに近づいていった。フレッドがどうやってその術を学んだのか私にはわからないが、のちにドナルドがそれをしっかり受け継いだ。時がたつにつれてフレッドはブルックリン民主党の有力者たちやニューヨーク州の集票組織とつながりを持つようになり、さらには連邦政府の関係者で不動産業界に大きな影響力がある重要人物とも多くの交友関係を築いた。資金を出してもらうためなら、ＦＨＡの財布のひもを握っている地元の政治屋に頭を下げることもいとわなかった。フレッドはまた、ロングアイランドのサウスショアにある会員制ビーチクラブや〈ノースヒルズ・カントリークラブ〉の会員になった。そのどちらにおいても、政府の資金を自分のほうへ流してくれそうな地位の人間をうまく見つけては好印象を与え、気に入られ、親しくなっていた。これまたドナルドは、一九七〇年代、ニューヨークの〈ル・クリュブ〉やあちこちのゴルフクラブで似たようなことをするのだが。

後年、ドナルドが〈トランプタワー〉やアトランティック・シティで彼が経営するカジノに関して疑惑を持たれたのと同じように、フレッドもマフィアと争わずにすむようひそかに取引しているのではないかと言われた。さらにつぎの開発事業、コニーアイランドの四〇エーカー（約一六万一八七〇平方メートル）の土地に建設される二三棟の住居複合体〈ビーチ・ヘイヴン〉もまたフレッドが請け負うことが決まり、ＦＨＡ基金から一六〇〇万ドルが支払われることになる。市民の税金によって建築事業を行うという彼の戦略は、すでに明らかな勝利を手にしていた。

　政府の資金をうしろ盾にして事業を成功させていながら、フレッドは税金を払うのが大嫌いで、納税を回避できるならどんな手段も使った。彼のトランプ帝国が拡張のピークにあったときでさえ、払わなくてすむものなら一〇セント硬貨一枚たりとも出さず、けっして借金はしなかった——だが、この絶対的規範は息子たちには引き継がれなかったようだ。フレッドは第一次世界大戦と大恐慌による窮乏の時代にしみついた倹約精神に縛られ、自分の財産を負債とは無縁に保っていた。フレッドの会社は賃貸料として膨大な金額を得ていたが、子どもたちはフレッドのことを「ものすごいケチでしまり屋」と言っていた。事実、彼はその純資産に比べればとても質素な生活をしていた。彼が自分たち一家の地位《ステータス》にふさわしいと考えたもののなかには、子どもたちにピアノを習わせることとサマーキャンプに行かせることが入っていたとはいえ、マリアンとフレディは「まるで貧乏白人みたいな」気分のうちに成長した。二人とも、第一三一公立学校まで毎日一五分歩いて通い、町に出たければ（ニューヨーク郊外の住人が町に出るといえば、マンハッタンのことだが）一六九丁目から地下鉄に乗るしかなかったからだ。もちろん、実際には貧乏だったわけではなく、フレッドにしても父親を失った直後に苦労した時代を除けば、貧乏という境遇ではなかった。

フレッドの財力をもってすれば、住む場所などどこでも選べただろう。それなのに、成人してからの彼の生活は生まれ育った場所から二〇分もかからない範囲にほぼ収まっている。新婚時代にメアリー・アンと何度かキューバに週末旅行をした以外、海外にも一度も行かなかった。ヴァージニアでの仕事が終わると、ニューヨーク市を出ることすらめったになかったのだ。

フレッドの実業帝国は巨大で収益も大きかったが、あくまで地域限定的だった。彼が所有するに至った建築物は四ダースを超えていたが、それらの建物自体は比較的低層で、いずれも実用本位の設計だった。彼の持株会社はほとんどすべて、ブルックリンとクイーンズ内にあった。マンハッタンのけばけばしい派手さや活気あふれる多様性は彼から見ればまるで別世界で、この初期の時代にはとても手の届かないところにあると思っていたからだ。

家族が「屋敷」に引っ越すころには、その界隈でフレッド・トランプを知らない者はいなくなっていた。メアリー・アンは金持ちで有力な実業家の奥様という役割を喜んで受け入れ、慈善活動に精を出すようになる。ジャマイカ病院の婦人補助会やジャマイカ託児所を支援し、昼食会を主催し、正装して資金集めのパーティーに出席した。

だが、どれほど大きな成功を収めても、フレッドとメアリー・アンは、それぞれが望むものと自分の本質的な性格とのあいだのギャップを埋められずにいた。メアリー・アンは子ども時代、飢餓とまではいかなくても貧しい暮らしのなかで育った。フレッドはスペイン風邪と第一次世界大戦であまりに多くの命が奪われるのを目のあたりにし、父親の死の直後には家族がどうなるかわからないという経済的不安を経験していたため、万事に慎重だった。トランプ・マネジメント社は毎年何百万ドルという収益をあげていたにもかかわらず、フレッドは未使用の釘が落ちていれば拾い上げ、殺虫剤の成分を調べて自分でつくればずっと安上がりだとわかるとそうせずにはいられなかった。メアリー・アンのほうは新しい地位《ステータス》とそれにともなう特権、たとえば住み込みのメイドがいることなどは喜んで受け入れたが、それでも外を出歩くより「屋敷」のなかにいて大部分の時間を裁縫や料理や洗濯に費やした。二人のどちらも、望めば手に入るものの幅広さと自分の感覚が許容できる範囲の狭さに、どう折り合いをつけていいのかわからないでいるかのようだった。

つましい生活をしていたとはいえ、フレッドは謙虚でも控えめでもなかった。働きはじめたころ、彼は実年齢より上に見られたくて年齢を偽った。目立ちたがりで、誇張表現を多用する彼は、何かにつけ、「すごい」「すばらしい」「完璧」などと口走った。地元新聞には自社の新築住宅についてのプレスリリースをつぎつぎと流し、インタビューを受けては自社所有の地所を絶賛する。サウス・ブルックリンじゅうに広告を貼ったり、はしけを借りて船全体を広告塔にして岸の近くにつないだりもした。もっともこの分野ではやがて、ドナルドが父をはるかにしのぐことになるのだが。フレッドは一対一では巧みに話をし、政治家など地位が上の相手のご機嫌をとるのも得意だったが、大人数の聴衆の前やテレビのインタビューでは自分の思う方向に話の舵《かじ》を取ることができなかった。そこで、デール・カーネギーのスピーチ講座を受講してみたものの、ふだんは従順な子どもたちにさえからかわれたほど、話し方は下手なままだった。よくラジオ向きといわれる人がいるが、フレッドが対人スキルに自信を持てるのは舞台裏と活字メディアに限られていた。この事実こそが、のちに彼が長男を捨てて次男ドナルドに全面的な支援を与える大きな原因となる。

一九五〇年代、フレッドはノーマン・ヴィンセント・ピールについて耳にする。「自分に自信を持ちなさい」というピールの浅薄なメッセージに強烈に惹きつけられた。マンハッタンのミッドタウンにあるマーブル協同教会で牧師を務めていたピールは、成功した実業家が大好きだった。「商売は金儲けではありません。商売するということは人々に奉仕することなのです」とピールは書いている。彼は大ぼら吹きではあったが、資金が潤沢な力のある教会の長を務め、売り物になるような説教ができる人物だった。フレッドは読書家ではなかったが、ピールの著作『積極的考え方の力』は大ベストセラーとなり、誰でも知っていた。フレッドにとってはマーブル協同教会に入信するには、その本のタイトルだけで十分だった。とはいえ、実際にはフレッドも家族も教会に通うことはめったになかったのだが。

フレッドはもともと人生に対して積極的《ポジティブ》で、無限の自信を持っていた。まじめで折り目正しく振る舞うこともあり、子どもたちの友人のような自分にとってなんの興味もない相手に対しては無愛想にもなったが、その気になればすぐに笑顔をつくることができた。嫌な相手に嫌だと言うときでさえ笑顔になれたのだ。そしてたいてい、機嫌がよかった。自分の世界におけるすべての支配者だったのだから当然といえば当然だ。父親を亡くした直後を除けば、フレッドの人生行路はおおむね順風満帆《じゅんぷうまんぱん》で、支えてくれる家族や同僚もたくさんいた。ガレージを建てるという商売を始めた時代からほとんどずっと右肩上がりの成功を収めつづけてきた。たしかにフレッドはよく働いたが、同じように働いた人たちとの違いがあるとすれば、それは彼が、政府の認可を受け、上層部とのコネを最大限に利用でき、大きな幸運に恵まれたことだ。フレッドは『積極的考え方の力』を通読しなくても、ピールのメッセージのうち最も表面的で自分の利益になる部分を取り入れ、自分の目的のために使うことができたのだ。

人に先んじて繁栄の福音を伝えたピールの教義はつまるところ、自信を持ちさえすれば仕事で成功し富を得られる、それが神の御心にもかなう、ということだ。「あなたの幸福と安寧を破壊するような障害物はあってはなりません。敗北するのは、気持ちが負けているからであります」とピールは書いている。こうした言葉はすでにフレッドの頭のなかにあった。「自分が富を得たのは、それにふさわしい人間だからだ」という考えにぴったり一致し、その正しさを証明してくれるものだった。「自分自身を信じなさい！　自分の能力に信頼をおくことです！……劣等感や不平不満は希望をかなえる妨げになります。自信こそが自己実現への道であり、目標達成へと導いてくれるのです」。フレッドは自分を信じて疑わず、敗北者になるなど考えたこともなかった。ピールはこうも書いている。「一般に劣等感と呼ばれる疾患が足かせとなって、活動を阻害されている哀れな人々がどれほどいることか。その数の多さは驚くほどです」

経済的繁栄を第一とするピールの福音賛美歌《ゴスペル》は実のところ、フレッドが捨てられずにいた倹約精神を補足し完全にしてくれるものだった。フレッドのモットーは「より多くを持つ者はより多くを与えることができる」ではなく、「より多くを持つ者はより多くを持つことができる」だ。財産の価値は自分の価値に等しく、金の値打ちが人間の値打ちであるため、多くを所有すればするほどフレッド・トランプという人間は上等になる。もし誰かに何かを与えれば、それによって相手の価値は上がるが、自分の価値は下がってしまう。彼のこうした信念は見事なまでにドナルドへと引き継がれた。

第二章　長男フレディ

フレディ（著者の父。ドナルドの兄）の長男としての地位は、最初のうちこそ親として最悪ともいえる父フレッドの無思慮な言動から自分を守ってくれるものだったが、やがて大きな重荷となっていった。成長するにつれて、父親に背負わせられている責任と好きな生き方をしたいという自然な欲求とのあいだで、フレディは板ばさみになり苦しんだ。だが父親のほうは、少しも苦しんだりはしなかった。息子フレディがアヴェニューZにあるトランプ・マネジメント社に来るのは当然で、友だちと遊んでいる場合ではないと思っていただけだ。フレディはペコニック・ベイで友人たちとボートに乗り、釣りや水上スキーを覚えて楽しむようになっていた。ティーンエイジャーになるころには自分の将来が見えていて、父が自分に何を期待しているかも知っていた。だが、その期待に応えられそうにないこともわかっていた。仲間たちは、ふだんは気楽そうで楽しいことが大好きなフレディが父親のいるところではとたんに不安そうなこわばった顔になることに気づいていた。フレディも仲間た

ち も「親父さん」と呼んでいたその父親は、身長六フィート一インチ（約一八五センチ）、がっしりした体格で威圧的な雰囲気があった。広くなりつつある額から髪をうしろに撫でつけ、たいていは仕立てのよい三つ揃えのスーツを着ている。子どもたちのいるところでも堅苦しく、ボール投げであれほかのゲームであれ、けっして子どもと遊んだりはしない。この男にも若者だった時代があるとはとても思えなかった。

少年たちと地下のプレイルームでボール遊びをしていると、突然ガレージのドアが開く音が聞こえる。フレディはそれだけで凍りついた。「待って！ 父さんが帰ってきたから」。そして父親が入ってくるとみんな思わず直立不動で挨拶をした。

「ここで何をしているのかね？」少年一人一人と握手をしながら父が尋ねる。

「なんでもないよ、父さん。もうみんな帰るところだし」とフレディは答えるのだった。

「親父さん」が家にいるときは、フレディはできるだけ口数を減らし、けっして気を緩めなかった。

一〇代の初めからフレディは外で何をしてきたかについて父親に嘘をつくようになった。本当のことを話せば馬鹿にされるか叱られるかのどちらかだとわかっていたからだ。放課後に友だちとやっていることも、煙草を吸っていることも（彼が一二歳のときに一つ年上の姉マリアン（著者の伯母。ドナルドの姉）がこの悪習を教えたのだ）嘘でごまかした。たとえば、親友のビリー・ドレイクが犬を散歩させるのに付き合ってちょっとそこまで出てくるなどと父親に言いながら、実際には犬などいなかった。またセントポール校の悪友、ホーマーと面白半分で霊柩車を盗んで乗り回したこともあったが父親にはばれなかった。葬儀屋の駐車場にその車を戻す前にガソリンを入れておこうとスタンドに立ち寄り、フレディがポンプのほうへ歩いていくのと同時に、車のなかに横たわっていたホーマーが後方がどうなっているのか見ようとして起き上がった。すると向かいのポンプで給油していた男がそれを見て、死人がよみがえったのかと驚いて悲鳴を上げる。フレディとホーマーは涙が出るほど笑いころげた。この種の悪ふざけがフレディは大好きだったが、きょうだいに自慢話をするのは父親のいないときに限られていた。

全員ではないが、トランプ家の子どもたちにとって、嘘をつくのは当たり前だった。とくに長男のフレディの場合、嘘は自衛手段だった。単に父親に叱られたり罰せられたりするのを回避するために嘘をつくならほかの子どもも同じだったが、フレディにとっては、生き延びる術《すべ》として嘘が必要だったのだ。たとえばマリアンは父親にけっして逆らわなかったが、おそらく外出禁止とか自室で謹慎といったごく普通の罰が怖かったからだろう。またドナルドが嘘をつくのは、何よりも自分を実際以上に大きく見せたいとき、人によく思われたいときだった。しかしフレディにとっては、父親の意にそむくということの重さと質がほかの子どもとは違っていた。彼は自分の本来の性質である天性のユーモアや冒険好き、また感受性の強さを父親に押しつぶされないようにするための唯一の防衛手段として、嘘をつくしかなかったのだ。

ノーマン・ヴィンセント・ピールが劣等感について語った言葉は、フレッドが長男に厳しい評価を下す一因だったが、それはまたほかの子たちに対する無責任の言い訳にもなった。弱さこそが最大の罪だと考えるフレッドは、長男が自分の弟ジョンに似ているのではないかと懸念していたのだ。ジョンはＭＩＴ（マサチューセッツ工科大学）の教授だが、フレッドから見れば、野心がないわけではないのに工学だの物理学だのという難解でどうでもいいことにしか興味を持たない、軟弱な弟だった。だが自分の名前を与えた長男は、けっして軟弱者であってはならない。そこで、フレディが一〇歳になったときには——一家は「屋敷」に引っ越していたが——フレッドはすでに息子を鍛えてタフな男に育てようと決意していた。しかし行く先を見ようとしない人間の常で、息子の矯正《きょうせい》については度が過ぎていた。

「馬鹿じゃないのか」。それがフレッドの決まり文句だった。長男がペットを飼いたがっても、ふざけて罪のないいたずらをしても、必ずこう決めつける。つぎに、軽蔑しきった口調で「そんなことをしてなんになるんだ？」と言う。そのたびにフレディは縮みあがり、それがまた父親をうんざりさせた。フレッドは自分の長男がへまをするのも、何をすべきかを即座に察しないのも嫌いだったが、さらに嫌ったのは、叱られるとすぐに「ごめんなさい、父さん」と謝ることだった。よく、その口真似をしては嘲《あざけ》ったものだ。フレッド流にいえば、長男に「無敵の男《キラー》」になってほしかったのだ（一九五〇年代にコニーアイランドで家賃の取り立てをするのはそこまで身の危険を感じる仕事ではなかったことを思うと、なぜそんな表現を使ったかはよくわからないが）。それはおよそフレディの気性と正反対といってよかった。

「無敵の男《キラー》」というのは実のところ「何にも動じない」ことを意味する暗号のようなものだった。フレッドは父を失ったことについてはとくに何も感じなかったようだが、あまりに突然だったために驚いて精神的なバランスを崩した。ずっとあとになってから、フレッドは父の死についてこう語った。「実にあっけなかった。あっという間に死んでしまったので、現実とは思えなかった。それほど悲しかったわけじゃない。子どもなんてそんなものだ。でも、母がひどく嘆き悲しんで泣いたので平気ではいられなかった。自分の気持ちはともかく、母を見ているのが辛かったな」

別の言い方をするなら、父の死という喪失経験によって彼は無防備で脆《もろ》くなった。自分のなかにある感情より母親の悲しみのほうが大きく、その悲しみを押しつけられるように感じたのだろう。そこに共感できないだけにいっそう苦痛だったに違いない。その瞬間、彼は自分が世界の中心ではないと痛感し、しかもそれは受け入れがたいことだった。喪失感を否認し、感じることを拒んで前に進むしかなかった（祖父だけでなくほかの親族の誰からも、私は曾祖父の話を聞いたことがない）。フレッドにとっては、とくに大切なものを失ったわけではなかった。だからこそ前進できたのだ。

フレッドは、人間の弱さについてのピールの考えに賛同していたくせに、自分が息子を嘲り否定することで、息子の自己評価が下がるしかなくなるという状況をつくり出している事実をわかっていなかった。フレッドは息子に絶対的な成功を要求しながら、同時におまえはけっして成功しない奴だと言っていたも同然だった。罰はあるが賞は存在しない仕組みのなかにフレディは閉じこめられていた。ほかの子どもたち、とくにドナルドがそのことに気づかないわけがなかった。

ドナルドにとっての状況はいささか違っていた。七歳半という年齢差が有利に働き、兄が父にけなされ傷つけられるのを見て学ぶ時間がたっぷりあったからだ。ドナルドがそこから得た教訓は、最も単純に言えばこうなる。「フレディのようになってはいけない。父さんはフレディを軽んじている、だからぼくもそうするんだ。父さんはフレディが弱虫だと思っている、だからぼくもそう思うことにする」。二人の兄弟は長い時間をかけて、まったく違ったやり方で、父のつくりあげた仕組みに順応していった。

どんな家でも、家庭のなかで何が起こっているのかを理解するのは難しい。おそらく当事者である家族の構成員こそが、いちばん理解していない。子どもは親にどう扱われていても、親が自分に害を与えようとしているなどとは思わない。フレディにしても「父さんはぼくのためを思って叱ってくれている、悪いのはぼくだ」と思うほうが楽だった。言い換えれば、フレディには父の虐待《アビューズ》から自分を守ることより、父を嫌いになりたくないという気持ちのほうが大事だったのだ。しかしドナルドは、兄に対する父の言動を額面どおりに受け取った。「父さんはフレディ兄さんをいじめているんじゃない。りっぱな男になれるよう指導しているんだ。フレディがちゃんとできないだけなんだ」と。

虐待とは、大声と暴力をともなうものばかりではない。静かに潜行する虐待も同じように、あるいはそれ以上に多い。私の知るかぎり、祖父フレッドは身体的な暴力をふるうことはなく、とくに怒りっぽい人ですらなかった。怒る必要がなかったからだ。望むものは手に入ると思っていたし、実際ほとんどの場合手に入れてきた。彼が腹を立てたのは長男を自分の望む方向に矯正できなかったからではなく、フレディがそもそも自分の望みどおりの人間ではないという単純な事実そのものに対してだった。彼は長男の性格のあらゆる面と生来の能力のすべてを価値のないものとし、その自尊心を傷つけて壊してしまったのだ。息子フレディに残されたのは自己非難と、自分を切り捨てた父親にどうにかして気に入られたいという破れかぶれの切望だけだった。

ドナルドが同じ運命を免れた理由はただ一つ、父親の目的に合致するような性格をもって生まれたからである。フレッドは、自分の目的に役立てるために他者を使った。社会病質者《ソシオパス》とはそういうものだ——彼は、無情に、効率的に、異議を認めず抵抗も許さず、息子を使った。ドナルドもまた父親によって壊されたが、フレディの場合とは違って父の軽蔑を買ったからではない。人間的な感情の多色連続帯《スペクトル》全体のなかでドナルドが経験する幅が父フレッドによって短絡《ショート》されて極端に狭められた結果、感情の発達が大きく阻害されたのである。ドナルドは自分の感情のうちのかなりの部分を許されないものとして否定され、自分でも感じとれなくなった。ドナルドの価値観は父親によって歪められ、彼が世の中に出て他者とまじわって生きていく力は損なわれた。成功を望む父親の延長としてドナルドは存在した。それ以外の自分になることは不可能に近くなった。その狭さの意味するところが明らかになったのは、彼が小学校に入学してからである。両親のどちらもが、息子が外界を把握し理解する助けにはなってやらなかったために、ドナルドは他人とうまく付き合う能力を欠き、ほかのきょうだいから常に孤立していた。また、学校には社会的信号《ソーシャル・キュー》というものがあるが、それを読み取ることが彼には不可能とは言わないまでも、少なくとも非常に困難だった。これは今日に至るまで彼の問題点として残されている。

家庭のルールは理想的には社会のルールに沿ったものであるべきだし、それによって子どもは外の世界に出ていくときにはおおよその行動規範をすでに知っているものだ。普通なら小学校に上がるまでには、ほかの子のおもちゃを奪ってはいけないとか、殴ったりいじめたりするのは悪いことだというぐらいは心得ている。だがドナルドはそうしたルールを何一つ理解していなかった。なぜなら「屋敷」におけるルールとは（少なくとも男の子に適用された原則は）、「男はタフでなければいけない」に尽きたからだ。そのためなら何をしてもいい。嘘をついてもかまわない。自分が間違っていると認めたり謝ったりするのは弱虫のすることだ。ドナルドにしみついたこんなルールが学校で通用するわけがなかった。人生において、また世の中というものについて、フレッドの根本的な信念ははっきりしていた。勝者は一人だけ、ほかの全員は敗者だ（当然そこには共有や分かち合いの余地はない）、そして、優しさはすなわち弱さだということである。ドナルドはフレディを見てきたからよく知っていた。父のルールに従わなければ罰を受ける。それも、しばしば人前でひどく恥ずかしい思いをさせられるというやり方で。だからドナルドは父が見ていないところでも父のルールに従って行動した。彼が思っている「正しい」と「間違っている」の区別も、当然ながら一般に小学校で教えられていることとは相容れなかった。

ドナルドの傲慢《ごうまん》な態度は幼児のときに育児放棄された寂しさに対抗する防衛手段で、自己評価が低いことの裏返しでもあったのだが、ここにきて深まる不安感を覆い隠すために、傲慢さにさらに拍車がかかった。その結果、ほとんどの子どもは彼と距離をおくようになったが、ドナルドにとってもそのほうが楽だった。「屋敷」で成長した子どもは程度の差こそあれ、誰もが、感情を表現することや他人の感情を受け止めることが苦手だったが、その傾向はとくに男の子たちに顕著だった。人間の感情のうち、許されるものの幅があまりにも狭かったからだ（私は親族《ファミリー》の男性が泣くところはもちろんのこと、出会いや別れの握手以外の親愛表現を、一度たりとも見たことがない）。ほかの子どもや先生たちと仲良くするということが、ドナルドにとっては父を裏切る危険な行動のように思えていたのかもしれない。それでもなお、ドナルドの自信ありげな態度、世の中のルールなんておれには関係ないと公言したり、自分の価値を誇張して見せびらかしたりする振る舞いに惹きつけられる子どもたちもいた。現在でさえ、過半数とはいわないまでも多数の人々が彼の傲慢さを力強さと混同し、空威張りを実力と思い、ドナルドの浅薄な言動に自分たちが興味を引かれたとき、それをドナルドのカリスマ性のせいだと錯覚してしまう。

ドナルドはごく幼いうちに、弟のロバートをいじめることを覚えた。ロバートは青白い顔をしていて、少しつついただけで怒ったり泣いたりする。それはドナルドにとってけっして飽きることのない遊びだった。ほかの兄姉はロバートにちょっかいを出したりはしなかった。やせっぽちでおとなしくて、いじめても面白くなどなかったからだ。しかしドナルドだけは、小さくて弱くて繊細な弟に対しても、自分の力をふるうのを楽しんでいた。一度など、我慢の限界に達したロバートがバスルームのドアを蹴り破ったことがあった。そこまで追いつめたのはドナルドであるにもかかわらず、叱られたのはロバートだけだった。ドナルドは母親にいくらやめなさいと言われてもやめなかったし、マリアンやフレディが止めても止まらなかった。

ある年のクリスマス、男の子たちは〈トンカ〉のミニカーのトラック三台をもらい、それはすぐにロバートの大のお気に入りになった。それを知ったドナルドは、弟の目からトラックを隠しては知らん顔をし、聞かれてもどこにあるのかわからないふりをするというゲームを始めた。しまいにはロバートがかんしゃくを起こして手がつけられなくなったが、ドナルドは「泣くのをやめないとトラックを壊すぞ」と脅した。トラックを壊されたくない一心で、ロバートは母親に泣きついたものの、メアリー・アンはトラックを全部まとめて屋根裏に隠しただけだった。つまり何一つ悪いこともしていないロバートはひどい苦痛を与えられ、一方のドナルドは勝ち誇った気分になった。このときにはまだ、ドナルドの自己中心性、強情さ、そして残酷さがほめられることこそなかったが、そうした欠点のせいで罰せられることもなかったのである。

　母親のメアリー・アンはずっと傍観者だった。そのときにも介入せず、息子を慰めもしなかった。あたかも、自分はそういうことをしていい立場ではないとでもいうかのように。一九五〇年代という時代を考慮したとしても、この家族はほかの家族に比べて、男と女のあいだに深い溝を設けていた。フレッドの母エリザベスは事実上の創業者であり、息子の共同経営者だった。そういう事実があったにもかかわらず、フレッドと妻のメアリー・アンが共同で何かをするパートナーだったことは一度もない。娘たちは妻の、息子たちは夫の手のなかにいた。メアリー・アンは年に一度、故郷のルイス島に旅行する際にも、マリアンとエリザベスしか連れて行かなかった。息子たちのためにも食事をつくり服も洗濯したが、彼らを指導することが自分の役目だとは思っていなかった。息子の友だちにもめったに話しかけなかった。幼少時にすでに損なわれていた息子たちとの関係は、時とともにいっそう疎遠なものになっていった。

　一四歳のフレディが当時七歳だった弟のドナルドの頭にマッシュポテトをかけた事件は、ドナルドのプライドをあまりに深く傷つけた。そのため、二〇一七年にホワイトハウスで催された誕生祝いの晩餐《ばんさん》会で、乾杯の際にマリアンがその話を持ち出したときにも、ドナルドはまだ不快がっていたほどだ。だが、それは大事件などではなかった。そもそも事件になるようなものではなかったのだ。その日もドナルドはロバートをいじめ、誰もそれをやめさせることができなかった。七歳にしてドナルドは、母親にもきょうだいにも耳を貸す必要などないと思っていた。メアリー・アンの病気による母子の断絶は修復されないまま、ドナルドは母に対して侮蔑的な態度をとるようになっていたのだ。ある日、ドナルドの意地悪とロバートの泣き声が限度を超え、一族の伝説となった事件が起きた。フレディがとっさに選んだのは手の届く範囲にあってさほど危険はない最適な手段、すなわちボウルに盛られたマッシュポテトを相手の頭にかけることだった。

そこにいた全員が笑った。しかも、笑いが止まらなかった。ドナルドが笑いものにされたのだ。生まれて初めての屈辱で、しかも自分より劣ると信じていた奴にやられたのだ。彼はそれまで理解していなかったことをこのときに知った。屈辱を与えることは武器になる、そして戦いにおいてその武器を使えるのは一人しかいないと。よりによってフレディが自分を屈辱に引きずりこんだことに、ドナルドは耐えられなかった。彼は二度とこんな気分を味わうことは自分に許さないと誓ったのだろう。そのとき以来、彼はこの武器を使う側に回り、けっしてその鋭い刃が自分に向くことがないようにしている。

第三章　俺様

長女マリアンがマサチューセッツ州のマウント・ホールヨーク大学に進学することになって家を離れ、その二年後に長男フレディがペンシルベニア州のリーハイ大学へ進むころには、ドナルドはすでに兄の苦闘を十分に観察していた。フレディは父の期待に応えようと努力したが、なかなかうまくいかなかった。もちろん期待といっても漠然としたものである。独裁的な人物によくあるように、自分が言わなくても目下の者は何をすべきかわかっているはずだという思いこみが父フレッドにはあったからだ。間違ったことをしたとわかるのは叱責されたときであり、たいていは、何をどうするのが正解なのかを事前に知る術《すべ》はなかった。

しかしドナルドにしても、フレッドの攻撃を回避することはできても、父に気に入られるというのはまた別の難題だった。その目標に向かってドナルドはまず、自分と兄との共通点はほとんど根こそぎ捨て去った。フレディや友人たちとときどき出かける釣り旅行だけは例外だったが、それ以外ではドナルドはカントリークラブ（スポーツができる社交クラブ）と父親の会社のオフィスに入りびたっては父の近くで過ごした。父といっしょに行けないのはゴルフだけだった。また、このときまで罰せられることもなく続いていた問題行動（いじめる、人を責める、責任を取らない、目上の人に敬意を払わないなど）は一段とエスカレートしていく。それをドナルドは、自分は「圧力に屈せず」、父が「認めている」と表現していたが、本当のところはフレッドがドナルドの好き勝手を放任していただけのことだ。ドナルドが幼いころ、フレッドはドナルドになんの関心も向けずにいた。仕事に忙しく、長男以外の子どもは目に入っていなかったのだ。だがドナルドが一三歳でニューヨーク・ミリタリー・アカデミー（ＮＹＭＡ）（軍隊式教育と規律を取り入れた寄宿制の大学進学準備学校）に送られたあたりで、権威に媚《こ》びないドナルドの態度を賞賛しはじめた。フレッドは、全般的には厳格な親だったが、ドナルドの衝動的行動には共鳴するところがあり、息子の尊大な振る舞いやいじめ行動に気づいてもそれらを容認した。

　父が自分の味方だと思ったドナルドは、結局、自分で自分の誇大宣伝を信じるようになっていく。一二歳のころにはもう、彼の口の右端はいかにも人を小馬鹿にしたように上がっていて、うぬぼれと自意識がその慢性的な嘲笑によく表れていた。フレディはドナルドに「俺様」というあだ名をつけた。もともとは教会の日曜学校で習った、聖書の言葉に由来している。

幼児期に悲惨な育てられ方をしたせいで、ドナルドは直観的に、そして十分な経験にもとづいて知っていた。自分はけっしてかわいがられることはない、とりわけ慰めを必要とするときにはけっして慰めてもらえないと。だとしたら、求めること自体が無意味になる。そしてドナルドの認識がどうあれ、彼の親はどちらもドナルドの本質を見ようとはしなかった。彼が違う人間になりうる可能性も見えていなかった。母メアリー・アンは病弱で困《こん》憊《ぱい》していて、父のフレッドはどちらの息子のほうが自分の役に立つかということしか頭になかった。だからドナルドはその場しのぎでもいちばん好都合な存在になろうとした。一見すると剛直そうに見える性格は、苦痛と喪失から自分を守るためにつくりあげた、全身を覆う鎧《よろい》だった。しかしその防備のせいで、彼はどうやったら他人を信用して相手に近づけるのか、わからないままでいたのだった。

フレディは父親に何かを求めることが恐くてできなかった。その怯《おび》えがどういう結果をもたらしたかを、ドナルドは見てきた。ほとんど言葉にしない父の期待から少しでも逸脱するたびに、フレディは屈辱と恥を与えられたのだ。だからドナルドは別のやり方を試してみた。兄がけっして挑戦しなかった、壁を破壊して突破するようなやり方によって父親に迎合したのだ。彼はそのコツを大いに心得ていた。フレディなら萎縮してしまう場面でも、ドナルドは肩をすくめてみせ、欲しいものは許可を求めることなく手を伸ばして自分のものにした。勇気があったからではなく、そうやって自分のものにしないままでいることが怖かったからだ。その下にあるメッセージをドナルド自身は理解していなかったとしても、父フレッドにはわかっていた。家族内でも人生においても、勝者は一人だけで、ほかはみんな敗者になるしかない。兄フレディはいつも正しいことをしようとして失敗した。やがて、自分が間違いを犯すことなどありえないと思いこんだドナルドは、「正しいこと」をしようとするのをやめ、さらに大胆に攻撃的になっていく。なぜなら、この世で唯一重要なのは父だけであって、その父はドナルドを叱ることも、とがめることもほとんどなかったからだ。素行の悪さというかたちで表れてはいても、「無敵の男《キラー》」を目指すドナルドの姿勢をフレッドは気に入っていた。

ドナルドの規則違反や逸脱行動は、そのどれもが、父に認められるためのオーディションになった。「ほら見てよ、父さん。おれはタフだろ？　おれは『無敵の男《キラー》』なんだよ」と言っているかのように。ドナルドのそうした振る舞いはエスカレートする一方だったが、あるときついに、彼の暴走を止めるきっかけが訪れた。ただし、そのきっかけをつくったのは父親ではなかった。

ドナルドの行動は、長時間オフィスで働き、家庭で起きていることにはおよそ関心のない父親には看過できても、母親のメアリー・アンには耐え難いものだった。彼女にはドナルドを抑えることがまったくできなかった。ドナルドは母の言うことには何一つ従わず、彼女がしつけようとしても断固拒絶した。口ごたえし、自分が悪いとはけっして認めず、母の言うことが正しくても必ず逆らい、引き下がらなかった。小さい弟をいじめ、弟のおもちゃを盗み取った。家事の手伝いでも、それ以外でも、しなさいと言われたことは絶対にやらなかった。几帳面なメアリー・アンにとって最悪だったのは、ドナルドが散らかし放題で、なんと言って脅しても片付けを拒否したことだろう。「お父さんが帰ってきたら言いつけますよ」という言葉は、フレディには効果があったが、ドナルドには冗談にしかならず、父親もそれを承知しているようだった。

だが一九五九年、ドナルドはそうした不品行（喧嘩、いじめ、教師相手の口論など）をやりすぎてしまった。キュー・フォレスト校が我慢の限界に達したのである。フレッドが学校の理事に名を連ねていたことは両刃《もろは》の剣だった。ドナルドの素行不良は普通の生徒なら許されないほどの長期にわたって見逃してもらえていたが、その半面、いったん問題になるとフレッドにとってはかなり都合の悪いことになった。ドナルドは、抵抗できないほど年少の生徒を罵倒し揶揄《やゆ》したばかりか、それがエスカレートして身体的な暴力をふるったのだ。フレッドはそのこと自体はたいして気にしなかった。困るのは、自分の仕事が邪魔されて、そのために時間をとられることのほうだった。キュー・フォレスト校の理事の一人から、ドナルドのような暴れ馬に手綱をつけるにはＮＹＭＡがいいと勧められると、フレッドは同意した。軍隊式の指導者、彼のわがままなど許さない上級生たちのなかに放りこまれたら、フレッドの後継者になろうとしている育ち盛りのドナルドがいまより鍛えられるだろうと考えたのだ。フレッドにはもっと重要な仕事があって、ドナルドにかまっている暇はなかった。

この決定に関してメアリー・アンに何か言い分があったのかどうか、私は知らない。だが、少なくとも彼女は息子を家庭にとどめておくために戦ったりはしなかった。ドナルドもそれに気づかないはずはなかっただろうし、過去に母親から見捨てられた経験が再現されたように感じたに違いない。

ドナルド自身の意志などおかまいなしに、ニューヨーク市から北に六〇マイル（約九七キロメートル）離れた寄宿制の私立男子校であるＮＹＭＡへのドナルドの転入が決まった。家族のなかで子どもたちはこれを「矯正《きょうせい》施設送り」と言った。たしかに、そこはフレディが通っていたセントポール校のような一流校ではない。きちんとした教育を受けさせようと思う親なら、息子をそんな学校に入れたりはしない。ドナルドにしても、これは罰だとわかっていた。

兄のフレディはこの話を聞いて少しめんくらった。友人たちには「あいつを監督するのは無理だからなあ」などと言ったが、彼にしてみれば納得のいかない話だった。父は相手が誰だろうとコントロールできる人間のように思えていたからだ。だがフレディが理解していなかったのは、父は長男に対するのと同じようにはドナルドに興味を持っていなかったという事実だ。父がその気になれば、ドナルドを厳しくしつけ、規律を守らせることができたろう。しかしこの転校騒ぎが起きるまで、父はドナルドにもほかの三人の子どもにも、わざわざ何かしてやるほどの関心をほとんど持っていなかった。

親が子どもに与える影響は千差万別だが、家族の力学《ダイナミクス》がどうであれ、子どもは親の影響を免れない。だが、フレッドとメアリー・アンの特殊な病理がトランプ家の子どもたちに与えた影響はあまりに極端だった。五人はそれぞれ、違う時期に違うやり方で外の世界に出ていったが、彼らがみなハンデを抱えていたことはすでに明らかだった。

第一子のマリアンは頭がよく、男尊女卑の家庭に生まれたにもかかわらず向上心に富んでいた。最年長とはいえ女の子だったので、父親の関心は長男のフレディにのみ向けられ、マリアンは家庭内の権力をまったく持たない母親の側につくしかなかった。彼女はダートマス大学（アイビーリーグの名門大学）の家政学部に入学しようとしたがかなわず、傷心のうちにマウント・ホールヨーク大学に入学することになった。「修道院みたいなものだわ」と彼女は言った。結局のところ彼女は、父が心配していると思ったので、自分がこうすべきだと思う行動をした。

フレディの抱えていた問題点は、生来の自分とはまったく違う人間になろうとして、なれなかったことにある。

エリザベス（著者の叔母。ドナルドの姉）にとっての問題点は、家族の無関心にあった。彼女は五人の真ん中の女の子で、上とも下とも三、四歳離れていたから、上下どちらの仲間にも入れなかった。思春期には内気でおとなしくあまりしゃべらない子だったが、それは両親のどちらも彼女の話をきちんと聞いてくれないと悟ったせいだろう。それでも彼女は両親に忠実で、中年になってもなお、週末ごとに「屋敷」に帰ってきていたし、「パパ」の関心を得るという希望を失っていなかった。

ドナルドの問題点は、幼児期に育児放棄された恐怖から自分を守るため、また父親がフレディに加えた虐待をいやおうなく目撃しつづけた結果として、自ら発達させた攻撃的で頑固な性格である。その鎧のせいで彼は他人と真に触れ合うことができず、人間的なつながりから切り離されている。

ロバートの問題点は、末っ子だったために、付け足しのような存在であったことだ。

マリアン、エリザベス、ロバートの三人は何をしようと、父フレッドにほめられることはなかった。父が興味を持っていなかったからだ。大きな恒星のまわりをめぐる惑星のように、五人のきょうだいは父の意志によって互いに離れたところに置かれ、決められた軌道に沿って進むしかなかった。

フレディの将来設計はこのころになってもまだ、トランプ・マネジメント社で父の右腕になって事業を引き継ぐという想定のままだった。だが、スレイティントン飛行クラブの滑走路から、セスナ１７０の操縦席に乗って初めて空を飛んだとき、彼の視界と価値観は一変した。

経営学専攻の学生としてまじめに勉強して優秀な成績を収めているかぎり、飛行機に乗るのも友愛会《フラタニティ》（アメリカの大学に多い男子学生の社交団体）に入会するのも、さらにはアメリカ空軍予備役将校訓練課程（ＲＯＴＣ）（主に大学に設置される、陸海空軍および海兵隊の将校を養成するための教育課程）を履修するのも彼の自由だった。フレディは面白半分に〈シグマ・アルファ・ミュー〉を選んだが、これは伝統的にユダヤ人学生の友愛会とされている団体だった。ユダヤ人蔑視の偏見を持っている父親への反発からそうしたのかどうかはわからないが、フレディはこの友愛会仲間《フラタニティ・ブラザーズ》のなかに何人か親友を見つけることになる。ＲＯＴＣのほうも、まったく別の意味で彼には有益だった。フレディが強く求めていた筋の通った規律がそこにあったからだ。ＲＯＴＣの明快な賞罰の仕組みを知った彼は、水を得た魚のようだった。言われたとおりに行動し、命令にきっちり服従すれば報われる。上官の期待どおり、あるいは期待以上の働きをすれば賞賛される。ミスをしたり服従しなかったりすれば、違反の程度に比例した懲罰が与えられる。フレディは軍隊の階級制《ヒエラルキー》を愛した。軍の制服を愛した。目標達成の明確な象徴である勲章を愛した。軍服を着ていれば、自分が何者であってどれだけの地位にいるのかが、人々の目にはっきりと見え、それに見合った扱いを受ける。それまでとはまさに正反対だった。父フレッド・トランプのもとで生活していたあいだは、きちんと仕事をするよう期待されはしたが、結果を出しても評価されることがなく、へまをしたときに罰を受けるだけだったからだ。

パイロット免許を取得するためのシステムもまた、ＲＯＴＣと同じく理にかなっていた。滞空時間として定められた数字を記録《ログ》し、特定の航空計器類についての取り扱い資格をとれば、ライセンスを取得できるのだ。飛行訓練は彼にとって最優先事項となった。船に乗るのと同じく、飛行機に乗ることにも真剣に打ちこみ、友愛会仲間からカード遊びに誘われても応じないことが増えた。その時間で操縦の勉強をするか、または飛行学校で滞空記録をもう一時間伸ばすほうを選んだからだ。自分が得意とするものが見つかって楽しいというだけでなく、空の上ではかつて経験したことのない完全な自由を味わえる。その感覚は歓喜そのものだった。

夏期休暇中には例年どおり父のフレッドの会社で働いたが、週末には友人たちを誘って、高校時代に買った船で海に出て釣りや水上スキーを楽しんだ。母のメアリー・アンはときどき、ドナルドを連れていってやってくれとフレディに頼むことがあった。「悪いな、みんな」。フレディは友人たちに言ったものだ。「面倒なお荷物だけど、弟も連れていかなきゃならないんだ」。フレディには迷惑だったが、ドナルドはひどく熱心に行きたがったようだ。父からどう思われているにしても、兄のフレディは明らかに友だちから好かれていて、船上ではいつも楽しそうにしている。それはいままでドナルドが信じこまされていたのとは違う現実だった。

一九五八年の八月、大学三年の学期が始まる前の短い休暇に、フレディは友人のビリー・ドレイクといっしょに飛行機に乗って、バハマのナッソー（フロリダ半島の南東に位置するバハマの首都で、カジノのある観光地）まで飛んだ。二人は船をチャーターし、島々をめぐって探検したり、釣りをしたりして楽しんだ。ある夕方、ホテルに戻ってプールサイドのバーで飲んでいるとき、フレディは小柄なブロンド美人に出会った。四年後に結婚することになるリンダ・クラップだ。

一九五九年の九月、ドナルドはＮＹＭＡに転入する。好き勝手に振る舞うことのできる世界から一転して、自分で自分のベッドを整えなければ罰せられ、上級生からはとくに理由がなくても壁に叩きつけられる世界。フレッドは一二歳のときに父親を亡くした経験があるせいか、息子ドナルドの寂しさはわかったようで、週末にはたいてい面会に訪れた。これは転入時点の八年生から始まって、一九六四年にドナルドが卒業するまで続いた。そのおかげで、ドナルドの見捨てられたという思いは少なからず和らげられ、兄が手に入れることができなかった父親との絆《きずな》のようなものがうっすらと形成されはじめた。母親もたまには面会に来たが、ドナルドが家にいなくなってほっとした気持ちのほうが強かったようだ。

ＮＹＭＡを嫌がっていたドナルドだが、ＲＯＴＣでのフレディと同じく、なるほどと納得する点もいくつかあった。階級構造があり、自分の行動には結果がともなう。賞罰のシステムは論理的にできている。だが同時に、ＮＹＭＡの生活はフレッドの教えの一つを裏書きし、強調するものだった。すなわち「力こそ正義」である。力というものがいかに恣意的に与えられようが、あるいはどうやってそれを得ようが、力を持つ者が正しいと決めたことが正しいのだ。必然的に、力を保持するのに役立つことはなんでも正しい。たとえフェアなやり方でなかったとしても。

ＮＹＭＡは弱さを忌み嫌うドナルドの精神的傾向を強めた。愛と創造性は弱さがあってこそ生まれるものだが、一方では弱さのせいで恥をさらすこともある。それはドナルドには絶対に我慢できなかった。彼は必要に迫られて自分の衝動を抑制する術を学びはじめた。罰を回避するためだけではなく、違反行動をするのならこれまで以上に巧妙にならなければならないと悟ったからだ。

フレディにとって、大学四年生の一年間は人生で最も実り多い最良の年となった。経営学の学士号を取得したことなどはたいした出来事ではなかった。友愛会〈シグマ・アルファ・ミュー〉の会長に選ばれ、ROTCを修了し、卒業後には空軍州兵少尉という階級も決まった。何より重要だったのは、事業用航空機の操縦士資格を得たことだ。もっともフレディは、この資格を就職に生かすつもりはなく、ブルックリンの父のもとで働く予定に変わりはなかった。将来、会社を引き継ぐ日が来るものと信じていたのだ。

一九六〇年夏、フレディはトランプ・マネジメント社に入社したが、この時点で父の会社は、ブルックリンとクイーンズ全体にかけて、何千世帯も入居する四〇以上の建物や複合施設を所有していた。何年も前から、フレッドはよく長男を建築現場に連れて行っては見学させていた。ブルックリンの〈ショア・ヘイヴン〉や〈ビーチ・ヘイヴン〉のような巨大プロジェクトを筆頭に、ジャマイカ・エステーツの自宅に近い小さな建物まで、すべてがフレディの成長期である一九四〇年代から一九五〇年代にかけて建築されたものだ。

その現場でフレディは、父から経費削減（自社でやるのと外注に出すのとどちらが安上がりかを見きわめる）と経費節約（赤レンガは白レンガより一セント安い）の重要性を叩きこまれた。フレッドはまた、ブルックリン民主党の会合や政治資金集めのパーティーに長男を連れて行き、ニューヨーク市で強い影響力を持つ大物政治屋たちとフレディが顔見知りになれるよう取りはからった。

いまや正社員になったフレディは、父が会社所有の建物を巡回して管理人との業務連絡や修理の監督をするときなどに同行した。現場に出るのは、サウス・ブルックリンのアヴェニューZにあるオフィスに閉じ込められるよりずっとましだった。以前は歯科医院だったというその場所は狭苦しく、照明が薄暗かった。会社は年に何百万ドルという賃料をかき集めているというのに、フレッドは必要と思えばいまだに賃借人を直接訪問して交渉していたのだ。たとえば、苦情が多くてうるさい賃借人がいればフレッドは自分から出向いたが、それは相手が自分の評判を知っているとわかっていたからだ。そういうときの対処法をフレディに見せ、学ばせるために連れて行くこともあった。

ある賃借人が何度も会社に電話してきて、ビルの暖房が効いていないと文句を言ったことがある。フレッドはその部屋を訪ね、ドアをノックすると、まずジャケットを脱いだ。ふだんならベッドに入る直前までジャケットは着たままでいるのに。そしてアパートメントのなかに入ると、実際は寒かったが、フレッドはワイシャツの袖をまくり上げ（これまた日頃はめったにやらないことだ）、賃借人に向かって「何が問題なのかわかりませんね。ここは熱帯みたいな気温じゃないですか」と言うのだった。

フレディは空軍州兵の義務として、一カ月に一度、週末にマンハッタンにある部隊本部に出向かなくてはならなかった。それについてフレッドは文句を言わなかったが、一年のうち二週間はニューヨーク州北部にある軍事施設〈フォート・ドラム〉に出頭するために飛行機に乗るとあっては、いい顔をしなかった。軍隊とはなんのかかわりも持たないフレッドにしてみれば、自分のところの社員が無駄に時間を取られていると思ったからだ。

ある日の夕方、フレディがブルックリンでの長い一日を終えたあとにリンダから電話がかかってきた。一年ぶりぐらいだった。彼女はナショナル航空のキャビンアテンダントになったのだと言い、勤務先はアイドルワイルド空港（現ジョン・F・ケネディ国際空港）だと話した。「それで思い出したのだけど、たしか、あなたのお父さんはクイーンズにいくつかアパートメントを持っているとか言ってたわよね。空港の近くに部屋を借りたいんだけど、力を貸してもらえないかと思って」。事実、空港からバスでわずか一五分のジャマイカ地区に、フレッドの会社は数棟の賃貸物件を所有していた。二人はハイランド・アヴェニューの〈サクソニー・アパートメント〉に、小さなキッチンとバスルームつきの部屋を見つけた。九エーカー（約三万六四二〇平方メートル）ほどある立木の多い公園に隣接していて、その公園の真ん中には大きな池がある。彼女はすぐさま引っ越してきて、二人はデートを重ねるようになった。

一年後の一九六一年八月、フレディはマンハッタンにある二人のお気に入りのレストランにリンダを誘い、彼女のカクテルグラスに婚約指輪をそっと滑りこませてプロポーズした。ディナーのあとで、二人はジャマイカ・エステーツに車を走らせ、フレディの両親に報告した。フレッドとメアリー・アンはこの大ニュースを冷静に受け止めた。

リンダの慎ましい家柄（父親はトラック運転手で、のちに夫婦でフロリダのビーチの近くで焼きハマグリを売る店を始めた）と、一見したところ洗練されてもおらず、教養もないように見えるせいで、フレディの両親は彼女が金目当てに違いないと決めつけた。だがそれは大きな誤解で、現実をわざと曲解していた。リンダは義父になる予定の男がどれくらいの金を持っているかなど、まったく知らなかっただろう。実際に金目当てだったとしたら、疑われないようもっと上手に立ち回ったに違いない。

私の祖母のメアリー・アンは、自分がスコットランドでかなり質素な暮らしをしていたのだから、私の母リンダの味方になってくれてもよかったはずだ。しかしメアリー・アンは、梯子《はしご》のてっぺんまで上りきったとたんに、その梯子を引き上げてしまったようだった。フレッドについて言えば、単にリンダが気に入らなかったのだろう。どのみちフレディが選んだのだから、ろくな女ではないだろうと、疑いの目で見ていた。

当時、キャビンアテンダントの労働条件は非常に厳しかった。髪の毛を伸ばしすぎただけでも、また体重が増えただけでも停職処分を受けるほどだった。そして、結婚すれば退職するものと決まっていた。一九六二年一月のフライトを最後に、彼女はその二週間後に結婚し、自分の収入というものはなくなった。

リンダの母親が慢性の関節リウマチを患って車椅子の生活になっていたため、結婚式はフロリダで挙げることになった。教会で挙式したのちに、フォート・ローダーデール（フロリダ州マイアミの北にあるリゾート地）のインランド・ウォーターウェイにある〈ピア・シックスティ＝シックス・ホテル＆マリーナ〉で簡単なカクテルパーティーを催して披露宴の代わりとした。フレディの両親はこの結婚式が気に入らなかったが、金を出そうと言わなかった以上は口も出すべきでないことはわかっていた。ヴァージニア州の大学に在籍中だったエリザベスと、まだＮＹＭＡにいたドナルドは出席しなかった。新婚夫婦がハネムーン旅行から戻ったら、あらためてトランプ家で披露宴を開き、客を招くことになった。

コニーアイランドの〈トランプ・ヴィレッジ〉は一九六三年着工予定で、トランプ・マネジメント社史上最大のプロジェクトだった。フレディはその準備を補佐することになっていた。父フレッドは、現場で問題が起こればすぐに駆けつけることができるように、フレディをブルックリンにある自社所有アパートメントの一つに住まわせる予定だった。ところがフレディとリンダの若夫婦は、マンハッタンのファースト・アヴェニューとサットン・プレイスのあいだに位置する東五六丁目の、ワンベッドルームのアパートメントに入居した。そして二人はプードルを購入した。フレディは生まれて初めてペットを飼うことができるようになったのだ。さらに数カ月後、リンダは身ごもった。

一一月に誕生したその男児も、フレデリック・クライスト・トランプと名づけられた。これで同じ名前が三代続いたことになる。一カ月後、フレディは初めて自分の飛行機〈パイパー・コマンチ１８０〉を買った。彼と妻のリンダはクリスマスのすぐあとに、リンダの両親にその飛行機と赤ん坊を見せるためにフォート・ローダーデールに飛んだ。リンダの父親のマイクは、飛行機の発着を見物したくて地元の飛行場滑走路の近くによく車を停めていたぐらいなので、これ以上ないほど喜んだ。

フレディとリンダはまた、一九六〇年に結婚していたマリアンとその夫デイヴィッド・デズモンドの夫婦と毎週のように食事をともにした。フレディは彼らに飛行機のことを話したが、「父さんには言わないでくれよ。わかってはもらえないから」と付け加えた。

一九六三年九月、フレディ一家は〈ハイランダー〉に入居する。フレッドがクイーンズのジャマイカ地区に所有する建物の一つで、三年前にリンダがニューヨークに初めてやって来たときの住まいからさほど離れていない。ロングアイランドに一戸建てを買うまでのつなぎのつもりだった。この賃貸集合住宅はフレッドの所有物件の典型例で、居住部分の貧相さから注意をそらすためにエントランスだけは豪華につくられていた。ロビーには支柱とベルベットのロープで仕切られた専用の待合スペースがあり、そこは全体の床面より低く段差をつけた窪地のようになっている。反対側の壁面には、無駄に大きな熱帯植物がこれ見よがしに飾られている。窓は床から天井までの一枚ガラスで、その向こうには、広い敷石の中庭とレンガの踏み段が曲線を描いて外の歩道へと続くのが見える。踏み段の左右には、さらに過剰なまでの緑を演出するように大きな樫の木がそびえ立ち、巨大な暗緑色の葉を茂らせた異国風の植物が植えられている。まさにフレッド・トランプらしい趣味だった。この建物は丘のてっぺんにあり、そのすぐ下からハイランド・アヴェニューが延びてジャマイカ地区を二分していた。北側は郊外住宅地で白人が多く、南側は市街地で黒人が多い。〈ハイランダー〉の表玄関と裏口は、別々の世界に面して開いていたようなものだ。フレディとリンダが入居したのは、ベッドルームが二つある南東の角部屋で、九階と最上階にまたがっていた。一方の窓からは眼下に公園、遠くに〈ジャマイカ・ハイスクール〉が見え、もう一方からはジャマイカ地区の南半分が一望できた。

フレディは最初、家主の息子で、しかも所有会社の社員が同じ建物内に住んでいると知られたら、夜昼なく住人が押しかけるのではないかと心配した。しかし、築一五年にもならない新しい集合住宅であるのと、管理人がしっかりしていたおかげで、入居者たちがフレディを煩《わずら》わせることはなかった。

引っ越してからまだ日の浅いころ、フレディは妻のリンダに職業パイロットになりたいという希望を打ち明けた。三年勤務してみてわかったことだが、トランプ・マネジメント社の仕事はフレディにとってひどく苦痛だった。そもそもの最初から、彼の父親は〈トランプ・ヴィレッジ〉の造成に関する日々の進展をフレディには伝えず、入居者の苦情処理や建物のメンテナンス修理の監督といったつまらない仕事ばかりさせていた。

職業パイロットになれば、自分が大好きな飛行機の操縦をしながら高給が取れる。ジェット時代が始まる前の一九六〇年代初頭には、七年にわたって事業用航空機の操縦士が募集停止になっていたことがあった。しかし、〈ボーイング７０７〉と〈ダグラスＤＣ－８〉が登場するや、空の旅の人気は爆発した。パンアメリカン航空は一九五八年に大西洋を横断する航空便を始動させ、自社が所有していたそれまでのジェット機はナショナル航空に国内線用として払い下げた。つぎの年にはもう、トランスワールド航空（ＴＷＡ）、アメリカン航空、デルタ航空、ユナイテッド航空がそろって新しいジェット機を使うようになっていた。いままでのターボプロップ機より大きくて馬力もあり、安全で、多くの乗客を遠くまで一度に運べるからだ。

航空業界が拡大すれば、当然ながらパイロットの需要も増える。すでに資格を持っていれば、新しいジェット機の操縦に必要な技能をマスターするのも早い。ＴＷＡは〈ボーイング７０７〉の導入が最後になったため、他社に追いつこうと焦っていた。フレディが自分の〈コマンチ〉を置いているロングアイランド・マッカーサー空港とアイドルワイルド空港でも、「事業用航空機の操縦士を求む。業界に新しい血を」という貼り紙で壁が埋まっていた。

リンダは反対した。キャビンアテンダントだった彼女は、フライトとフライトのあいだの空き時間にパイロットたちが何をしているか知っていたからだ。そこで、この希望はとりあえず棚上げとして、当面はいまの職場で最善を尽くしてみようということでフレディも同意した。

しかし、父親の会社におけるフレディの状況は悪化するばかりだった。フレディが新しいアイディアを持っていくたびに、父はにべもなくはねつけた。もっと重要な仕事を任せてほしいと言えば、うるさそうに手を振って追い払われた。

自分にも重役らしい決定を下すことができると証明したくて、フレディは老朽化が始まっているビルの一つの窓ガラスを新調するため、注文を出した。父フレッドはそれを知ったとき激怒した。「ペンキの塗りかえですませればいいものを！　私の金を無駄遣いしたな！」ほかの社員たちがいる前でフレディは怒声を浴びせられた。「ドナルドなら、こんな馬鹿なことはせん。あいつはおまえの一〇人分の値打ちがある」とも言われた。このときドナルドはまだ高校生だった。

会社で父にひどく叱られて恥をかかされるのは、家庭内で怒られるのとはわけが違った。その場にいたのはフレディの「同僚」ではなく、いずれは部下になるはずの社員たちなのだ。上司《ボス》の権威が最初の一歩でこれほど手ひどく傷つけられたことは、致命的な打撃だった。

夜になって帰ってきたフレディは、妻にもう望みがないことを伝え、父の下で働いて楽しかったことは一度もなかったと告白した。予想していた生活と全然違っていたし、これ以上父の会社にいても絶望的だという考えが、このとき初めて彼の頭に浮かんだ。「ＴＷＡに転職するよ。それしかない」。彼はもはや妻に相談しているのではなかった。父親から縁を切られるかもしれないが、遺産をもらえなくてもかまわない。パイロット、しかもTWAの操縦士なら高収入で安定した仕事だ。十分に妻子を養える。自分だけの力で。そうだ、独り立ちするのだ。

フレディが路線航空機のパイロットになるためにトランプ・マネジメント社を辞めると告げたとき、フレッドは驚きのあまり言葉が出なかった。長男が父を裏切るなど、けっして許されないことだ。息子には思い知らせなければならないと、フレッドは思った。

第四章　飛行の夢

ボストン―ロサンゼルス間の航空路線は人気が高く、操縦の任につくのは最優秀のパイロットだけに限られていた。一九六四年五月、フレディ（著者の父。ドナルドの兄）は職業パイロットとしての初飛行でボストンのローガン国際空港からロサンゼルス国際空港へ飛んだ。彼がその年の最初の訓練クラスに入るべく応募してから半年とたっていなかった。

フレディが操縦席《コクピット》で成し遂げたことは、トランプ一族のなかにあっても異彩を放っている。きょうだい五人のうちほかの誰一人、完全に自力で何かを達成した者はいない。長女マリアンは最もそれに近いところまで到達したといえる。マリアンは一九七〇年代の前半に法科大学院を卒業し、検察官として九年間実績を積んだ。しかし最終的に連邦控訴裁判所の判事にまでなれたのは、ドナルドが彼女のためにコネを使ったからだ。次女のエリザベスはチェース・マンハッタン銀行にずっと勤務していたが、それは父が選んで決めた職場だった。ドナルドはすべての事業において最初からフレッド（著者の祖父。ドナルドの父）の資金と助力の恩恵をこうむっていて、絡み合った数々の援助者たちのおかげで現在に至っている。末っ子のロバートは、大学卒業後のほんのわずかな期間ニューヨークの証券会社に勤めていた以外は、ずっとフレッドやドナルドの部下だった。そのフレッドでさえ、自分の力だけで成功したわけではない。彼の母親が事業を興し、それがトランプ・マネジメント社になったのだから。

フレディは大学在学中に自分で航空学校に通って資格をとった。のちには、父親の圧力に抗して転職した（その代償を残る人生で払いつづけることにはなったが）。家族からはなんの援助もないばかりか、露骨に軽蔑されていた。そうした障害にもかかわらず、彼はトランスワールド航空（ＴＷＡ）に入る意志を固め、必要とあれば何度でも採用試験に挑戦するつもりでいた。だが、結果は一発合格だった。

一九五〇年代から六〇年代、入ってくるパイロットの圧倒的多数は軍隊で訓練を受けた操縦士たちだった。典型的な訓練クラスは定員二〇名のうち空軍・海軍・陸軍・海兵隊が各四名ずつ、そして民間人四名から構成されていた。フレディは二五歳という若さで、ＴＷＡが一九六四年に開始した操縦士養成クラスの第一期一二人のなかに入ることができた。残りのうち一〇人が軍の飛行訓練兵上がりだった。当時はフライト・シミュレーションなどなく実地訓練はすべて空の上で行われたことを考えれば、フレディがそこに入れたのはいっそう驚きである。友愛会仲間《フラタニティ・ブラザーズ》がパーティーをしているあいだも飛行場で滞空時間の記録を積み重ねつづけたフレディの努力が、ついに実を結んだのだ。

当時は航空業界にとって栄光の頂点ともいうべき時代だった。その最前線にいたのがハリウッド好みの派手なＴＷＡのオーナー兼経営者、ハワード・ヒューズである。ＴＷＡは、ヘッダ・ホッパーやルエラ・パーソンズといったゴシップ記者にリムジンを用意して空港までの送迎をした。その広告効果は大きく、誰もがＴＷＡの飛行機に乗りたがるようになり、国内便と国際便の両方を持つＴＷＡは世界最大級の航空会社の一つになっていた。機長は神であり、神として扱われた。またハワード・ヒューズが美人好きだったために、キャビンアテンダントは誰も彼も、まるでハリウッドスターのようだった。

パイロットが空港ターミナルを歩けば、乗客たちが賞賛のまなざしを向けるばかりかサインまでねだられる。そんな反応はフレディにとっては喜ばしく、劇的な境遇の変化だった。トランプ・マネジメント社ではどんなに努力しても敬意を払われなかったのだから。明るく輝きに満ちた空港は、彼があとにしてきたニューヨークのあの暗くて陰鬱なオフィスや汚い工事現場とは雲泥《うんでい》の差だった。ブルドーザーや掘削機の代わりにアスファルトの上に整列しているのは、きらめく〈ボーイング７０７〉や〈ダグラスＤＣ－８〉だ。これまで彼が下した決定は父によって必ずあとから文句を言われてけなされていたが、操縦室《フライトデッキ》にいるときの支配権は完全にフレディのものだった。

フレディは若い妻と幼い息子とともに、マサチューセッツ州の海沿いにあるボストンのローガン国際空港から北東に四〇分ほどの距離にある、小さな港町マーブルヘッドに引っ越した。不規則に広がる港湾からそう遠くない場所に村の公共緑地があり、それを囲むようにしてばらばらの家屋が建っているうちの一軒で、さらにすぐに倒れそうなコテージも借りた。フレディはボストンホエラー製のおんぼろ〝ヨット〟を持っていて、それを港に停泊させていたからだ。

マーブルヘッドの五月は牧歌的に美しく、フレディは飛行勤務を愛していた。人付き合いも多く、バーベキューパーティーや沖釣りに出かけたし、週末になると、ほとんど毎週、ニューヨークから友人たちが遊びに来た。だが一カ月が過ぎたころ、フレディはスケジュール管理に苦労しはじめ、操縦席《コクピット》にいるとき以外はだらけて過ごすことが多くなった。酒量も増えた。ほかの誰よりもたくさん飲むようになってきたことにリンダは気づいた。飲酒で問題を起こしたことなどかつて一度もなかったのに。

フレディは以前のように妻に悩みを打ち明けることがなくなった。おそらく心配をかけたくなかったからだろう。だからリンダは先の一二月に、義父が夫に何を言ったのか詳しいことは知らないままだったし、ニューヨークからの手紙や電話でフレディが責め苦にあっていたことも知らなかった。だがフレディの友人たちは知っていた。たとえば〝親父さん〟が「空の上だろうと、しょせんバスの運転手と変わらん。家の恥だ」と言ったことを、フレディは信じられないという口調で友人たちには語っていたからだ。フレッドは息子にやすやすと、トランプ・マネジメント社を辞めたのは自ら進んで負け犬になったも同じだと思わせた。リンダはいちばん肝心なことを理解していなかったし、フレディ自身もおそらく把握できていなかった。それはフレッド・トランプの価値判断が、息子にとってどれほどの重みを持っているかということの証でもあった。

ある夜のこと、仕事を終えて帰宅したフレディは、とてもいらだっている様子だった。夕食の席で彼は、「離婚するしかないな」と言った。

リンダはショックを受けた。夫がいつも以上にストレスを抱えているのはわかっていたが、それはフライトのたびに二〇〇人以上もの命を預かる責任の重さからだと思っていたのだ。

「フレディ！　いったいなんなの？」

「これじゃだめなんだ、リンダ。どうやったら続けていけるのかわからない」

「あなたが家にいる時間なんて、半分もないじゃない」。唐突な夫の感情爆発にとまどい、リンダは言った。「赤ちゃんもいるのに。どうしてそんなこと言うの？」

フレディは立ち上がり、自分で酒を注いだ。それから、「忘れてくれ」と言い残すと、部屋を出ていった。

二人のあいだでその話が蒸し返されることはなかった。数日のうちには、何事もなかったかのように元どおりの生活に戻っていた。

六月になると、ドナルドとロバートがマーブルヘッドにやって来た。ドナルドはニューヨーク・ミリタリー・アカデミー（ＮＹＭＡ）を卒業したばかりの一八歳、ロバートはまだ一六歳でフレディの母校セントポールに在学中だった。二人が乗ってきたのはドナルドの新しいスポーツカーで、両親から卒業祝いとして買い与えられた車だった。フレディが大学卒業祝いにもらったのは旅行用のスーツケースだったのを考えると、大きな差だ。

フレディは二人がやって来ることに期待と不安を抱いていた。これまできょうだいの誰も彼といっしょに飛行機に乗ったことはなかったし、彼の新しい職業に興味を示した者もいなかった。だが、弟たちに彼の世界を見せてやることができたら、味方になってもらえるかもしれない。父の非難に耐える気力が尽きようとしているいま、たとえ一人でもいいから家族のなかに自分を信じてくれる者がいれば、それが救命具になるかもしれない。フレディはそんな希望を持とうとしていた。

このときドナルドは分かれ道にいた。フレディがトランプ・マネジメント社を辞めると宣言した一九六三年一二月、ドナルドは完全に不意打ちをくらった気分だった。ＮＹＭＡの最後の学年の一学期目が終わったところで、いずれ父の会社で働くつもりではあったものの、自分の名前が父と同じでない以上、会社を引き継ぐことができるという保証はない。将来はまだ不確定なままだった。だから彼は進路に迷い、この春にＮＹＭＡを卒業した時点でまだどこの大学に行くとも決まっていなかった。家に戻ったらどこか地元の学校に行き先を見つけるのを助けてほしいと姉のマリアンに頼んでいた。

フレディとリンダはバーベキューを用意し、その昼食のときにドナルドは近々シカゴに行くと話しだした。父が検討中の開発案件があるので「アシスタントとして」同行するのだという。フレディがそれを聞いて安堵したことは傍目《はため》にも明らかだった。父は新しい現実を受け入れる気になったのかもしれない。このままドナルドを跡取りにしてくれればいいのだ。

昼食のあと、フレディは弟二人を自分の〝ヨット〟に乗せて釣りに行った。

もともとドナルドはフレディがいくら教えても釣りのコツがつかめず、うまくならなかった。前回いっしょに船に乗ったとき、ドナルドはまだＮＹＭＡの学生で、ビリー（ドレイク）のほかにもフレディの友愛会仲間が二人ほどいた。彼らの一人がドナルドに釣り竿の正しい持ち方を教えようとしたが、ドナルドは身を引いて「どうやるかは知ってるからいい」と拒絶した。

「へえそう。そんな下手なのによく言うよ」。みんな笑った。ドナルドは釣り竿を甲板に放り投げ、船首のほうへ大股に歩いていった。あんなに怒っていたら足元を見ないで海に落ちるんじゃないか、とフレディが心配したほどだった。結局、そのときドナルドの釣りの腕は上がらずじまいだった。

三人きょうだいが港から戻ってきたとき、リンダは夕食の用意をしていたが、すぐに三人のあいだにぴりぴりした空気が張りつめていることに気づいた。何かあったのだろう。あんなに上機嫌だったフレディもようやくといった感じで怒りを抑えて無言でいる。フレディがかんしゃくを起こすことは（その当時には）めったになかったが、リンダは悪い予感がした。フレディは黙って自分の分だけ酒を注いだ。これも悪い兆候だった。

夕食の席に座りもしないうちから、ドナルドは非難を開始した。「わかってるのか、あんたは人生を無駄にしてる。父さんはうんざりしてるんだ」と、まるで突然ここに来た用件を思い出したかのようにまくしたてた。

「父さんの考えてることなら、おまえから教えてもらうまでもない」。フレディは言った。自分の選択を父がどう思っているかは知りすぎるほど知っていた。

「あんな息子を持って恥ずかしいって父さんは言ってるよ」

「おまえが気にすることか？　おまえは父さんの会社で働きたいんだろ？　遠慮なくそうしてくれ。おれにはどうでもいいことだ」

「フレディ、父さんは正しいよ。あんたのやってることは、見栄えがいいだけの運転手稼業じゃないか」。ドナルドは、フレディとプロのパイロットという彼の選んだ職業を父がなぜ軽蔑するのか、その理由は理解していなかったかもしれない。だがいじめっ子の本能で、相手のいちばん痛いところを的確に察知してそこを突くことはできた。

弟たちは父からのメッセージを面と向かって伝えるためにここに送りこまれたのだとフレディは悟った。少なくともドナルドが来た理由はそこにあった。父におとしめられるのもつらかったが、年の離れた弟の口から同じ言葉が出たことは、フレディの心に手ひどい傷を負わせた。

キッチンからリビングルームへ料理を運んでくるところだったリンダはちょうどこのやりとりを耳にし、フレディの顔から血の気が引くのを目撃した。ガチャンと音を立てて皿をテーブルに置くや彼女は義弟に向かって叫んだ。「なんてこと言うの、ドナルド！　フレディがどんなに苦労したか、わかってるの？　何も知らないくせに！」

その夜、フレディはもう弟たちに何も言わなかった。二人の弟は翌朝、予定を一日早く切り上げてニューヨークへ帰っていった。

フレディの飲酒癖は悪化した。

六月、フレディに昇進の話がきた。TWAは新型機〈ボーイング727〉の導入に向け、選抜された現役パイロットに操縦訓練を受けさせるため、カンザスシティにある会社の施設に送ろうとしていた。ところがフレディはこの話を断った。リンダは、これが州軍だったら上官の命令を拒否するなんてありえないでしょう、と説得を試みたが無駄だった。会社に対する彼の説明は、マーブルヘッドに家具付きの家を一年契約で借りてまだ二カ月にしかならない、妻と幼い子どもをまた引っ越しさせるのはしのびない、というものだった。しかし本当のところフレディは、もう自分の夢は終わりが近いと思いはじめていたのだった。プロのパイロットとしての自分を父に認めてもらうという希望は消えつつあった。そして父が認めてくれないかぎり、この仕事を続けていくことはできないだろう。トランプ・マネジメント社を辞めるまで彼は一貫して父の望む人間になろうとし、できるだけの努力をしてきた。その努力が度重なる失敗に終わったとき、自分自身の夢をかなえれば父もありのままの自分を受け入れてくれるのではないかという希望に彼はすがった。フレディの子ども時代はずっと地雷原を歩いているようなもので、父によしと言ってもらうためにはどうすればいいのか、その条件を探りながらこわごわ前に進むしかなかった。だが彼にも本当はよくわかっていたのだ。父の意に沿うには、自分ではない人間になるしかないと。どうしたってそんなことは不可能なのに、それでも父の是認を得るのはほかの何よりも重要なのだった。トランプ家の子どもたちにとって父フレッドは究極の審判員であり、わが子の価値を裁定する絶対者であった（伯母のマリアンが七〇代後半という年齢になってさえ、ずっと前に死んだ父親にほめられたかったと口走るのもそのせいである）。

その後ＴＷＡがアイドルワイルド空港を拠点とする勤務の打診をしてきたときには、フレディは喜んでその話に飛びついた。状況打開のチャンスだと思ったからだ。だが、それは現実的に見れば理屈に合わなかった。三、四日に一度はマーブルヘッドとニューヨークのあいだを通勤しなくてはならないし、さらに悪いことには父フレッドの近くで勤務することになるからだ。だが逆にその点こそ、フレディにとって意味があったのだろう。父から認められるのは無理でも、近くで見てもらう機会さえあれば、飛行機の操縦士がフレディの天職なのだとわかってもらえるのではないかと思ったのだ。当番勤務の合間に、フレディは同僚のパイロットたちを「屋敷」に連れて行って家族に紹介した。なんとか父に好印象を与えようとして。見込みのない、必死のあがきだった。

だが結局、何をしようと効果はなかった。父フレッドは裏切られたという思いこみからけっして脱せなかった。フレディは大学時代に予備役将校訓練課程、友愛会《フラタニティ》、飛行クラブと、父が知ったら軽蔑したであろう類の活動に参加して有意義に過ごしたのに、それでも父の築いた事業帝国を永続させるための後継者になるべく父のもとで働くという進路を変更しなかった。父フレッドにすれば、長男がトランプ・マネジメント社を辞めたということはあからさまな裏切り行為だったが、皮肉なことに彼はずっと息子には大胆さが足りないと思い、それを植えつけようとしていたのだ。だがその大胆さは間違った方向に空費されて終わった。前例のないフレディの行動を父は大胆とは思わず、自分の権威がないがしろにされたと感じた。息子の人生まで含めたすべてのことを支配し自分の制御下に置いているというフレッドの万能感が、ひどく傷つけられたのだ。

第二人の訪問から数週間後、夏の嵐がマーブルヘッドの港町に吹き荒れた日のことである。リンダがリビングルームでフレディの白い制服にアイロンをかけているところに電話がかかってきた。受話器をとり、夫の声を聞いた瞬間、彼女は何か悪いことが起きたのだとわかった。辞職した、と彼は言った。できるだけ早く、家族三人でニューヨークに戻らなくてはいけない。リンダは驚きで声も出なかった。あんなに頑張ってようやく手に入れたすべてをたった四カ月で投げ出すなんて、何がなんだかわからなかった。

実のところ、TWAは彼に最後通牒を突きつけたのだ。辞職するならライセンスは持ったままでいい。しかし辞職しないのなら、会社としては彼を深刻な飲酒癖のゆえに免職《クビ》にすると公言しなくてはならず、そうするともう二度と空を飛ぶことは許されないだろう、と。フレディは前者を選択し、マーブルヘッドでの暮らしは終わった。九月の第一月曜「労働者の日《レイバーデー》（米国の祝祭日で九月の第一月曜日）」の直後、フレディはジャマイカ・エステーツで以前住んでいた〈ハイランダー〉の九階角部屋に家族とともに戻った。

それでもフレディは、飛行機の操縦士という職業をまだ完全にあきらめてはいなかった。もっと小さい航空会社で、もっと人数の少ない小型機を短時間飛ばす航路ならストレスも少ないのでたぶんやれるはずだ。そこからまた上を目指せばいい。そう思って彼は妻のリンダと息子のフリッツが新居に落ち着くのも待たずに、ニューヨーク州北部の小都市ユーティカに行き、ピードモント航空という近距離都市間路線の航空会社に就職した。だが、そこでの仕事は一カ月と続かなかった。

つぎに彼はオクラホマ州に行ってまた別のローカル線航空会社に入り、フリッツ（著者の兄）が二歳の誕生日を迎えるまでそこにいたが、一二月にはクイーンズに戻ってきた。飲酒癖が自分でもコントロールできなくなって、パイロットを続けていけないとわかったからだった。トランプ家でただ一人独立を遂げた男フレディは、無惨にもゆっくりと壊れていった。

こうして、フレディの飛行機操縦士としてのキャリアは始まって一年足らずで終わりを告げた。ほかに選択の余地はなく、彼はふたたび父の前に立つしかなかった。「屋敷」の書斎で、いつもの席の小型ソファに座ったフレッドは、仕事を求める長男の頼みを聞いた。フレディにしたらやりたくもない仕事であり、父フレッドからすればこの長男にできるとは思えない仕事だった。

フレッドはしぶしぶ承知した。露骨に恩着せがましく、息子の頼みだから聞き入れてやるという態度だった。

それでも、もう一度だけ希望の光が見えたことがあった。一九六五年二月、フレッドは〈スティープルチェース・パーク〉の敷地を買い取る。コニーアイランドには、二〇世紀初めから営業していた有名なアミューズメント・パークが三つあった。そのうち〈ドリームランド〉は一九一一年に火災で焼失し、〈ルナ・パーク〉も同じく火災にあって一九四四年になくなった。フレッドはそのルナ・パークがあった場所から遠くないところに、その名を冠したショッピングエリアを含む複合ビルを所有していた。〈スティープルチェース・パーク〉は過去の二つのライバルより何十年か長く生きのび、一九六四年まで営業を続けていた。その所有者は最初から最後までティリウー一族《ファミリー》だったが、重大な犯罪《ハイ・クライム》（刑法上の罪とは異なり、政府高官がその地位を悪用して行った道義上の罪で、弾劾の理由となるもの）や娯楽産業の競争激化といったいくつかの原因で売却を決めた。フレッド・トランプは〈スティープルチェース・パーク〉の再開発ができると考え、買収対象として目をつけていた。〈トランプ・ヴィレッジ〉と同じ方式の住宅開発計画を考えていたが、それには乗りこえるべき大きな障害物が立ちふさがっていた。公的な使用に供されていた土地を私的な建築物の敷地に転用することを制限する都市計画法（土地利用制限法）の改正が進行中だったのだ。フレッドは機会をうかがいながら、昔から付き合いのある政治屋に働きかけて支援を頼むロビー活動にいそしみ、それと同時に企画書の草案を練った。

この大がかりなプロジェクトにかかわらせてやってもいいという可能性をフレッドがちらつかせると、フレディは好機とばかりに飛びついた。ＴＷＡのことは早く忘れたい、なんとしても父の会社内で地歩を固めたいと必死だったのだ。フレディにとっては父親に認めてもらう最後のチャンスだったのだろう。

そのときリンダは妊娠六カ月で、お腹のなかには私がいた。

第二部　繁栄の陰で

第五章　閉じこめられて

一九六四年九月以降、ドナルドは「屋敷」に住み、ブロンクスにあるフォーダム大学に三〇分かけて通学した。ドナルドはその後何年も、その大学に通っていたことに触れようとしなかったが。ニューヨーク・ミリタリー・アカデミー（ＮＹＭＡ）での厳格な生活から、比較的のんびりした大学生活に変わったことは、彼にとってかなり大きな変化だった。この時代、ドナルドは遊び相手になりそうな若い女性を物色しながらぶらぶらと過ごすことが多かった。ある午後のこと。ドナルドは、ビリー・ドレイク（フレディの友人）の恋人、アンナマリアが自宅前の私道で自家用車を洗う父親を眺めているところに出くわした。二人は顔見知りではあったものの、言葉を交わすのは初めてだった。アンナマリアのほうは、フレディ（著者の父。ドナルドの兄）を通じてドナルドのことをよく知っていた。雑談するなかで、アンナマリアは以前自分がＮＹＭＡのそばにある寄宿学校に通っていたと言いだした。

「どの学校？」ドナルドが尋ねた。

アンナマリアが学校名を告げると、ドナルドはじっと彼女の顔を見て言った。

「がっかりだね。あんな学校に行ってたなんて」

アンナマリアはドナルドより三歳年上だった。

「がっかりって、あなた、何様なの？」

そこで会話は終わった。ドナルドにとって女を口説くというのは、相手を侮辱し、見下すことだったのだ。子どもじみている、とアンナマリアは思った。まるで、女の子の髪を引っぱって愛情表現する小学二年生のようだ。

ドナルドは、明らかに父親の寵愛を失った兄フレディの代わりに、トランプ・マネジメント社において父親の右腕となれるチャンスを見出していた。
一番でなければならない――それは父親の意図とは違う意味だったかもしれないが――という教訓を学んだドナルドは、たとえそれがただ自慢するためだけだとしても、新たな野心に見合った学位取得を決意した。フレッド（著者の祖父。ドナルドの父）はそれぞれの大学の特徴についてなど何も知らなかった。ドナルドの両親はどちらも大学には行っていなかったからだ。そこでトランプ家の子どもたちは、出願する学校を基本的には自分で判断した。ドナルドは、ペンシルベニア大学のウォートン・スクールの名声を知り、この大学に照準を定める。だが残念なことに、姉マリアンに宿題はやってもらえても、テストを受けてもらうわけにはいかない。当時の成績はクラスのトップにはとうてい及ばなかったので、いくら努力しても入学を許可されないのではないかとドナルドは心配した。そこで、そのリスクを避けるために、頭がよくていい点を取ることで有名だったジョー・シャピロに協力を求め、自分の代わりにＳＡＴ（大学進学適性試験）を受けてもらうことにした。写真付きの身分証明書もなければコンピュータで記録もされない時代、そういう企みはいまよりずっと簡単だった。いつも大金を持っていたドナルドは、シャピロに十分な報酬を支払った。さらに抜かりないことに、フレディに頼んで、セントポール校時代の友人でペンシルベニア大学の入学事務局で働いているジェームズ・ノーランに口をきいてもらうことにした。おそらくノーランは、フレディの弟のために口添えしてくれるだろう。

フレディは喜んでその役を引き受けてくれたが、そこにはひそかな意図があった。フレディはドナルドをライバルと見なしたことはなく、自分の代わりを務めるようになるとも思っていなかったものの、どんどん鼻持ちならなくなってくる弟をそばに置いておきたくなかったのだ。ドナルドがどこかに行ってくれたらずいぶんと気が楽になる。

しかし結局のところ、ドナルドがめぐらせた数々の策略は必要なかったのかもしれない。というのも、当時のペンシルベニア大学はかなり門戸が広く、出願者の半数、あるいはそれ以上を受け入れていたからだ。いずれにしても、ドナルドは望みをかなえた。一九六六年の秋、ドナルドは三年次にフォーダム大学からペンシルベニア大学に編入することになったのである。

祖父フレッドが二五〇万ドルで〈スティープルチェース・パーク〉の購入を完了したのは、私が生まれた数カ月後、一九六五年七月のことだった。しかしそれから一年が過ぎても、トランプ・マネジメント社はまだ必要な認可を得るのに苦労し、計画を進めるための区画整理の途中だった。また、この計画への市民の反対運動にも手を焼いていた。

フレディは、トランプ・マネジメント社で最初に勤めていたときと何も変わらなかったと友人たちに語っている。父フレッドに常に細かく管理され、敬意を払われることもなく、胸躍る挑戦となったかもしれない仕事が不快で退屈な試練と化していた。もちろん、失敗などすれば、大変なことになる。それでもフレディは信じていた。この開発を成功させることができたら、父親に対する自分の立場はぐっとよくなるだろうと。

その夏、戦没者追悼記念日（五月三〇日または五月の最終月曜日）から九月の第一月曜日の労働者の日まで、私の両親はロングアイランドのモントークにコテージを借りた。おかげで、父は蒸し暑いブルックリンでの張りつめた状況から逃れられた。母は、私と兄フリッツとともにコテージにずっと滞在する予定で、父は週末に飛行機で行き来することになっていた。トランプ・マネジメント社からJFK空港（数年前に改名されていた）までは車で一五分だし、モントーク空港（空港といっても野原に敷かれた滑走路にすぎなかったが）はコテージから道路一本はさんだ向こう側にあったので、通勤は楽なものだった。フレディは友人たちをモントークに招待し、水遊びに連れ出すのを好んでいた。

夏が終わるまでに、フレッドのスティープルチェース開発計画は危機に瀕し、彼自身もそれを承知していた。フレッドはそれまでずっと、ブルックリン民主党との長年のコネを頼りにしてきた。数々の開発を容易に行えたのもそのおかげだ。しかし、一九六〇年代半ばになると、政界の仲間たちは権力を失いつつあった。やがて、必要な区画変更の許可が得られないことが明らかになる。にもかかわらず、フレッドは、スティープルチェース開発計画を成功に導くという不可能にも近い仕事の責任をフレディに負わせたのだ。

計画完了の期限が迫っていた。父フレディは二八歳にして、急に表舞台に引っ張り出され、記者会見を開き写真撮影を手配するようになった。ある一枚の写真で、細身の体にトレンチコートをまとった父は、大きな洞窟のような空っぽの倉庫の前庭に立ち、がらんとした空間をじっと見つめている。そこに映る父の姿はちっぽけで、途方に暮れているようだった。

〈スティープルチェース・パーク〉が歴史的建造物として指定されることを望む地域住民の運動が通れば、開発は中止され、フレッドの計画は頓挫《とんざ》してしまう。それを回避する最後のあがきとして、フレッドは一九〇七年建造の〈ザ・パビリオン・オブ・ファン〉という建物でイベントを開催することにした。その目的は、この公園の取り壊しを記念することだ。つまり、地域社会が保存しようとしているものを、歴史的建造物として指定される前に破壊するつもりだったのだ。フレッドはその計画を発表する記者会見をフレディに開かせ、論争の矢面《やおもて》に立たせた。華やかなイベントには水着姿のモデルたちが登場し、招かれた客たちは、この遊園地のマスコットの〈ティリー〉が歯をむきだしにして笑う巨大な絵が描かれた窓に向かって有料のレンガを投げる。そんなイベントだった。ハンマーを手にしたフレッドが、ビキニ姿の女性に笑いかけている写真がいまでも残っている。

イベントはいうまでもなく悲惨なものになった。フレッドには、感傷や郷愁、コミュニティという概念が理解できなかったのだ。ただし、窓が割られたときには、フレッド本人ですら自分がやりすぎたと認めざるをえなかっただろう。プロジェクトに対する地元の反対運動のせいで、必要な区画変更の許可を得ることができず、スティープルチェースの開発計画は中止を余儀なくされた。

この計画の失敗によって、事業を推し進めるフレッドの能力の衰えが露呈しはじめた。フレッドが発揮してきた力は、主に人脈によるものだった。一九六〇年代の初めから半ばにかけて、ニューヨーク市の政治の状況は大きく変わり、フレッドの古い人脈や仲間たちの多くが権力と地位を失っていった。それにつれて、フレッド自身も過去の人になりつつあった。フレッドが独自の建設プロジェクトを推進することは、もはやない。一九六四年に完成した〈トランプ・ヴィレッジ〉が、トランプ・マネジメント社が建設した最後の複合施設となるだろう。

のちのドナルドと同じように、責任を取ることができなかったフレッドは、スティープルチェースの失敗をフレディのせいにし、結局、フレディ自身もその責任を引き受けることになった。

ほぼ週末ごとにドナルドがフィラデルフィアから「屋敷」に戻ってきていたが、それもなんの助けにもならなかった。フォーダム大学同様、ペンシルベニア大学でも、ドナルドはその雰囲気にうまくなじめなかった。勉強に興味が持てないまま、自分が大海のなかの一匹の魚に過ぎないとふと気づいたのかもしれない。一九六〇年代、NYMAは、八年生から一二年生まで五〇〇名あまりという歴代最高の生徒数を誇っていたが、ドナルドの在学当時、ペンシルベニア大学にはさらに多い、数千に及ぶ学生が在籍していた。NYMA

でのドナルドは、下級生だった最初の数年、これまでに家庭のなかで身につけてきたさまざまな能力を駆使してしのいできた。苦痛や失望に対して無関心を装い、体の大きな年長の生徒たちからのいじめに耐えるだけの力があったのだ。ドナルドは優秀な生徒ではなかったが、ある種の魅力を備え、他人を協力させる手法を心得ていた。当時はまだ、その手法は完全に冷酷といえるほどのものではなく、高校時代のドナルドは、まずまずの運動選手だった。その青い目やブロンドの髪、自信たっぷりな態度に惹かれる者もいた。欲しいものはいつだって争わずしてなんでも手に入れることができる、いじめの首謀者としての自信がトランプにはあった。最上級生になるころには、学友たちの支持を十分に集め、ニューヨーク市の〈コロンブスデーパレード〉に参加するＮＹＭＡ代表団の指導者に選ばれている。ペンシルベニア大学ではそれほどの成功を収められるとは思えず、必要以上に大学にとどまる理由を見出せないでいた。いずれにしても、重要なのは学位を得て箔をつけることだった。

スティープルチェースの取引の破綻とその余波を解明すべき最も重要な時期に、ドナルドは上から目線のスポーツ観戦者のように批判することが多かった。フレディは父親の嘲《あざけ》りや辱《はずかし》めに耐えられるような鎧《よろい》を身につけてはいなかったし、自分のきょうだいの前で叱られる場面ではひときわ傷つきやすかった。もっと小さいころには、ドナルドは傍観者だったとはいえ、巻き添えを食うこともあった。ところが年を重ねたいま、兄が父親の心証を悪くしつづけてくれれば、自分にとってはむしろ有利になる。しだいにそう確信するようになったドナルドは、その様子を黙って眺めているだけでなく、自身も父に加担するようになった。

フレッドとフレディは、朝食の席でスティープルチェース開発計画の事後分析を行った。辛辣《しんらつ》な批判を繰り返すフレッドに対し、フレディが口にするのは自己弁護と後悔の言葉だけだった。すると、ドナルドはさりげなく兄に告げた。自分の言葉が与える影響などまるで気づいていないふりをしながら。

「週末ごとにモントークに飛んでなければ、もっと集中できてたかもしれないね」

フレディのきょうだいはみな、フレディが飛行機の操縦をすることに父親が反対しているのを知っていた。それはもはやフレディの単なる趣味だったのだが、「親父さん」の前では飛行機や船の話をしないというのは、きょうだいのあいだでの暗黙の了解だった。フレッドはドナルドの判断を裏づけるような反応を示した。フレディに向かってこう言ったのだ。「あんなもの、処分してしまえ」。つぎの週、飛行機は姿を消した。

フレッドのせいでフレディはみじめな気分にさせられたが、マーブルヘッドの一件で父親に認められたいといっそう思うようになり、スティープルチェースの計画中止のあとではその思いはさらに強まった。父親に受け入れてもらえるのではないかという期待から、言われたことにはなんにでも従ったのだろう。だが、フレディが意識していたかどうかはともかく、その願いがかなえられることはけっしてなかった。

クイーンズにあるアパートメント〈ハイランダー〉に初めて引っ越してきたころ、フレディとリンダは、家主の息子夫婦として、ほかの賃借人たちの苦情に悩まされるのではないかと心配していた。やがて、彼らが必要とする修理は優先順位がいちばん最後になっていることを知る。

九階の角部屋にある二人のベッドルームの窓からは、南側と東側の景色を広く見わたせたが、その窓は突風に弱かった。また、〈ハイランダー〉では各部屋にエアコンが備えつけられていたが、設置方法が悪かったせいでエアコンをつけているあいだじゅう、内壁と外側のレンガのあいだに湿気がたまっていった。やがて、水がしみだし、壁がもろくなった。十二月には寝室のエアコン周辺の壁はぼろぼろになり、寒風がしじゅう吹きこむようになっていた。リンダはエアコンのまわりの壁をビニールシートで覆ってみたが、寒風は吹きこみつづける。暖房を強くしても、寝室はいつも冷えこんでいた。修理業者を呼ぶようにに頼んでも、〈ハイランダー〉の管理人はまったく応じてくれず、壁の修理は一度も行われなかった。

一九六六年の大みそかはひどい悪天候にみまわれた。フレディとリンダは風雨にめげずに東に車を走らせ、モントークの〈ガーニーズ・イン〉で友人たちと年越しを祝った。元旦の朝早く、クイーンズのジャマイカに戻る準備をするころには、気温はさらに下がり、降りつづいた雨は土砂降りになっていた。フレディはシャツ一枚のまま外に出て車のエンジンを温めたが、バッテリーは動かない。何度もエンジンをかけようとして、結局びしょ濡れになった。リンダとともに自宅に戻り、風の吹きこむ寝室に入ったフレディは、すっかり風邪をひいていた。

それまでの二年間のストレスと、過度の飲酒と喫煙（そのころは毎日平均二箱の煙草を吸っていた）のせいで、フレディの体調はすでに悪かった。風邪は急速に悪化し、数日たっても回復にはほど遠く、毛布にくるまって吹きつけてくる風に震えるばかりだった。リンダは何度も管理人に電話をかけたが応答はない。ついに、義父フレッドに電話をかけ、懇願した。「お願いです、お父様、修理できる人がいるはずです。ジャマイカ・エステーツのほかの棟とか、ブルックリンから来てもらえませんか？　フレディの具合がすごく悪いんです」。フレッドは、〈ハイランダー〉の管理人ともう一度話をするようにと言った。自分にできることは何もないから、と。

フレッドの閉鎖的な世界であまりにも長いあいだ暮らしてきたためか、フレディもリンダも、フレッドの配下ではない便利屋を雇うことなど思いつきもしなかった。どんなことにもフレッドの許しを求めるのが、この一族のならわしだったのだ。たとえその許しが必要であろうとなかろうと。壁は修理されないまま終わった。

元旦の一週間後、リンダの父が電話をかけてきて、妻が倒れたと告げた。フレディを置いていきたくはなかったが、母の病状が深刻だと聞いたリンダは、子どもの預け先が手配できるとすぐに、フォート・ローダーデールに飛んだ。

それからまもなくして、祖母メアリー・アンから電話があり、フレディが肺炎でジャマイカ病院に入院したとわかった。リンダはすぐさま飛行機に乗り、到着した空港からタクシーでまっすぐ病院にかけつけた。

一九六七年一月二〇日、二人の五回目の結婚記念日にもフレディはまだ入院していた。健康状態はよくなくアルコール依存症が悪化していたにもかかわらず、リンダはこっそりシャンパンのボトルとグラスを二つ病室に持ちこんだ。自分たちが置かれた状況やフレディの病状がどうであれ、この日を二人で祝うと決めていたのだ。

フレディが退院して自宅に戻ってから数週間たったころ、リンダの父から電話がかかってきた。母さんの具合はよくなってきている、と父は言った。だが、自分が採石場で働く日中に看護師たちに任せっきりにしたくない、と続けた。仕事のストレス、妻の治療費、四六時中妻を心配しつづけることが大きな負担となっているようだった。「もう限界だ。これ以上は無理だ」と父は言った。

リンダには、父の言葉の意味がはっきりとはわからなかったが、その声はあまりにも取り乱していた。そのため、いっそ夫婦二人で死んだほうがましだと思った父が絶望のあまり何かしでかすのではないかと不安になった。リンダの両親の危うい状況を聞いたフレディは、自分のことは心配しなくていいからと、義父に電話をかけて手助けを申し出た。「仕事を辞めればいいですよ。お義母さんの面倒をみてあげてください」。金銭的な援助についてては少なくともその時点では口にしなかった。フレディは、この話を聞いた自分の父親がどう反応するか心もとなかったからだ。

「もちろん、家族は助けるべきだ」とフレッドは言った。

フレッドは実際にそう思っていた。子どもたちを大学やカントリークラブに入れるのが当然と信じているのと同じように。フレッド自身になんの興味もなく、たいして重要だとは思えなかったとしても、彼にとってそれは「すべきこと」ではあったのだ。

スティープルチェースの計画が頓挫したのち、トランプ・マネジメント社でのフレディの仕事は減っていく。長男が生まれたときから家を買う計画を練っていた夫婦は、フレディの手が空いたいま、いよいよ家探しに取りかかった。すると、すぐに完璧な家が見つかった。ロングアイランドの美しく豊かな町、ブルックビルの半エーカー（約二〇二三平方メートル）におよぶ敷地に建つ、四つのベッドルームを備えた家だ。この引っ越しで、フレディの通勤時間は三〇分ほど長くなってしまうが、環境の変化と父親の所有物件を離れることで得られる自由はフレディによい影響を及ぼすだろう。フレディは提示価格を受け入れ、問題なく住宅ローンを組めると不動産業者に請け合った。

ところが数日後、銀行から電話があり、ローンの申し込みが通らなかったと告げられ、フレディは仰天する。トランスワールド航空（ＴＷＡ）での一年間は別としても、父親のもとですでに六年近く働いている。なにせ、年間数千万ドルもの純益を上げるトランプ・マネジメント社の役員の一人なのだ。一九六七年当時、トランプ・マネジメント社にはおよそ一億ドルの価値があった。堅実な生活を送り、浪費もせず、信託基金や持ち株（急速に目減りしつつあったが）もある。ローンが通らない理由として最も考えられるのは、フレッドだった。息子の裏切りと見なしていることにいまでも腹を立て、スティープルチェースの失敗に動揺しているフレッドがなんらかの方法で介入して、息子がローンを組もうとしていることを妨害したというものだ。フレッドは、〈チェース・マンハッタン〉や

〈マニュファクチャラーズ・ハノーバー・トラスト〉をはじめとするマンハッタンの大手銀行に強力な人脈と膨大な額の口座を持っていた。フレディがローンを組めるようにするだけでなく、ローンを組めないようにするのも朝飯前だ。私たち一家は、ジャマイカのくたびれたアパートメントに巧妙に閉じこめられたのだ。

六月が近づくころには、フレディはふたたびモントークで夏を過ごす気力を取りもどしていた。以前と同じコテージを借り、優良株をいくらか売って得た金で〈クリソビッチ33〉という船を購入した。一六フィート（およそ五メートル）近くある見張り台を備えたこの船は、フレッドが好んだ沖釣りにぴったりだ。さらに飛行機も購入した。今回の機種は〈セスナ206ステーショネア〉で、以前の〈パイパー・コマンチ〉よりも強力なエンジンを備え、収容人員も多い。

そうした新しいおもちゃは、気晴らしのためだけのものではなかった。フレディには計画があったのだ。スティープルチェース開発計画が頓挫して、トランプ・マネジメント社におけるフレディの立場は急速に主流からはずれていった。そこで、船と飛行機を貸し出して新たな収入源とするアイディアを思いついたのだ。うまくいけば、ついにトランプ・マネジメント社から完全に自由になれるかもしれない。フレディは専任の船長を雇って船をチャーターさせることにした。ところが、最も利益が見込めそうな週末には、その船長が操る船に自分と友人たちが乗りこんでしまった。

船に乗ったリンダは、マーブルヘッドのときと同じようにフレディが、常に誰よりもたくさん酒を飲んでいることに気づいた。そのせいで、ひどい夫婦喧嘩が頻繁に起こるようになっていく。フレディは酒気を帯びたまま空を飛ぶことがしだいに多くなり、危険度がますます上がるなか、一九六七年の夏が過ぎ、リンダはフレディの飛行機に乗りたがらなくなった。事態は悪化するばかりで、九月になるころには、フレディも自分の計画がうまくいっていないことに気づいて船を売却した。さらに、飛行機の件をフレッドに気づかれ、今回もまた飛行機は処分されることになった。

こうしてフレディは、二九歳にしてすべてを失おうとしていたのである。

第六章　ゼロサムゲーム

父の笑い声で、私は目を覚ました。いま、何時かわからない。私の部屋は真っ暗だが、ドアの下のすきまから不自然に明るい廊下の明かりが差しこんでいる。私はベッドから滑りおりた。五歳の兄はアパートメントの奥にある離れた部屋で眠っている。二歳半の私は、いったい何が起きているのか、一人で確かめに行った。

隣にある両親の部屋のドアは開け放たれていた。すべての明かりがこうこうとついている。私は戸口で立ちどまった。父はチェストに寄りかかり、真向かいにいる母はベッドに座って身をのけぞらせ、片手をあげ、マットレスに置いたもう片方の手で体を支えている。自分の見ている光景をすぐには理解できなかった。父はライフル銃を母に向けていた。サメを撃つために船に積んでいた二二口径だ。おまけに、父は笑いつづけていた。

母は、やめて、と父に懇願した。父は銃口を少し上げて母の顔に狙いを定める。母は左腕をさらにあげて、もう一度、やめてと声を強めた。父はそれを面白いと感じているようだ。私はくるりと背を向け、自分のベッドに走って戻った。

その夜、母は兄と私を車に乗せ、友人の家に連れて行った。ほどなくして、父は私たちの居場所を探しあてた。父は自分のしたことをほとんど覚えていなかったが、二度とそんなことはしないと母に約束した。翌日、アパートメントに戻った私たちを父が迎えてくれた。両親は問題の解決に努めることにしたのだ。

しかし、二人は自分たちの結婚生活に潜むさまざまな問題を認識しないまま、日々の生活を送りつづけた。事態はいっこうに好転しなかった。それどころか、現状を維持することすらできなかった。

そこから三キロほどしか離れていない、祖父の所有する別の集合住宅で、父の姉マリアンは困りはてていた。夫のデイヴィッドは、数年前にジャガーのディーラーを辞めて以来、職についていなかったのだ。誰から見ても、明らかに何もかもうまくいっていない。デイヴィッド・デズモンドは、マリアンの弟妹や友人たちから丸々と太った無害なピエロとみなされていた。フレディには姉の結婚がまったく理解できなかったし、義兄についてまともに考えたことすらなかった。

マリアンがデイヴィッドと出会ったのは、二二歳のときだ。マリアンはコロンビア大学の大学院で公共政策を学び、博士号を取る予定だったが、(フレディを含む)家族にオールドミスと嘲《あざけ》られたくなくて、デイヴィッドのプロポーズを受け入れ、修士号取得後に大学をやめた。

最初に起きた問題は、カトリック教徒であるデイヴィッドがマリアンに改宗を迫ったことだ。マリアンは、両親に許可を求めるのが怖かった。父親の怒りを買いたくなかったし、母親の気持ちを傷つけたくもなかったからだ。

マリアンがようやく両親にそのことを伝えたとき、父フレッドは「好きなようにしろ」と言った。

マリアンは、両親を失望させることになってどれほど申し訳なく思っているかを伝えた。「マリアン、まったく気にしてない。その男の妻になるのだから」とフレッドは言った。

母親のメアリー・アンは何も言わなかった。それで話はついた。

デイヴィッドは、おれの名前はトランプ家よりも有名になるだろう、とよくマリアンに語った。しかしデイヴィッドは、十分な教育を受けていたものの、その野望を裏づけるだけの確かなスキルは持ち合わせていなかった。それにもかかわらず、どうにかして自分の夢をかなえて成功し、周囲の人間を見返してやれるとずっと思い込んでいた。まるでラルフ・クラムデン（一九五〇年代の米国TVドラマ『ハネムーナーズ』の登場人物）のようだが、ラルフのような魅力や優しさはなく、収入を得られる定職もなかった。車のディーラーのときと同じく、「つぎのデカい仕事」はいつも失敗に終わるか、そもそも始まりすらしなかったからだ。結婚後、デイヴィッドが酒を飲みはじめるまでにはたいした時間はかからなかった。

デズモンド家は、トランプ家所有の住宅に家賃を払わずに住み、一族のメンバーの常で、トランプ・マネジメント社の医療保険の恩恵を受けていた。とはいえ、たとえ家賃がかからなくて医療保険に入っていても、それだけでテーブルに食べ物がのるわけではない。一家には収入がなかった。

それにしても、どうしてマリアンが無能な夫にそこまで経済的に依存していたのか、それが一番の謎だ。同じように、エリザベス（著者の叔母。ドナルドの姉）は五九丁目橋（クイーンズボロ橋）近くにある、寝室が一つしかない陰気なアパートメントに住み、フレディは家も買えず、飛行機や船や高級車を失いつづけていたのも謎だった。一九四〇年代、祖父のフレッドと曾祖母は、フレッドの子どもたち全員のために信託基金を設けた。そのときすでにマリアンの名義になっていたかどうかはわからないが、いずれにしても利息はあったはずだ。しかし、年長の三人の子どもたちは、何も求めてはいけないとしつけられていた。それに、そうした信託基金の受託者はフレッドだったので、子どもたちの財政状態はちっともよくならなかった。援助を求めるのは、自分の弱さや貪欲さをさらし、見返りを少しも求めようとしない者から利益を奪いとるのと同じことだ。ただし、ドナルドだけは例外だったが。ありえないことだが、マリアン、フレディ、エリザベスはそれぞれ違うかたちで、避けられるはずの貧困に苦しんでいたのだ。

　夫が失業したまま数年たち、いよいよ追いつめられたマリアンは母のもとを訪れ、貧困を悟られないように告げた。「母さん、クリーニング用の小銭を切らしちゃったの」。そして、「屋敷」に行くたびに、その台詞をさりげなく繰り返した。マリアンは、自分たちの苦境を誰にも知られていないと思っていた。だが、すでに結婚した娘のことなど眼中にないフレッドとは違い、祖母は感づいていた。詮索《せんさく》を好まず、娘のプライドを守らせたかった祖母は、何も聞かずに〈クリスコ〉（米国で人気の食用油脂）の空き缶を手渡した。その缶には、フレッドが所有する建物の洗濯機や乾燥機から回収してきた一〇セント硬貨や二五セント硬貨が詰まっていた。数日おきに、祖母はキツネの毛皮のストールを身にまとい、ピンクの〈キャデラック・コンバーティブル〉でブルックリンとクイーンズを回って小銭を回収した。のちにマリアンはこう語っている。莫大な財産を持つ家族の一員だったが、なんとか暮らしていけたのはあの〈クリスコ〉の缶のおかげだったと。それがなければ、マリアンは、自分はおろか息子のデイヴィッド・ジュニアも食べさせていけなかっただろう。

少なくともマリアンは、遠回しの方法といえども祖母にすがることなく食料品を買うことができたはずだった。しかし、どれほど差し迫った状況にあっても、ドナルドの上のきょうだい三人は、家族の誰からも実質的な援助を得られなかった。しばらくすると、助けを求めても無駄だという雰囲気が濃くなっていく。エリザベスは自分の運命を受け入れた。フレディは結局、自分にはそれがふさわしいと信じるようになった。マリアンは、助けを求めず援助を受けないことは名誉の証《あかし》だと自分に言いきかせた。フレッドへの恐怖心はあまりにも根強かったので、あらためて認識することもなかった。

デイヴィッド・デズモンドの状況は、ついに破綻した。職にもつけず、飲酒癖はひどくなるばかりだ。マリアンは必死の思いで、ただし物欲しそうには思われないよう十分に気をつけながら、トランプ・マネジメント社の一員になれたらデイヴィッドは大喜びするだろうと父親にほのめかした。フレッドは、困っているのかと尋ねることもなく、義理の息子に、ジャマイカ・エステーツの物件の一つにある駐車場の係員の仕事を与えた。

一九六八年の春、ドナルドはペンシルベニア大学を卒業し、そのままトランプ・マネジメント社に就職した。出社の初日から、二二歳にして、フレディが一度も経験したことがないほど敬意を払われ、役員としての特権を得て、すぐにかなりの額の報酬を手にすることになる。

ほどなくして、フレッドはドナルドをトランプ・マネジメント社傘下のいくつかの会社の副社長に任命した。そして、実際には管理する必要のないビルの「管理者」にして、「コンサルタント」料を支払い、銀行家として「雇った」。

その理由は二つあった。一つは、フレディに身のほどを思い知らせながら、ドナルドに従うべきだというサインをほかの従業員に送る簡単なやり方だからだ。もう一つは、事実上の後継者たるドナルドの立場をより強化できるからである。

ドナルドは、ほかの誰にもできないようなやり方で父親の関心を集めた。フレディの友人たちは誰一人として、フレッドの目にドナルドが「最高の人材」に見える理由を理解できなかった。しかし何年にもわたって、夏の休暇や週末には父親のもとで働き、建設現場を訪れていたドナルドに、フレッドは不動産ビジネスの表と裏をつつみ隠さず教えてきた。ドナルドは、請負業者と取引したり、ニューヨーク市の不動産業界を支える政治的あるいは経済的な権力構造を操ったりといった、より下世話な側面に自分が興味を抱いていることに気がついた。この父子は、ビジネスや地方政治やゴシップについて延々と語り合うことができた。たとえほかの者には話の内容がさっぱりわからなくても。フレッドとドナルドは、性格的特徴や嫌いなものが似ていただけでなく、似た者同士らしく気心が知れていた。それは、フレディがけっして父親と結べなかった関係だった。フレディは弟や父親よりも広い目で世界を見ていた。ドナルドとは違い、大学でいろいろな組織や団体に所属していたフレディは、一家とは違う人たちの考え方に触れることができた。州兵の一人として、あるいはトランスワールド航空（ＴＷＡ）のパイロットとして、選び抜かれた専門家たちを見てきた。彼らは専門知識や献身や忠誠心といった、お金よりはるかに大切なものがあるという大義を信じていた。人生はゼロサムゲームではないとわかっていたのだ。ところが、それはフレディの問題の一部でもあった。ドナルドは、父親と同じく狭量で偏屈で独善的だ。そして、父親もうらやむような自信と図太さも備えている。それはフレディには欠けているものだった。フレッドは、ドナルドのそうした資質を長所として生かそうと考えていた。

トランプ・マネジメント社において、フレディの後任になろうとするドナルドの試みは、出だしから絶好調だった。その半面、家では何もせずにぶらぶらと過ごした。弟のロバートはボストン大学に入ったおかげで、ベトナム戦争の徴兵を免れることができた。ドナルドとエリザベスのあいだには交流がなかった。フレディは、いつも友人たちとの集まりに弟も招いてもらえるように手を尽くしたが、めったにうまくいかなかった。のんびりしたフレディの仲間たちは、東の海岸に飛んで魚釣りや水上スキーをするのを好み、ユーモアに欠け、自信過剰なドナルドを不快に感じていた。フレディのためを思って、その弟を歓迎しようと努めはしたものの、とても好きにはなれなかった。

ドナルドがトランプ・マネジメント社での最初の一年を終えるころ、フレディとのあいだに生じた緊張ははっきりと目立つものになっていた。フレディは、それをプライベートには持ちこむまいとしたが、ドナルドはそうではなかった。それでもフレディは、ビリー・ドレイクの恋人アンナマリアに、彼女が催す夕食会に弟を呼んでもいいかと尋ねた。

その夜は、何年も前にドナルドが私道でアンナマリアを口説こうとしたときとなんら変わらなかった。フレディとドナルドが到着してまもなく、夕食の準備をしていたアンナマリアは、大きな声を耳にしてキッチンから出てきた。頬を赤くしたドナルドが、兄のすぐそばに立って顔に指を突きつけている。いまにも兄を殴りそうだ。アンナマリアは、二人の長身の男たちのあいだに割って入った。

フレディはあとずさりして、ぎりぎりと歯をかみしめながら言った。「ドナルド、ここから出ていけ」

ドナルドははっと驚いたようだった。しかし、すぐさま「上等だ！　おまえはその女の、い、い、ローストビーフでも食ってろ！」という捨て台詞を残して勢いよく出ていき、叩きつけるようにドアを閉めた。

「馬鹿じゃないの！」アンナマリアはうしろから声を浴びせ、フレディに向き直って尋ねた。「いったいどうしたの？」

フレディは身を震わせながらひと言だけ言った。「仕事の話だ」。この件はそれで打ち切られた。


〈ハイランダー〉の状況も好転してはいなかった。私の母はヘビが大嫌いだったのに、ある日、フレディはニシキヘビを家に持ちこみ、そのヘビを入れた水槽を、母が洗濯したり兄の部屋に行ったり外に出たりするたびに目に触れる場所に置いた。その思いやりのない行為のせいで、両親のいさかいはますますひどくなった。一九七〇年、母はついに我慢の限界に達し、出ていってと父に言った。父は出て行ったが、数週間後、予告なしに戻ってきて家に居座ると、母は祖父に電話で鍵を取り替えてほしいと頼んだ。このときばかりは、フレッドも反対しなかった。何も聞かず、母を責めることもせず、ただ、この件は自分が取りはからうと言い、それを実行しただけだった。

その後、父が私たちといっしょに暮らすことは二度となかった。

母は、祖父の弁護士の一人であるマシュー・トスティに電話をかけ、離婚したいと伝えた。トスティ氏はパートナーのアーウィン・ダーベンとともに、一九五〇年代から祖父のために働いていた。トスティ氏は母の離婚以前にも、私のこと、兄のこと、金銭にまつわる問題の処理にあたってくれていた。母にとって、何でも打ち明けられる相手であり、トランプ家の荒涼とした風景のなかで、温かく支えてくれる一番の協力者だった。母は彼を友人と見なしていた。

トスティ氏は心から親切だったのかもしれないが、同時に、どちらに味方すべきかも心得ていた。母には自分の弁護士がいたにもかかわらず、離婚の協議事項を指示したのは祖父だったといえるかもしれない。父の一族がどれほど金持ちであり、飛び抜けて裕福な男の息子である父にどんな将来が予想されるかについて母はまったく知らないということを、祖父はわかっていた。

母は週一〇〇ドルの生活費に加え、週五〇ドルの養育費を受け取ることになる。当時、学費やキャンプの費用、医療保険代などの大きな支出は別途手当てされていたことを考えると、その額はけっして少ないとはいえなかった。父は家賃も負担した。私たちが住んでいた住宅は祖父が所有していたので、家賃はひと月たったの九〇ドルだ（何年もあとになって、兄と私がそれぞれ〈ハイランダー〉の一〇パーセントを所有していることを知った。

いま思えば、そもそも私たちから家賃を徴収する必要などまるでなかったはずだ）。父の負担する家賃の上限は二五〇ドルと決まっていた。そのため、たとえ〈ハイランダー〉のもっといい部屋や近くの別の物件に移りたくても、引っ越し先は限られてしまう。当時の価値ですら一億ドルをはるかに超える資産家の御曹司だった父は、子どもたちの通う私立の学校や大学の費用の支払いに同意した。だが私たちは休暇の過ごし方についてまで、トスティ氏の許可を取る必要があった。父と母には分割できるほどの共有財産はなく、母の総資産は、毎月受け取る六〇〇ドルだけで、その額はその後一〇年間、変わることはなかった。そこから毎月必要な費用を差し引けば、毎年のクリスマスのために貯金をするのが精一杯で、持ち家の購入資金を貯めることなど、とても無理だった。

母は、当時の慣例どおり、私と兄の完全な親権を得た。しかし、面会権についてははっきり決められてなく、「フレデリック・クライスト・トランプ・ジュニア氏は、適切な通知により、適切な日時に、［子どもたちと］自由に会える」ことになっていた。一般的に面会とは、たとえば一週間おきに子どもと週末を過ごし、週に一度いっしょに夕飯をとることを意味する。私の両親の取り決めも、初めのうちはきちんとしたルールがなかったが、最終的にはそのかたちになった。

一九六九年、スティープルチェースの開発は無期限で停止されたが、結局、市は私の祖父からその土地を買い戻すことになる。祖父は、市民に愛されていた市の歴史的建造物を破壊しただけで、一三〇万ドルの利益を得て去っていった。父フレディに残されたものはただ一つ、非難だけだった。

第七章　平行線

一九六〇年にフレディ（著者の父。ドナルドの兄）が、一九六八年にドナルドがトランプ・マネジメント社に入社したとき、二人は似たような期待を抱いていた。父親の右腕となり、いずれは後継者となることだ。時期や方法は違っても、二人とも自分の役割を果たすべく鍛えられ、高価な衣服や贅沢な車の購入資金には事欠かなかった。だが、二人が似ていたのはそこまでだ。

フレディはすぐに気づいた。父親はフレディの居場所をつくろうとせず、つまらない仕事しか任せようとしない。〈トランプ・ヴィレッジ〉建設の真っ最中に、その問題は顕在化した。きちんと評価されていないと思ったフレディは、追いつめられたようなみじめな気分で会社を離れ、別の場所に成功を求めた。二五歳で民間機のパイロットとなり、トランスワールド航空（ＴＷＡ）で〈ボーイング７０７〉を操縦して家族を支えた。その時期が、私生活においても仕事においてもフレディの絶頂期だった。二六歳でトランプ・マネジメント社に戻り、表面上は復帰のチャンスとして与えられたスティープルチェースの一件が露と消えてしまうと、将来の見通しはそこで断たれてしまった。

一九七一年までにフレディが父親のために働いた期間は、パイロット時代の一〇カ月を除いて一一年に及んでいた。にもかかわらず、父フレッドは弱冠二四歳のドナルドをトランプ・マネジメント社の社長に昇格させた。ドナルドは働きはじめてまだ三年しかたっていなかったうえ、経験もほとんどなく、資質はさらに乏しかった。だが、フレッドには気にならなかった。

実際のところは、フレッドはトランプ・マネジメント社にどちらの息子も必要としていなかったのだ。フレッドは自らCEOに昇格したが、職務内容はいっさい変わらず、トップの座に居つづけた。六年前にスティープルチェースで失敗して以来、開発業は停止したままだ。そのため、社長としてのドナルドの役割は漠然としていた。一九七〇年代初め、ニューヨーク市は経済破綻の危機にあり、主としてベトナム戦争の費用捻出のために連邦政府が連邦住宅局（FHA）の財政を切り詰めようとしていたせいで、FHAからの資金調達はもはやできなくなっていた。〈トランプ・ヴィレッジ〉の資金源となっていたニューヨーク州出資のミッチェル＝ラマ・プログラム（手ごろな価格の住宅の供給を目的とするプログラム）もまた、中断されていた。

ビジネスを進めるうえでは、ドナルドの昇格は無意味だった。本当のところ、フレッドはなんのためにドナルドを昇格させたのだろうか。開発プロジェクトはもはや存在せず、数十年にわたって頼ってきた政界の権力構造は解体されつつあり、ニューヨーク市は財政難に陥っている。この昇格の主な目的は、フレディへの罰と辱《はずかし》めだったのだ。そうした罰は長きにわたって何度も下されていたが、前後の状況を考え合わせれば、今回のそれは最も手厳しいものといえるだろう。

フレッドは、なんとしてもドナルドの役割を見つけようとした。この真ん中の息子が、自分のビジネスを運営するのに必要な、日常的に細部まで気を配る才覚を持ち合わせていないにもかかわらず、それより価値のあるものを備えていることに気づきはじめていたのだ。大胆なアイディアと、それを実現する度胸である。フレッドは長年、自分の帝国を拡大したいという野望を抱いていた。川を渡り、ニューヨーク市の不動産業者たちにとっての長年の目標であるマンハッタンに乗りこむのだ。フレッドの場合、不動産業界で働きはじめた当初から、フレッドが自己宣伝や見せかけや誇張の術《すべ》に長《た》けていることは証明されていた。だが、ドイツ移民第一世代の息子であったためにフレッドにとって英語は第二言語で、コミュニケーション能力を向上させる必要があった。デール・カーネギーの講座を受けたのは自信を高めるためではなく、英語力を高めるためという理由があったのだ。しかし、その講座は彼にとっては失敗だった。また、別の障害もあった。そちらの障害のほうが、より克服が困難だったかもしれない。フレッドの母親は、いくつかの点では進歩的な考えを持っていたが、基本的に厳格で伝統を重んじた。息子が成功し、裕福になるのはかまわない。だが、それを見せびらかすのは好まなかったのだ。

ところが、息子のドナルドにはそういった制約がなかった。フレッドと同じぐらいブルックリンを憎んでいたが、その理由はまったく違う。わびしい労働階級の矮小さと、〝可能性〟の乏しさを憎み、できるだけ早くそこから抜け出したいと願っていたのだ。トランプ・マネジメント社はアヴェニューZにあり、フレッドが所有するなかでも最大級のアパートメント施設の一つ、サウス・ブルックリンの〈ビーチ・ヘイヴン〉の真ん中に位置していた。大きな改装はなされず、狭い秘書室には机が詰めこまれ、小さな窓からはほとんど光が入ってこない。もしドナルドが、棟数、借地契約の価格、トランプ・マネジメント社に毎月入ってくる膨大な収入といった視点から周囲のビルや複合施設を眺めたとしたら、そこに莫大な可能性を感じられただろう。だが、オフィスの外に立ち、画一的で実用的な街並みを眺めるたびに、ドナルドは〈ビーチ・ヘイヴン〉を「ぱっとしない街」だと考え、息苦しいとさえ思ってしまった。ブルックリンでの未来は、自分が求めるようなものではなかった。そこで、できるだけ早くここを出ようと決意した。

当時のドナルドの職務といえば、父親の会社がリースしたキャデラックに乗り、父親の会社が雇ったお抱え運転手の運転で、マンハッタンの〝物件調査〟をする以外は、自分の〝功績〟についてほらを吹くことだった。黒人にアパートメントを貸すことを拒絶したともいわれている（そのせいで、のちにフレッドとドナルドは公正住宅法違反で司法省に告訴されることになる）。

ドナルドはしょっちゅう、切望しているマンハッタンの不動産界に仲間入りした自分の姿を思い描いた。最初のテレビ世代の一人として育ったドナルドは、何時間もテレビを見つづけ、画面のなかで「断片的なエピソードが絶え間なく積み重なっていく」さまに興味を引かれた。テレビを観ることはのちに彼が演じ体現することになる、如才がなく口もまいというイメージづくりに役立った。そういうイメージを演じる快感と、父親から受けた恩恵、そして父親の財産によって得られた物質的な安定のおかげで、最初は茶番とさえ思っていたこと、つまり金持ちのプレイボーイとしてだけではなく自力で大成した優秀なビジネスマンとして自分を売りこむことを成功させる自信を、労せずして得られたのだ。

初期のころ、ドナルドのそうしたイメージづくりに必要な資金は、フレッドが熱心に裏で渡していた。フレッドにはドナルドの限界をすぐに悟ることはできなかったし、自分が実際にはドナルドの虚構の姿を助長しているとも思っていなかった。だが、ドナルドはいずれにしても父親の金をつぎつぎに使っていく。フレッドは息子のポケットに金を注ぎつづけることに決めた。たとえば、一九六〇年代の終わりごろに、フレッドはニュージャージーの高齢者のために高層ビルを開発した。このプロジェクトには、どうやったら政府補助金を獲得できるかを学ぶという側面もあった(フレッドは結局、政府から七八〇万ドルを受け取る。プロジェクトの建設費の九〇パーセントをカバーできる、事実上無利子のローンである)。そして、二番目の息子を裕福にするためなら、フレッドはどんなことでも喜んでやってのけようとした。ドナルドはそのビルの建設費をまったく出さなかったが、相談料をもらい、物件の管理報酬を受けとった。現場ではすでにフルタイムの管理人が雇われていたにもかかわらずだ。ドナルドは実質的に何もせず、開発と促進、管理に関してなんのリスクも負わなかったというのに、その一つのプロジェクトだけで年に数万ドルもの収入を得た。

同じような手口で、フレッドは〈スウィフトン・ガーデンズ〉を競売で購入した。それはFHAのプロジェクトで、もともとの建設費用は一〇〇〇万ドルだったが、そのときの購入費用は五六〇万ドルだった。そのうえ彼は、五七〇万ドルの譲渡抵当《モーゲージ》をつけた。それはアップグレードや補修の費用もカバーするもので、ビルに支払った金額は実質ゼロである。のちにドナルドはこの物件を六七五万ドルで売却し、自分の手柄とするとともに、ほとんどの利益をわがものにした。

私の父、フレディの夢は空を飛ぶことだったが、すでにその夢は奪われ、いまでは、長子としての権利も失っていた。もはやリンダの夫でもなく、子どもたちともほとんど会えない。自分に何が残されているのか、つぎに何をするのかも自覚していなかった。自尊心を持ちつづける唯一の道は、トランプ・マネジメント社から、今度こそ永遠に立ち去ることだとはわかっていたのだが。

〈ハイランダー〉を出たフレディが最初に住んだアパートメントは、クイーンズのサニーサイドの日が当たらない静かな通りに建っていた。煉瓦《れんが》づくりのテラスハウスの地下にあるワンルームだ。三二歳のフレディは、それまで一度も一人暮らしをしたことがなかった。

玄関を入ってまず目に入るのは、ガータースネーク二匹を入れた水槽と、ボールニシキヘビを一匹入れたガラス容器だ。

そのほかに、金魚の水槽が一つと、藁《わら》のなかを這いまわるネズミたちのケースが一つ、ヘビたちの左側の棚にあった。私には、そのネズミたちの用途がわかっていた。

折りたたみ式のソファが一脚と、小さなキッチンテーブルと安っぽい椅子がいくつかあった。テレビがあり、さらに二つのガラス容器が置かれている。そのなかで飼われていたイグアナとカメを、私たちはそれぞれ「トマト」と「イジー」という名で呼んでいた。
新たな自分の居場所にいる父は、得意げに見えた。父は、多種多様な動物たちを増やしつづけた。ある日、訪れた私たちを、父はボイラールームに連れて行き、段ボール箱に入った六羽のアヒルの雛《ひな》を見せた。家主の許可を得て加熱ランプを設置し、間に合わせの保育器をこしらえていたのだ。雛はまだとても小さく、餌をやるには点眼器を用いなければならなかった。

「心の燃料噴射装置《キャブレター》を四分の一回転するだけでいいんだ」と、祖父フレッドは父に言った。ただそれだけで父の飲酒を止められ、すべては意志の力の問題だとでもいうように。父と息子は書斎にいた。今回は向かい合って座っていたが、まったく対等というわけではなかった——そんなことはありえない。それでも、解決すべき問題を抱えた二人の人間として対峙していた。その解決方法について意見が一致することはけっしてないのだが。それまでの数十年間でアルコール依存症に関する医学的見解は大きく変化していたが、大衆の認識はたいして進歩していなかった。一九三五年に始まった禁酒会（ＡＡ）などの治療プログラムは存在したが、依存者や依存症に押された烙印は消えることがない。

「決心するんだ、フレッド」と祖父は言い、ノーマン・ヴィンセント・ピールなら認めてくれたであろう、無益な決まり文句を投げかけた。祖父が抱いていたなかで最も哲学に近いものといえば、福音賛美歌である。祖父はそれに、いざというときの鈍器や脱出用ハッチのように頼っていた。このときほど、それがフレディにすさまじい打撃を与えたことは、あとにも先にもなかった。

「まるで、癌《がん》にかかってしまったのであきらめる決心をしろ、と言われたようなものだった」と父は言った。その言葉は正しい。だが祖父は、当時蔓延《まんえん》していた〝被害者に責任がある〟という信念を強く抱き、そこから脱け出すことができなかった。

「ぼくはこれを乗りこえなければならないんだ、父さん。だけど、ぼく一人ではできないと思う。できないことがわかってる」

〝私に何かできることはあるかい？〟と尋ねるかわりに、フレッドはこう言った。「私に何を求めてるんだ？」

フレディは、どこから始めればいいのかわからなかった。

フレッドはその生涯でただの一日も病に苦しんだことはなく、ただの一日も仕事を休まなかった。抑うつや不安や傷心のために仕事から退いたこともない。たとえ妻が死に瀕していてもだ。弱さというものをいっさい持ち合わせなかった。そのため、他人の弱さに気づいて、それを認めることもできなかった。

だから祖父は一度たりとも、祖母の怪我や病気に対して適切な態度をとったことがない。祖母が苦しんでいると、フレッドはいつもこんなふうに言った。「大丈夫、大丈夫、そうだろう、お嬢さん？　前向きに考えないとな」。それからできるだけ早く部屋を出て、祖母が独りで苦痛に対処するように仕向けた。

ときには、祖母は自分を鼓舞して「ええ、フレッド」と答えたが、たいていは無言のまま歯をかみしめて、必死に涙をこらえた。「大丈夫」という祖父の無慈悲な主張には、そのほかの感情が入りこむ余地はなかった。


私たちは、父が病気で数週間入院する予定だと聞いた。また、父はアパートメントを引き払わなければならないという話だった。大家はその部屋を誰かに貸したかったのだ。兄のフリッツと私は、自分たちが置いていた衣服やゲームなどの荷づくりをしにいったが、到着すると、部屋はほぼ空っぽに近かった。水槽は消え失せ、ヘビたちもいない。それらがどうなったのか、私には知るよしもなかった。

どこに行っていたにせよ（病院か、あるいはリハビリ施設か）、戻ってきた父は、祖父母の家の屋根裏に住んだ。それは一時的な住まいと思われ、きちんとした住居になるよう手を加えられることはなかった。収納箱や昔のおもちゃ（消防車やクレーン、ダンプカーなど、祖母が何年も前に隠していた年代物のおもちゃもあった）は、ただ屋根裏部屋の片隅に押しやられ、空いた反対側のスペースに寝台が据えられた。父は、屋根窓の下に置いた古い州兵用のトランクの上に六インチの白黒のポータブルテレビを載せていた。

兄のフリッツと私は、父の部屋を訪れては寝台のそばの床に座り込み、『トラ・トラ・トラ！』や『おかしなおかしなおかしな世界』といった古い映画を三人で延々と観つづけた。階下に降りてこられるぐらい元気なときは、父は私たちといっしょに、日曜日ごとにＷＰＩＸチャンネルでアボット＆コステロの映画を観た。

一、二カ月たつと、祖父は〈サニーサイド・タワーズ〉に空き部屋があると父に伝えた。一九六八年に祖父が購入したその物件の最上階にある、ワンベッドルームの部屋だった。

父が〈サニーサイド〉に引っ越す準備をしているころ、伯母のマリアンは六〇〇ドルのローンを組んで、ホフストラ・ロースクールで学ぶ準備を整えていた。ホフストラはマリアンの第一希望ではなかったが、ジャマイカ・エステーツからは車で一〇分の距離にある。それだけ近ければ、これまでどおり朝は息子のデイヴィッド・ジュニアを学校に送り、午後には迎えに行ける。マリアンにとって、復学は長年の夢だった。それに、法律家になれば経済力がつき、いつか夫のもとを離れられるだろう。この年月で、夫婦の状況はますます危機的なものになっていた。夫のデイヴィッドは義父にもらった駐車場の係員という仕事を屈辱と感じ、立ち直れずにいた。やがて、ときおり妻に当たるようになり、とりわけ酔っ払ったときにはひどい態度だった。息子が隣室で眠っているというのに、妻に銃を突きつけたりナイフで脅したりしたことも一度ではない。

マリアンが自立に向けて動きだしたことで、夫はさらに道を踏みはずしていく。ロースクールでの初日を終えて帰宅したとき、激怒した夫は一三歳の息子をアパートメントから放り出した。マリアンは息子を「屋敷」に連れて行き、そこでいっしょに一夜を過ごした。すると、夫のデイヴィッド・デズモンドは、共同名義口座に入っていたわずかばかりの預金まで全額引き出して、街から出て行った。

一族全員《ファミリー》が「屋敷」に集《つど》うときは、たいていみんな書斎で過ごした。書斎とはいっても、ゴースト・ライターが書いたドナルドの著作『トランプ自伝――不動産王にビジネスを学ぶ』（邦訳はちくま文庫）が一九八七年に出版されるまで、その部屋には書物がなかった。その代わりに、本棚には結婚式の写真やポートレートが飾られていた。裏庭を見晴らせる出窓の反対側の壁には、写真館で撮った五人きょうだいの写真がでんと飾られている。以前はそこに、同じく五人きょうだいの似たようなポーズの写真があった。フレディが一四歳のころの写真だ。ほかに、この部屋に飾られていて写真館で撮られたのではない写真といえば、祖母の白黒写真だ。帽子と毛皮のショールを身につけた祖母の姿は、堂々として尊大に見える。当時はまだ少女だった伯母たちといっしょに飛行機のタラップを下りて、祖母が生まれたルイス島のストーノウェイの駐機場に降り立とうとするところだ。もう一枚、ニューヨーク市の〈コロンブスデーパレード〉で学校の代表団を率いる、ニューヨーク・ミリタリー・アカデミー（ＮＹＭＡ）の制服を着たドナルドの写真もあった。壁ぎわには、濃紺と緑色のビニール張りの二人掛けのソファが二脚あった。テレビの前に置かれた大きな椅子は、子どもたちがいつも奪い合う席だ。三つ揃えのスーツにネクタイをしめた祖父は、ドアのそばのどっしりしたパイン材の電話台にいちばん近い二人掛けソファに陣取り、両脚でしっかりと床を踏みしめていた。

サニーサイドに住む父のもとに行かない土曜日にはいつも、フリッツと私はハイランド通りに自転車を走らせ、ジャマイカ・エステーツの裏通りを抜けて「屋敷」を訪れ、いとこのデイヴィッド・ジュニアとともに遊びまわった。というよりは、遊びまわるフリッツとデイヴィッドに置き去りにされないよう、必死になって二人を追いかけていたというべきか。

マリアンやエリザベス（著者の叔母。ドナルドの姉）が訪ねてくると、そのたびに祖母は小さなフォーマイカのテーブルを囲んでいっしょに座る。ステンレスの縁取りのついた空色のテーブルは、一九五〇年代のアイスクリーム屋からそのまま抜け出してきたように見えた。そばにはウォークインクローゼットほどのサイズの暗い食品庫があり、そこの小さな机のなかに、祖母はショッピングリストや領収書、請求書をしまっていた。長年苦しみに耐えてきた家政婦のマリーは、よく食品庫に隠れては、ポータブルラジオを聞いていた。雨の日や寒い日、「屋敷」の外に出ることを許されなかったデイヴィッドとフリッツと私は、マリーをひどく怒らせたものだ。食品庫の反対側には、食堂に通じる開き戸がついていた。私たちは裏手の廊下からキッチンを駆け抜け、玄関ホールを抜けて廊下のあいだをぐるりと回って食堂に来ると、さらにそこから食品庫を通ってキッチンに戻ってくるという独自のコースを設定し、ころんだり叫んだりしながら、スピードをあげて追っかけっこをした。毎度のように誰かが家具に激突する。祖母は冷蔵庫と食品庫の入り口のあいだでは、たいてい私たちの好きにさせてくれた。だが、祖母がキッチンにいるときは、我慢できないようで、やめなさいと怒鳴り、私たちが知らん顔をしていると、木のスプーンを振りかざして脅した。だから、スプーンを取り出すために引き出しが開く音が聞こえただけで、私たちは動きを止めた。それでも祖母のまわりを騒々しく走り回るのをやめないと、そのスプーンの出番だ。祖母の最も手近にいた者が叩かれる。叔母のエリザベスの役目は、そばを走った子どもの髪をつかんで引きとめることだった。

その後、フリッツ、デイヴィッドと私は、いつも地下室に走っていく。大人たちがそこに来るのは、洗濯室やガレージに行くときだけだったので、私たちはのびのびと大声を出したり、サッカーボールを蹴り合ったり、祖母の電動昇降機に乗って代わる代わる（あるいは奪い合いながら）階段を上り下りすることができた。明かりはすべてつけっぱなしにして、広いスペースの端っこで過ごすことが多かった。突き当たりの壁に祖父が集めたネイティブ・アメリカンの首長の等身大木製人形が棺のように並んでいる点を除けば、ごくありきたりの地下室だった。吊り天井には蛍光灯が光り、床には白黒のリノリウムのタイルが張られ、古いアップライトピアノが置かれている。ピアノは調律されずに音がひどく狂っていて、演奏するような価値のあるものでなく、ほぼほったらかしにされていた。ピアノの上には、ドナルドがNYMAの旗手を務めたときにかぶっていた、大きな羽根飾りのついた行進用の帽子が載っていた。ときどき、私はその帽子をかぶってみては、鼻までずり落ちてくることも気にもせずに、顎のところでストラップをしめた。

独りで下りていったときには、ぼんやりした明かりのなか、暗がりに木製のネイティブ・アメリカンの人形が歩哨《ほしょう》のように並んだ地下室は、奇妙で不気味な場所に思えた。

階段の向かい側の隅にはマホガニー製の大きなバーが設《しつら》えてあり、背の高い丸椅子とほこりっぽいグラスがたくさん置かれていた。まだ使える流し台もあったが、アルコール類は何もなかった。酒を飲まない男が建てた家のなかでは、例外的ともいえる場所だった。そのうしろの壁には、大きな油絵がかかっている。美しい豊かな唇の黒人歌手がたっぷりとした腰を揺らしている。体にぴったり沿ったフリルつきの金と黄色のドレスをまとったその歌手は、マイクに向かって立ち、口を開いて手を差しのべている。歌手のうしろで演奏しているのは、白いディナージャケットに黒い蝶ネクタイ姿の黒人ばかりのジャズバンドだ。金管楽器がきらめき、木管楽器はつやつやと光っている。クラリネット奏者のきらきらした目が、私をまっすぐに見ていた。私はバーカウンターのうしろに立ち、タオルを肩にかけ、空想上のお客様のために飲みものを用意している。あるいは、たった一人の客として丸椅子の一つに腰かけ、その絵のなかにいる自分を夢見るのだった。

叔父のロバートは、叔父とはいっても私たちとさほど年が変わらず、叔父というよりも兄のように思えた。マンハッタンから戻ってくるたび、ロバートは裏庭で私たちとサッカーをやった。激しく体を動かした私たちは、暑い日には缶コーラやグレープジュースを求めて頻繁にキッチンに足を運んだ。ロバートはよく〈フィラデルフィアクリームチーズ〉の塊を取り、冷蔵庫にもたれて包み紙をはがすと、まるでチョコレートバーのようにクリームチーズをかじってソーダ水で飲みくだしたものだ。

ロバートはかなりサッカーがうまかった。私は男の子たちについていこうとしていたが、自分がロバートの攻撃の的にされていると感じるときもあった。

ドナルドが「屋敷」にいるときには、私たちはよく野球やアメフトをやった。NYMAで野球をやっていたドナルドは、ロバートよりさらに手加減してくれなかった。たとえ六歳、九歳、一一歳の姪や甥たちが相手であっても、優しくボールを投げてやる理由などないと考えていたのだろう。私に投げられたボールをなんとか受け止めたとき、革のグローブにボールが当たった音は、まるで銃声のようにレンガの壁に響きわたった。小さな子どもが相手のときでさえ、ドナルドは勝者の座を譲りたくなかったのだ。

〈サニーサイド・タワーズ〉で希望を失わずに生きていけるのは、心の底から楽観的な人間だけだろう。その建物にはドアマンはいなかった。プレキシガラスの扉の両脇に置かれた二つの大きなプランターには、プラスチック製の草花が詰めこまれ、いつも薄いほこりをかぶっていた。父の住む六階の廊下は、煙草の煙のにおいがした。じめじめしたカーペットは生気のない灰色。頭上の冷ややかな照明が何もかもあからさまに照らしだしていた。

父が人生最高の生活を送っていたのは、結婚後すぐに、サットン・プレイスの近くのワンベッドルームで母と暮らしていたときだった。その年、二人は夜になると友人たちとともにコパカバーナに繰り出し、週末にはビミニ島に飛んだ。だが、それからの生活はずっと下り坂で、ちょうどドナルドとは対称形の軌跡を描くことになる。ドナルドの生活は、年ごとに贅沢さを増すばかりだったのだ。イヴァナ（ドナルドの前々妻）と結婚したとき、ドナルドはすでにマンハッタンに住んでいた。結婚式のあと、二人は五番街のベッドルームが二つあるアパートメントに住み、その後、同じ五番街のベッドルームが八室もあるアパートメントに転居する。さらにそこから五年もたたないうちに、トランプタワーの最上層の三階分を占める、一〇〇〇万ドルのペントハウスで暮らしていた。ドナルドはそのあいだもずっと、実質的にはまだ祖父の給与で暮らしていたのだが。

祖父は子どもたちに利益を落とすために、一九六〇年代にミッドランド・アソシエイツ社を創立し、子ども一人につき、〈サニーサイド・タワーズ〉を含む八棟の建物の一五パーセントの所有権を与えた。完全な詐欺とまではいえないにしても、明らかに違法な資産譲渡だ。その目的は、正式な譲渡で課せられるはずの贈与税の大半を免れることだった。父自身、自分が住む建物の所有権の一部を保持していることを知っていたかどうかはわからない。だが、一九七三年時点での父の持ち分には、およそ三八万ドル、現在の貨幣価値に直せば二二〇万ドルの価値があった。だが、父がその金を少しでも手にした様子はいっさいない。父は船も飛行機も失い、ムスタングやジャガーも手放していたからだ。父の名前フレデリック・クライスト・トランプの頭文字〈ＦＣＴ〉を指定したナンバープレートはまだ持っていたものの、それを取り付けているのはおんぼろのフォード車だった。当時の父が所有していた財産は、どれもバーチャルな存在でしかなかった。信託基金に手をつけることも禁じられていたのか、あるいは自分の金に対する権利があることすらもはや考えなくなっていたのか。いずれにせよ、道を閉ざされた父は、祖父のいいなりになっていた。

父と私が、テレビでメッツの試合を観ていたとき、インターホンが鳴った。父は驚いた様子で応答した。ロビーでブザーを押した人物の声は聞こえなかったが、「クソッ」という押し殺した父の声が聞こえてきた。その日の午後ずっとのんびり過ごしていた父が、緊張している。「ドナルドが上がってくる」と父は私に言った。

「どうして？」

「わからない」。父はいつになくいらだっていた。

ベルが鳴ると、父はシャツをズボンにたくしこみ、ドアを開いた。そして数歩下がって、自分の弟に道を空《あ》けた。三つ揃えのスーツにぴかぴかの靴を履いたドナルドは、幅広の輪ゴム数本で留めた分厚いマニラ封筒を抱えていた。リビングに入ってきたドナルドは、私に気づいて「やあ、かわい子ちゃん《ハニーバンチ》」と声をかけた。

私は叔父に手を振った。

ドナルドは父を振り返って、軽蔑したようにあたりを見まわすと、「なんだい、ここは」と言った。父は取り合わなかった。ドナルドは封筒をコーヒーテーブルの上に投げた。

「父さんが、こいつにサインしてブルックリンに持ってこいってさ」

「今日じゅうか？」

「ああ。どうした、忙しいのか？」

「おまえが持っていってくれよ」

「無理だ。抵当流れの物件をいくつか検分しに街に出る途中なんだよ。市場の最高値のときに購入した負け犬どもを食いものにするのは、なかなか楽しいもんだ」

フレディは、けっしてブルックリンの外で自分のプロジェクトを進めてみようとはしなかった。数年前、週末の小旅行でペンシルベニア州のポコノ山脈に出かけたとき、フレディとリンダは、両側に収用宣告を受けたビルの列が延々と続くクロス・ブロンクス高速道路を通った。リンダはその光景を見て、ブロンクスのビルをリノベーションするビジネスを独自に始められるのではないかとフレディに提案した。フレディは答えた。

「父さんには逆らえないよ。父さんにとってはブルックリンがすべてだ。そんなこと、絶対にやろうとしないだろう」

そしていま、ドナルドは窓の外を見て告げた。「父さんは、ブルックリンに人手が必要になるみたいだ。兄さんが戻るべきだ」

「そこで何をする気だ？」父が嘲《あざ》笑《わら》った。

「知らないよ。前に兄さんがやってたようなことだ」

「おれがやっていたのは、おまえの仕事だ」

気まずい沈黙が流れるなか、ドナルドは腕時計を見た。「下に運転手を待たせてるんだ。四時までにこいつを父さんに届けてくれ、いいな？」

ドナルドが去ると、父はソファにいた私の隣に座り、煙草に火をつけた。「じゃあ、お嬢さん、ブルックリンまで乗っていくかい？」

会社を訪れた父は、社内をひとまわりしてから、祖父の秘書であり門番でもあるエイミー・ルアセン（私の名づけ親でもあった）のもとに向かった。エイミーの机は、祖父の部屋のすぐ外にある。エイミーおばさんは、ボスである祖父を明らかに崇拝し、祖父のことを「私のフレッド」と呼んでいた。

祖父専用の部屋は、うす暗い照明の四角い部屋で、盾や賞状の入った額で壁が埋めつくされていた。頭飾りをつけたネイティブ・アメリカンの首長の木の胸像もたくさん置かれている。私は祖父の机から、彼が何本も買い込んでいたフレア（アメリカの文具メーカーペーパーメイトの商標）の青いマーカーと、祖父が「屋敷」に備えていたのと同じ、安手の分厚いメモ用紙の束を取っては、走り書きをしたり、絵を描いたりして、昼食までの時間をつぶした。独りで取り残されたときには、座った椅子をくるくると激しく回してみたりもした。

祖父はいつも、〈ガルジューロズ〉に連れて行ってくれた。ぱりっとした布ナプキンとテーブルクロスを備えたきちんとしたレストランで、祖父はその店にほぼ毎日通っているようだった。慇懃《いんぎん》なウェイターたちは祖父のことを常に「ミスター・トランプ」と呼び、祖父のために椅子を引いた。そしてたいていは、食事のあいだじゅう、あれやこれやと祖父の世話を焼く。私は、エイミーおばさんや会社のほかの人たちがいっしょに来てくれるとほっとした。なぜなら、父の緊張が和らぐからだ。そのころ、父と祖父のあいだでは話題がほとんどなくなっていた。私たちが訪ねたときにドナルドが会社にいることはあまりなかったが、たまに出くわすこともあった。そういうときは最悪だった。ドナルドはまるで会社の支配者であるかのように振る舞ったが、祖父はその態度を奨励しただけでなく、楽しんでいるように見えた。ドナルドの前では、祖父は変貌してしまうのだ。

一九七三年、司法省公民権局は、祖父の言うところの〝ディー・シュヴァルツェ（黒人）〟に部屋を貸さなかった祖父とドナルドを、一九六八年の公正住宅法違反で訴えた。史上最大級の住宅差別連邦訴訟に、悪名高い弁護士ロイ・コーンが助力を申し出てきた。ドナルドとコーンが出会ったのは、東五五丁目にある会員制の高級レストランとディスコ〈ル・クリュブ〉だ。バンダービルト一族やケネディ一族をはじめとする国際的な数々のセレブや王族も足しげく訪れたという場所である。ジョセフ・マッカーシーによる反共産主義運動の悲惨な失敗にコーンがかかわってから一〇年以上が過ぎていた。もっともコーンがようやくマッカーシー上院議員の主任弁護士という地位を追われたのは、同性愛者や共産主義者のいずれか、あるいは両方の疑いをかけられた数十名の人たちから命と職を奪って彼らを破滅させたのちのことだったが。

凶暴な気質と影響力の強い人脈を抱えている人物の多くがそうであるように、コーンはどんな規則にも支配されなかった。ニューヨークのエリート層に支持され、ルパート・マードック（メディア王と称される実業家）やジョン・ゴッティ（ニューヨークのマフィアのドン）、アラン・ダーショウィッツ（著名人の弁護を担当してきた有名弁護士）といった顧客に雇われた。ローマカトリック教会のニューヨーク大司教区からの依頼を受けたこともある。コーンは自分が育ったニューヨーク市に戻って個人で開業し、その後の数年間で裕福な弁護士となって大成功を収め、大きな力を持つようになった。

コーンは派手なタイプだが、フレッドは保守的だった。コーンは雄弁で、フレッドは寡黙だ。だが、そんな二人の違いはあくまで程度の問題であり、種類は同じだった。コーンの残酷さと偽善はあからさまに表に出ていたが、フレッドもまた、家族との関係においてそれらの術《すべ》を身につけていた。フレッドはまた、ドナルドがコーンのような男に惹かれるように仕向けた。のちにドナルドは、ウラジーミル・プーチンや金正恩など、口がうまく、彼を裕福にする力を持つ独裁主義者に惹かれることになる。

コーンは、トランプ・マネジメント社に、司法省を訴え返すよう勧めた。顧客の誤解を招くような政府の誤った発言に対し、一億ドルの賠償を求めるものだ。その戦略は派手で馬鹿げていたものの、効果的だった。少なくとも、宣伝という点では功を奏した。ドナルドが新聞の一面に掲載されたのは、二七歳のこのときが最初だ。この反訴は棄却されることになったが、トランプ・マネジメント社は和解に持ちこむことができた。不正行為と認めたわけではないが、差別を回避するために賃借手続きは変えなければならない。それでも、コーンとドナルドの双方がこれを自分たちの勝利と見なした。マスコミの報道内容がことごとく二人の勝利としていたからだ。

ロイ・コーンのような輩《やから》に自分の運を任せたときにドナルドの武器となったのは、フレッドから受け継いだ気前のよさと、フレッドに叩きこまれた自分の才能と優位性に対する妄想的な信念だけだった。皮肉なことに、無関心や恐怖や無視、そしてフレディへのいじめを目撃させられたことなど、幼年期を特徴づけるさまざまなものから自分を守るために身につけてきた防御力のおかげで、ドナルドは、フレディには明らかに欠けていた力を持つことができた。父親が必要とする「無敵の男《キラー》」および父の代理人になる能力である。

フレッドがいつの時点でドナルドに注目しはじめたのか、正確にはわからない。だが私は、ドナルドをＮＹＭＡに送ったあとではないかと思っている。ドナルドは父親の「タフであれ、無敵の男《キラー》であれ」という教えに素直に従ったのだ。たとえば、たまたま上級生から殴られたことを自慢し、家から追い出されたことを気にしていないふりをすることで、自分の価値を証明した。フレッドがしだいにドナルドを信頼するようになったおかげで、二人のあいだには絆《きずな》が生まれ、ドナルドは揺るぎない自信を抱くようになった。なんといっても一家の最重要人物、その意見が重要視される唯一の人間が、ついに目をかけてくれるようになったのだ。フレディとは違い、ドナルドが手に入れた父親の注目は好意的なものだった。

大学卒業後、ドナルドがようやく世間に出て、父親の人脈を使ってさらに多くの人脈をつくり、父親の金を使って急速に成長する世界の覇者としての自分のイメージを形成していたとき、フレッドは、息子に認められたものはすべて、自分自身の功績として返ってくるとわかっていた。ドナルドが前途有望な不動産売買の仲介人として世間に受け入れられるとしたら、それはすべて、父親であるフレッド・トランプの名誉となる——たとえ、それを知っているのがフレッドただ一人だとしても。

一九八〇年代初めのインタビューで、フレッドは、ドナルドの成功は自分のそれをはるかに上回っていると語っている。「私はドナルドの自由にやらせた。彼は優れた洞察力を持ち、触れたものすべてを金に変えるように見える。ドナルドは私の知る誰よりも賢い人間だ」。その言葉はすべて間違っている。そして、このインタビューの一〇年前にはすでに、フレッドはそのことを知っていたはずだ。

スティープルチェースの一件のあと、フレッドの形勢は大きく不利になった。自分の帝国を拡大したいなら、新たな戦いの場を広げ、代理人が必要となるだろう。いまやドナルドを世界に出すことで、トランプブランドを構築させる必要があった。だが浪費家である真ん中の息子が、賃貸不動産の運用という、緻密な管理が必要で予算が限られている地味な仕事には不向きだとフレッドが気づくまで、それほど時間はかからなかった。とはいえ、父親のうしろ盾があれば、ドナルドのうぬぼれと厚顔無恥を利用してマンハッタンに入りこめるかもしれない。フレッドは傍観せず、ドナルドのマンハッタン市場への早期進出のあらゆる局面にかかわり、ドナルドが表舞台で演じているあいだ、舞台裏で暗躍した。フレッドはドナルドが自分で自分の承認欲求を満たせるようにしてやるだけでなく、マンハッタンの開発業者としての名声を得られるようにもしてやった。それはフレッドがずっと熱望していたことでもあった。フレッドはけっして、一般から評価されることはないだろう。しかし、ドナルドが自分自身を売り込み、名を残していく機会は、フレッドなしではけっして実現しなかったとわかっているだけで、フレッドは満足だった。ドナルドの成功や賞賛はすべて、フレッドとその莫大な富のおかげだ。ドナルドにまつわるどんな話も、実際にはフレッドの話でもあった。だがもし、その秘密が暴かれれば、計略は破綻してしまうことも、フレッドにはわかっていた。あとから考えてみると、フレッドはいわば操り人形師だった。だが、フレッドが息子の糸を操っているところを見られるわけにいかない。

フレッドは、実業家としてのドナルドの不完全さを見逃していたわけではない。だがその分野では、自分が二人分以上の才能を備えていることを知っていたのだ。フレッドが数百万ドルという金額を喜んで息子に賭けたのは、自分がドナルドの持つ能力（自己宣伝に長け、恥知らずな嘘をつき、マーケティングを行ってブランドをつくる能力）を活用できると信じていたからだ。そうすれば、自分がけっして得られなかった名声が手に入る。その名声は自尊心にふさわしく、金だけではけっして得られない満足をもたらしてくれるだろう。

一九八〇年代末期、アメリカ経済が下向きになったころには、フレッドはもはや息子の野蛮で愚かな振る舞いから自分自身を切り離せなくなっていた。投資を続けるほかない。フレッドがつくった怪物はすでに解き放たれていた。いまフレッドにできることといえば、損失を減らし、キャッシュフローを維持して、責任を負わせる誰かを見つけることだけだった。


その後の二年間で、フレディはいちだんと寡黙で陰気な人間になっていった。ただでさえ痩せていた体が、信じられないほど細くなった。〈サニーサイド・タワーズ〉の北西向きのアパートメントは、終日漂う煙草の煙と父の陰鬱な雰囲気のせいで、灰色にくすんで見えた。父は私たちと一日を過ごすどころか、ベッドから出られない朝もあった。二日酔いが理由のこともあったが、ますますひどくなった抑うつ状態のせいということもあった。私たちが暇を持て余しているときには、仕事をしなければいけない、祖母の用事を頼まれているんだ、といった言い訳をこしらえて、私たちをほったらかしにした。

父が、新聞配達の人たちを管理する仕事についたと私たちに言ったことがある。短期間だけ新聞配達の経験がある私の知るかぎり、それは車のトランクから新聞を出して配達担当の子どもたちに手渡し、配達を終えた子どもから現金を集める仕事だった。一日一〇〇ドルもらえるんだぞ、と父は言った。それは途方もない金額のように私には思えた。

ある夜、アパートメントで、私たちは父の恋人のジョハンナといっしょに夕食をとっていた。私は、ジョハンナがいないほうがよかった。彼女の何かが不快だったのだ。ジョハンナは私やフリッツとかかわらなかったし、かかわろうともしなかったからだ。イギリス英語で「フレディ、煙草に火をつけて」みたいな台詞を吐くのも最悪だった。そもそもジョハンナはイギリス人ではないのだから。だが、そのうち父も同じしゃべり方をするようになった。

食事を終えるころ、私は、その日の午後に母と銀行に行ったときの冒険の話を始めた。母がとても長い行列に並んでいるあいだ、私はカウンターの一つに向かって、何枚もの預金伝票にあらゆる種類の偽名を記し、さまざまな計画の資金のために引き出すつもりのとんでもない金額を書きこんだ。何もかもがとても面白かったので、話さずにはいられなかったのだ。ところが、嘘の身分や秘密の現金の引き出し、そして金を使いはたすための悪賢い計画について話すと、父は用心深い目をして私にこう尋ねた。

「トスティさん（フレッドの弁護士）は、それを知っているのか？」

私がもっと注意深かったら、そこで話をやめるだけの分別があっただろう。だが私は、父がふざけているのだと思って話を続けた。

父はますます動揺し、前のめりになったかと思うと、私に指を突きつけた。「おまえは何をしたんだ？」不機嫌の極みだった。父がこんなに怒ることはめったにない。声を荒らげることすらほとんどなかった。私は混乱し、娘が何か悪事をしでかしたと父が思いはじめた時点まで、話を遡《さかのぼ》ろうとした。だが、そんな時点などあるわけがなかった。実際に何があったのかを説明しても、父の怒りは増すばかりだった。

「もしもトスティさんに知られたら、おじいちゃんとのあいだにもめごとが起きるんだぞ」

ジョハンナは、私に向けられた父の関心を自分に向けようと、父の腕に手を置いた。

「フレディ。他愛もないことよ」

「〝他愛もない〟って、どういう意味だ？　こいつはほんとに、クソみたいにとんでもないことだぞ」

罵り言葉を聞いて、私はびくっとした。

そのとき、私とジョハンナは悟った。父を説き伏せることなどできない。父は酔っ払っていて、古い物語に閉じこめられている。私は説明して父を落ち着かせようとしたが、父は泥酔しすぎていた。それに、私はまだ八歳だったのだ。

一九七五年の夏、ドナルドは記者会見を開いて、〈グランド・ハイアット・ニューヨーク〉のための建築家の設計図を披露した。まるで、四二丁目のグランドセントラル駅の隣にある、古い〈コモドア・ホテル〉の建て替え契約をすでに終えているかのように。メディアはドナルドの話を事実として書いた。

同じ夏、フリッツと私がキャンプに出かける直前に、父は母にニュースがあると告げた。母は父を夕食に招いた。父がベルを鳴らし、私がドアを開ける。父の服装はいつもどおり、黒いスラックスに白いドレスシャツという格好だ。だがその服はぱりっとアイロンがかかり、髪はうしろに撫でつけられていた。こんなにハンサムな父を見るのは初めてだった。

母がサラダを混ぜ、父は小さなテラスでステーキを焼いた。食事の支度ができると、私たちはテラスのそばの小さなテーブルを囲んで座った。夏の穏やかな風が入るように、ドアは開けたまま固定してある。私たちは水やアイスティーを飲んだ。

「この夏の終わりに、フロリダのウエストパームビーチに引っ越すつもりだ。すてきなアパートメントを見つけたよ。裏手には桟橋がある」。父はすでに船を見つけていて、私たちが訪れたら釣りや水上スキーに連れていってくれるという。そんな話をする父は幸せそうで、自信ありげで――ほっとしているように見えた。それは正しい決断だと誰もが思った。あまりにも長いあいだ忘れていた希望を、私たちはついに感じたのだ。

第八章　重圧を逃れて

私はダイニングテーブルに向かって座り、目の前にあるものの意味を解読しようとしていた。この靴のもう片方が別の包みに入っているのかしら？　そう思ってツリーの下に並ぶ箱を確かめてみた。そうではなかった。靴は片方しかないのだ。一〇センチヒールの金色のラメの靴には、キャンディーが詰まっている。キャンディーは一個ずつセロファンで包まれ、靴そのものもセロファンにくるまれていた。いったいどこで手に入れたのだろう。何かの抽選で当たったのか、それとも昼食会で配られた記念品か。

そこに、キッチンから食品庫を通ってドナルドがやってきた。そして私のそばを通りながら尋ねた。

「それはなんだ？」

「叔父さんがくれたんでしょ？」

「なんだって？」ドナルドは一瞬それをじっと見つめ、玄関ホールに向かって怒鳴った。

「イヴァナ（ドナルドの前々妻）！」イヴァナは、リビングの近くに置かれたクリスマスツリーの向こう側に立っていた。「イヴァナ！」

「どうしたの、ドナルド？」

「こいつはすごいな」。ドナルドは靴を指さした。イヴァナがほほえむ。おそらく、ドナルドはその靴が本物の金でできていると思ったのだ。

　そもそもの始まりは、一九七七年だった。私への初めてのクリスマスプレゼントとして、ドナルドと新妻のイヴァナから贈られたのは、〈ブルーミングデールズ〉で三枚一二ドルで買った下着だった。同じ年、兄のフリッツがもらったのは、革の表紙の日記帳だった。もっと年上の人が使うようなものには見えたが、なかなかすてきな日記帳だ。私は自分が軽んじられたような気分になった。だが実は、兄がもらった日記帳の日付は二年前のものだったのだ。少なくとも、下着なら日付に左右されることがない。

　休暇になると、ドナルドとイヴァナは「屋敷」に車を乗りつけた。高価なスポーツカーか、あるいは運転手付きのリムジンで。祖父のリムジンより長い車だった。二人は社交界の著名人のように颯爽《さっそう》と玄関に入ってきた。イヴァナはシルクと毛皮に身を包み、ヘアスタイルもメイクも斬新だった。ドナルドは高価な三つ揃えを着込み、ぴかぴかに磨かれた靴を履いていた。この二人に比べたら、どんな格好の人も地味でやぼったく見えただろう。

子どものころの私は、ドナルドは独立して自力でビジネスを立ち上げて一族の名をブランド化したのだと考え、偏屈で欲深な祖父のほうは金儲けとその金を守ることしか頭にないと思い込んでいた。だが、ドナルドについても祖父のフレッドについても、私の考えは真実とはかけ離れていた。トランプ一族が数十年にわたって手を染めてきた、いわゆる不正行為、違法行為を暴露した、二〇一八年一〇月二日付のニューヨーク・タイムズ紙の記事には、つぎのような一節がある。

フレッド・トランプとその所有会社は、ドナルドに対して巨額の融資と融資限度額の引き上げを続けた。融資額はトランプ家のほかのメンバーに対してよりはるかに大きく、資金流入はかなり頻繁に行われた。あたかも、ドナルド・トランプは自前の資金倉庫を持っているかのようだった。ニュージャージー州カジノ規制当局の記録によれば、一九七九年のドナルドの借入額は、一月に一五〇万ドル、二月に六万五〇〇〇ドル、三月に一二万二〇〇〇ドル、四月に一五万ドル、五月に一九万二〇〇〇ドル、六月に二二万六〇〇〇ドル、七月に二四〇万ドル、八月に四万ドルである。

一九七六年、ロイ・コーンはドナルドとイヴァナに、婚前契約書を交わすように勧めた。

契約書には、イヴァナに対して支払いが発生したときにはフレッドの財産を原資とする、とあった。当時、ドナルドの収入源は父親のみだったからだ。離婚後の手当や養育費に加え、イヴァナの主張にもとづき、契約書には一五万ドルの〝万一に備えた《レイニーデイ》〟特別手当が含まれていたと祖母から聞かされた。私の両親の離婚協議もまた祖父の財産にもとづくものであったが、イヴァナの一五万ドルの特別手当は、私の母が養育費と離婚後扶養料として受け取っていた月額六〇〇ドルの小切手のほぼ二一年分にあたる。

　イヴァナが来るまでは、どの年の休暇も大きな違いはなく、私の記憶のなかで渾然《こんぜん》一体となっていた。五歳のクリスマスは、一一歳のクリスマスと区別がつかない。お決まりの手順が変わることはけっしてなかった。私たちはたくさんの包みを携え、午後一時に「屋敷」の正面玄関から入り、たがいに握手し、頬にキスをし合う。それからリビングに集まり、シュリンプカクテルを食べる。玄関と同じく、このリビングを使うのも年に二回だけだ。父もよく出入りしていたが、リビングにいる父の姿は思い出せない。

　感謝祭とクリスマスの食事はほぼ同じものだったが、ある年のクリスマスに、祖母は大胆にも、七面鳥のかわりにローストビーフをつくることにした。誰もが好むメニューのはずなのに、ドナルドとロバートは腹を立てた。祖母は食事のあいだじゅう、両手を膝においてうなだれていた。その話題にはもうけりがついたと思っていたが、何かの拍子にどちらかが「ひどいよ、母さん、七面鳥にしないなんて信じられない」と蒸し返した。

一家に加わったイヴァナは、ドナルドとともにテーブルの中央についた。ドナルドは祖父の右側に唯一対等な存在として座っている。マリアン（著者の伯母。ドナルドの姉）とロバート（著者の叔父。ドナルドの弟）とイヴァナは、サクラになるという使命とともに、その近くに陣取った。ドナルドを支え、話を合わせ、ドナルドほど重要な人物はいないかのように振る舞うのだ。初めのうち、それは単なるその場しのぎだと私は思っていた。というのも、マリアンやロバートは、小さいころから父親フレッドの明らかなえこひいきに抗議しても無駄だと学んでいたからだ。「私は一度も父に逆らったことはありません」とマリアンは語っている。調子を合わせるほうが楽なのだ。ドナルドの首席補佐官たちは、まさしくこの現象の見本である。ジョン・ケリー（元大統領首席補佐官）も、少なくとも一定の時期はそうしていたし、ミック・マルヴァニー（元大統領首席補佐官代行）にいたっては、無条件にその態度を続けていた——だがそれも、〝忠実さ〟が足りないとして失脚させられるまでのことだったが。追従者はいつもそうだ。まずは、どんなに悪辣《あくらつ》な行為が行われても沈黙を貫く。そして、行動に出ないことで自らも共犯者となる。そして最後に、ドナルドがスケープゴートを必要としたときに、自分は使い捨ての存在だったと気づくことになる。

時とともに、ドナルドとそれ以外の子どもたちに対するフレッドの態度の違いはあからさまになっていったので、ロバートとマリアンにとっては、これ以上自分たちの扱いが悪くならないことを期待して、路線に従うほうが簡単だった。現在の共和党が日々の議会で行っていることと同じだ。そのうえ、フレッドの期待に応えられなかった私の父、フレディの身に何が起きたのかも知っていた。だが、そういうことはすべてテーブルの反対側についた残りの者たちには関係ないことだ。私たちの仕事は、主役から離れた安い観客席を埋めることだったのだから。

金ラメ靴のプレゼントの翌年、ドナルドとイヴァナからもらったギフトバスケットも印象的だった。毎年同じだ、と私は思った。誰かにもらった役に立たない贈り物の使い回しであることは明らかだった。イヴァナはどうやらセロファンでぐるぐる巻きにするのが好きみたいだ。それを開けてみると、サーディンの缶詰とテーブルウォーターのクラッカーの箱、ベルモット漬けのオリーブの瓶詰、そしてサラミが入っていたが、そのあいだにすきまがあった。バスケットの底に敷かれた薄紙についた丸いへこみは、そこにもう一つの瓶があったことを示している。いとこのデイヴィッド（著者の伯母マリアンの一人息子）がそばに来て、そのすきまを指さして言った。「そこに何があったんだろうね」

「わからないけど。たぶん、こういうのといっしょに食べるものでしょ」と私は言い、クラッカーの箱を持ちあげた。

「キャビアってことだね」。デイヴィッドはそう言って笑った。私は肩をすくめた。キャビアがどんなものか知らなかったのだ。

階段の横に、もらったプレゼントを積み上げていた。私はそのバスケットの持ち手をつかんでそこに向かいながら、イヴァナと祖母のそばを通るときに、「ありがとう、イヴァナ」と言い、それからほかのプレゼントといっしょに床に置いた。

「それ、あなたの？」イヴァナから声をかけられた。

最初はそのギフトバスケットのことかと思った。だが、イヴァナが言っているのは、すでに開けたプレゼントの山のてっぺんに置いてあった『オムニ』という雑誌のことだった。その年の一〇月に創刊された、科学とＳＦを扱う雑誌だ。そのころ、私はこの雑誌に夢中になっていた。シュリンプカクテルと食事のあいだに読みおえる時間があればいいなと思い、買ったばかりの一二月号を「屋敷」に持ってきていたのだ。

「ええ、そうよ」

「それを出版しているボブは、友だちなのよ」

「ほんと！　私、この雑誌、大好き」

「紹介してあげる。マンハッタンに来れば、ボブに会わせてあげるわよ」

アイザック・アシモフ（アメリカのＳＦ作家、生化学者）に会えると言われたほどではないものの、それに近い衝撃を受けた。「わあ、ありがとう」

私は皿に食べ物を満たし、階段を上って父の部屋に行った。父は終日具合が悪く、みんなとテーブルにつくことができなかったのだ。父はベッドで身を起こし、ポータブルラジオを聞いていた。皿を手渡したが、父は関心を示さず、その皿をベッド脇の小さなテーブルに置いた。私はイヴァナから親切な申し出を受けたことを話した。

「ちょっと待て、いったい誰を紹介してやるって？」

私はその名前をけっして忘れないだろう。イヴァナと話したすぐあとに、私は『オムニ』の奥付を見ていた。〝発行者　ボブ・グッチョーネ〟と書いてあった。

「『ペントハウス』の発行人と会うつもりなのか？」私はまだ一三歳だったが、『ペントハウス』がどんな雑誌かぐらいは知っていた。同じ人のはずがない、と信じられなかった。父はくくっと笑い、「そいつはあまりいい考えとは思えないなあ」と言った。その瞬間、私の思いも父と同じものに変わった。

母が受け取ったプレゼントについては、とても笑えない。いったいどうして、父と離婚してから何年もたっているというのに、母も一家の集いに参加するよう求められていたのかは謎である。もっとも、なぜ母が参加したのかはさらに大きな謎だ。明らかに、トランプ家は母には来てほしくなかったし、母も行きたくはなかったのではないだろうか。母がもらったプレゼントはそれなりの品とはいえ、イヴァナや、ロバートの妻ブレインへのプレゼントよりもランクの劣る店のものだった。さらに悪いことに、その多くが明らかに使い回しや使い古しのプレゼントだった。ある年、イヴァナにもらったハンドバッグは高級ブランドのものだったが、なかにはなんと使用済みのティッシュが入っていた。

食事後、プレゼントの開封が終わると、全員がばらばらになった。キッチンに行く者もいれば、裏庭に行く者もいる。残りは書斎に向かった。私は書斎の戸口近くの床に脚を組んで座った。そして遠くから、ドナルドやロバートが観ているゴジラ映画やアメフトの試合を眺めた。しばらくして、母がいないことに気づいた。すぐには心配しなかったが、それでも母が戻ってこないので私は捜しに行った。キッチンを確かめても、祖母と伯母たちしかいない。裏庭では、兄のフリッツとデイヴィッドが、ボールを投げ合っている。フリッツに母の居場所を尋ねると、兄はいかにも関心なさげに、「知らないよ」と答えた。いつの間にか、母がいなくなったときに誰かに尋ねなくてもその居場所をつきとめられるようになったが、最初のうちは母が見当たらないと不安でしかたなかった。

母は一人、食堂のテーブルに向かって座っていた。すでにサイドテーブルはきれいに片付けられ、食事会のなごりといえば、床に散らばった布ナプキンぐらいのものだった。私は戸口に立ち、母が私に気づいて、振り向いてくれたらいいのに、と思っていた。落ち込んでいる母を動揺させてしまうかもしれないと考えると、恐くて声をかけられない。カチャカチャという食器の音と、残り物やアイスクリームケーキについて話す声が、キッチンから漏れ聞こえてくる。陰りゆく午後の日ざしのなか、私はマホガニーのテーブルに近づいた。シャンデリアの明かりはすでに消されていたが、もっと暗ければいいのにと私は思った。そうすれば、母の顔を見なくてすむ。悲しみに打ちひしがれた顔を。

母の体に触れないよう気をつけながら、隣の椅子に座った。母に慰めを与えることも、母から慰められることもない。ただ、いっしょにいることしかできなかった。

下着のプレゼントを受け取る八カ月前、ドナルドとイヴァナはマンハッタンのマーブル協同教会で結婚式をあげ、〈21クラブ（トゥエンティワン・クラブ）〉で披露パーティーを開いた。母とフリッツと私は親戚のテーブルに回され、父は出席しなかった。一家の言い訳はこうだ。ドナルドの付き添いと披露宴の司会（実際にはジョーイ・ビショップ（トーク番組の司会等で有名なアメリカの俳優・コメディアン）がその役目を務めた）を父に頼んだが、父はフロリダで祖母の義理のきょうだいであるヴィックおじさんの面倒をみなければならなくなった、ということにしたのだ。本当のところは、祖父は単に父を結婚式に出席させたくなかった。そして父は、来るなと言われたのだった。

ドナルドが抵当流れの物件を求めてマンハッタンを探しまわっている時期、私はほぼ毎週のように何万ドルもの金を失っていた。というのも、毎週金曜日の放課後、友人の家に行って、〝家やホテルを二倍に、財産を二倍に〟と銘打った、当時流行《はや》っていたモノポリーを私たち独自のルールでやっていたのだ。週末すべてを使い、長い時間をかけて私たちは遊んだ。一ゲームにかかる時間は三〇分から数時間。どのゲームにも共通していたのは、私の惨憺《さんたん》たる成績だった。私はすべてのゲームで負けていた。

私に戦うチャンスを与えるため（そして友人に多少のハンデを加えるため）に、私は銀行から、さらには敵からも巨額の金を借り入れることを許され、その額はどんどん膨らんでいった。私たちは箱の蓋《ふた》の内側に、数字を長々と書き連ねて私の膨大な借金の累計を書きとめた。

悲惨な成績をあげていたにもかかわらず、私は戦略をけっして変えなかった。アトランティック・シティの土地にコマが進むたびに購入し、たとえ投資を回収する見込みがなくても、そこに家やホテルを建設した。どんなに損失を重ねても、倍賭け、三倍賭けを繰り返した。不動産王の孫娘であり、姪である私が、不動産の運用が下手すぎることは、友人たちとのあいだで冗談の種となっていた。のちにドナルドは不動産ビジネスの才があるわけではないとわかったが、私もそうだったということだ。

私の父が死んだあと、ドナルドは、「〝おれたち〟（ドナルドとフレッドを指す）はフレディに、嫌いで不得意なこと（不動産関係）をやらせずに、好きなことや得意なこと（飛行機を飛ばすこと）を〝させてやる〟べきだった」とほのめかしたことがある。だが、父にトランプ・マネジメント社を運営する能力がなかったことを示す証拠はない。ドナルドにそんな能力があったという証拠がないのと同じだ。

一九七八年のある夜、父はウエストパームビーチの自分の部屋で、激しい腹痛に目を覚ました。なんとか自分の車に乗りこみ救急病院に向かったが、のちに父が母に語ったところによると、病院に着いてもすぐにはなかに入らなかったという。車のなかで病院のなかに入るべきかどうか考えていたそうだ。このまま最期を迎えたほうが楽かもしれないと思ったのだ。それでも父が助けを求める気になったのは、私とフリッツのことを考えてだろう。

父の病状は非常に重く、マイアミの病院に回されて、すぐに手術が必要な心臓病と診断された。フレッドはマリアンをフロリダに向かわせ、父を病院から出してニューヨークに連れて帰るよう命じた。それは、父が北へ飛ぶ最後の旅となった。フロリダ滞在は三年で終わり、父は故郷に帰ってきたのだ。

父はニューヨークで診察を受け、僧帽弁の機能障害と、危険なレベルにまで心臓が肥大していることが判明した。ブタの心臓の健康な弁と置き換えるという、実験的な手術を受ける必要があった。

手術の前日、父に会うために母と私が「屋敷」を訪れたとき、叔母のエリザベスはすでに来ていて、みんなが「独房」と呼んでいた、父の子ども時代の小さなベッドルームで、父のかたわらに座っていた。私は、ベッドに横たわる父の頬にキスしたが、父を壊してしまいそうな気がして隣には座らなかった。肺炎、黄疸、泥酔、絶望などのせいで体調を崩した父の姿は何度も見たことがある。でも、今回の病状は衝撃的だった。まだ四〇歳にもならない父が、衰弱した八〇歳の老人のように見えたのだ。父が私たちに、手術とブタの弁について話すと、母は答えた。「フレディ、あなた、ユダヤ教じゃなくてよかったわね」（ユダヤ教では豚肉の摂取が禁じられている）。私たちは声を揃えて笑った。

回復には長い時間がかかり、父は「屋敷」で静養して過ごした。手術の一年後、以前よりは体調がよくなったが、一人暮らしができるほどの回復は望めなかった。その理由の一つには、経済的な問題もあったかもしれない。父はふたたび祖父のもとで働きはじめたが、今度はビルのメンテナンスの仕事だった。リハビリ施設で断酒していたわずかな期間を除いて父が飲酒をやめなかったのも、わからないではない。父は私に、医者の一人から「もう一杯飲めば死んでしまいますよ」と警告を受けたと話したことがある。だが、心臓切開手術を受けてもなお、父は飲酒をやめなかったのだ。

感謝祭の日、ニューヨークに戻ってきて以来初めて、父は私たちと過ごした。祖母が座っている側のテーブルに、私といっしょに座った父は、顔色が悪く、幽霊のように痩せていた。

食事の途中で、祖母が喉を詰まらせた。「大丈夫かい、母さん?」父は尋ねた。ほかは誰も、気づきもしないようだ。祖母がなおも苦しみつづけると、反対側の端に座った数人が顔をあげて様子を確かめたが、すぐに自分の皿に視線を落とし、そのまま食事を続けた。

「こっちに来て」。父はそう言って、祖母の肘《ひじ》に手を添えて助け、そっと立たせると、キッチンに連れていった。父がハイムリック法（横隔膜をこぶしで叩いてのどに詰まったものを吐き出させる方法）を行い、祖母が苦しそうにうめく声が聞こえる。父は、一九六〇年代の終わりから七〇年代初めにかけて、ボランティアで救急車を運転していたころにその救命法を学んだのだ。

二人が戻ってきたとき、まばらな拍手が起きた。「よくやったね、フレディ」。だが叔父のロバートの言い方は、まるで父が一匹の蚊を殺したにすぎないように聞こえた。

ドナルドは、たとえ実際に「屋敷」にいなくても、常に存在感を感じさせるようになってきた。父はキッチンに入り、自室に戻ろうとするたびに、朝食室のテーブルに散らばる雑誌の表紙や新聞記事を目にするはめになった。一九七三年の訴訟以来、ドナルドはニューヨークのタブロイド紙の常連となり、祖父はドナルドに言及した記事をすべて集めていたのだ。

父が「屋敷」に戻った時期にドナルドが取り組んでいた〈グランド・ハイアット・ニューヨーク〉との契約は、一九七二年にニュージャージー州で祖父がドナルドと結んだパートナーシップをさらに複雑にしたものにすぎない。そもそも、〈グランド・ハイアット・ニューヨーク〉の件が可能になったのは、祖父がニューヨーク市長のエイブ・ビームと付き合いがあったからだ。フレッドはまた、市長やヒュー・ケアリー知事の選挙資金をたっぷりと寄付した。そして、ケアリーの資金集め担当のルイーズ・サンシャインが、この契約をまとめる手伝いをした。契約締結のため、ニューヨーク市長はフレッドに対して、向こう四〇年にわたる年額一〇〇〇万ドルの減税措置を行った。〈コモドア・ホテル〉の解体が始まると、ニューヨークのマスコミは、ドナルドの言葉をそのまま信じ込み、ドナルドが自力でこの契約をやりとげたと報道しつづけた。

おそらくは、父がニューヨークに戻ってきてから私とのあいだに広がったすきまを埋めるためだろう。一九八一年五月、父は私の一六歳を祝うパーティーを開いてあげようと言い出した。その数カ月前に〈グランド・ハイアット・ニューヨーク〉のグランド・オープニングがすんでいたため、父は、ホテルの小さい宴会場を使えるかとドナルドに尋ねた。自分の新しいプロジェクトを家族に披露するチャンスを熱望していたドナルドは、喜んで同意し、割引するとまで言ってくれた。

数日後、父は祖父に、パーティーの計画について話した。私たち三人が座っていた朝食室のテーブルには、いつもの切り抜きが散らばっている。祖父は怒りを含んだ声で言った。

「ドナルドは忙しいんだ、こんなくだらんことにかかわってはいられない」

その言外の意味は明らかだった。〝ドナルドは重要人物で、重要な仕事をしているが、おまえはそうじゃない〟

事態をどう収束させたのかは知らないが、結局、父は意志を貫き、私のパーティーは開催されることになった。

客のほとんどが到着し、私が数名の友人と立ち話をしているところへ、ドナルドが颯爽と登場した。そして私たちに近づき、挨拶もなく両腕を広げて言った。「すばらしいじゃないか？」

誰もがそう思った。たしかにすばらしい。私は、このホテルを使わせてくれたドナルドにあらためて礼を言い、友人たちに紹介した。

「じゃあ、ロビーはどうだ？　最高じゃないか？」

「最高です」。私はそう答え、友人たちもうなずいた。

「ほかの人間には、とてもやってのけられなかっただろうな。あの窓を見てごらん」

私は心配になった。ドナルドはつぎに、トイレのタイルのすばらしさについて語るんじゃないだろうか。けれども、祖父母に気づいたドナルドは、私の手を握り、頬にキスして言った。「楽しんでくれ、かわい子ちゃん《ハニーバンチ》」。そして祖父母のほうに歩いていった。父は祖父母のテーブルからかなり離れたテーブルに、一人で座っている。

振り向くと、友人たちは私をじっと見ていた。

「いったいぜんたい、あれはなんだったの？」一人が尋ねた。

一九八一年の夏、マリアンは私の父を車に乗せ、ニュージャージー州ベルミードにある

〈キャリア・クリニック〉に連れていった。ベドミンスターの地所（のちにドナルドはそこにゴルフ場をつくった）からは、車で半時間ほどだ。父は三〇日間のプログラムを受けたが、それは父の意向によるものではなかった。滞在期間が終わると、マリアンは二番目の夫、ジョン・バリーとともに父を迎えにいき、「屋敷」に連れて帰った。そこが父にとって最悪の場所であったことは確かだ。翌日、マリアンが様子を見にいくと、父はまたも や酒を飲みはじめていた。

父は家も家族も職もなくし、意欲をほとんど失っただけでなく、友人も大半が去っていた。結局、両親が面倒をみるしかなかった。いまやフレッドは息子フレディの存在そのものに怒りを覚えるようになった。

フレディに対するフレッドの態度は、常にほかの子どもたちへの教訓や警告となってきた。だが結局、父親フレッドの支配はだんだんと違ったかたちをとるようになった。フレッドは拷問者としての絶対的な権力を行使していたはずが、アルコール依存で健康状態が悪化したフレディが一人では生きていけなくなって親への依存度が高まるにつれ、その状況から抜けだせなくなったのだ。ちょうど、フレディがフレッドに縛りつけられたのと同じように、フレッドもいつの間にかフレディの存在にがんじがらめになっていた。想像力のないフレッドは、自分が作り出したも同然の、こうした状況を乗りこえる方法を見出せなかった。それは、フレッドの力の限界を示す証拠でもあった。

その年の八月、サマー・キャンプから帰ってきた私は、寄宿学校《ボーディングスクール》に進学したいと告げた。おばやおじたちも通ったごく小規模な学校、キュー・フォレスト校に一〇年通った私は、閉塞感をおぼえて退屈しきっていたのだ。私はもっと挑戦したかった。キャンパスを備え、スポーツ施設が充実し、可能性に満ちた場所に行きたかった。父は〝大きな池の小さな魚〟になる危険について警告したが、父にはわかっていたと思う。そんなふうにあれこれと挙げた理由はどれも真実ではあったが、それだけではなかった。本音はここを逃げ出したかったのだ。

問題は、三週間以内に希望の学校を見つけ、願書を書いて、入学許可を得なければいけないことだった。一九八一年八月後半の二週間、母と私はコネティカット州とマサチューセッツ州にある全寮制の学校をほぼすべて訪ねてまわった。

結果を待っているあいだに、祖父の許可を得なければならない。少なくとも、父はそう言った。

父と私は祖父の定位置である二人掛けソファの前に並んで立った。父が私の希望を説明した。「彼女はなんのためにそんなことがしたいんだ?」祖父が尋ねた。まるで、私が目の前に立っていないかのように。「キュー・フォレストはいい学校じゃないか」。祖父はほぼ三〇年のあいだ、そこの役員を務めていた。

「変化が必要な時期なんです。お願いです、父さん。この子にはきっといい影響がありますよ」

祖父は余分な出費がかかると文句を言った。その費用は父の信託基金から拠出されるので、祖父にはなんの影響もなかったのだが。それから祖父は、キュー・フォレストの優秀さを信じているという話を蒸し返したが、それでも、父は引き下がらなかった。

私がどこの学校に行こうと、祖父が気にしていたとは思えないが、父がまた私の味方をしてくれたのがうれしかった。

新しい学校に出発する前日、私は〈ハイランダー〉のアパートメントから自転車を走らせて、祖父母の家に向かった。家の前まで乗りつけ、ガレージの隣の高いレンガの壁に自転車を立てかけると、階段を上って、裏口に通じる小道をたどる。

九月初め、午後の裏庭は静かだった。セメントづくりの中庭に続く二段の階段をひと飛びで上り、ドアベルを鳴らした。屋外に家具はなく、床はむきだしのままだ。私たちが幼いころ、ここを使っていたのは叔父のロバートだけだった。一時期は、錬鉄製の椅子が一組、置かれていた。週末に帰ってきたロバートは椅子を引き寄せ、一脚をフットレストとして使った。体にベビーオイルをたっぷりと塗って、顎の下には折りたたみ式のアルミの日焼け用反射板を置いていたものだ。

数分が過ぎた。もう一度ドアベルを押そうかと思いはじめたころ、やっと祖母がドアを開けた。私を見て、驚いたようだった。私はスクリーンドアを引いてなかに入ろうとしたが、祖母は戸口に立ったまま動かない。

「こんにちは、おばあちゃん。父さんに会いにきたの」

祖母は両手をエプロンで拭きながら立っている。まるで、何かまずいところを私に見つかったかのように緊張している。私は、新しい学校に通うために明日出発すると話した。祖母はかなり背が高く、巻き上げたブロンドの髪を頭のうしろでピンできっちり留めている。その姿は、いつもよりもさらに厳格に見えた。祖母は身動き一つせず、私をなかに入れようとしなかった。

「お父さんは家にいないのよ。いつ戻ってくるのか、わからない」

私は混乱した。父は私を見送りたがっていた。数日前に話したばかりだ。私が立ち寄ることを忘れてしまったのだろうか。その年、たしかに父は私たちの計画を忘れることが多かった。私はさして驚かなかったが、どこかがおかしいという気がした。祖母と私が立っている真上にある、父の寝室の開いた窓からラジオの音が流れてきた。

　私はその音に気づかないふりをして、祖母に肩をすくめてみせた。「わかった、じゃあ、あとで電話してって言ってくれる？」ハグをしようと近づくと、祖母はぎこちなく両腕を回してきた。私が背を向けて帰ろうとしたとき、ドアが閉まる音が聞こえた。私は小道をくだり、階段を下りて正面まで戻った。そして自転車に乗って家路についた。つぎの日、私は新しい学校に向かった。父が電話をかけてくることはなかった。


　その日、私は、〈エセル・ウォーカー・スクール〉の新築の講堂で映画を観ていた。映写機の光が消え、部屋の明かりがついた。生徒たちが観にきたのは、『あの空に太陽が』（ラリー・ピアース監督、米日とも一九七五年公開）という映画だった。オリンピックのスキー選手が、スキー中の事故によって身体が麻痺してしまうというストーリーで、勇気をもらえる話だ。ところが、学校に送られてきたのはその映画ではなく、『真夜中の向こう側』（チャールズ・ジャロット監督、日本では一九七八年公開）だった。レイプのシーンもある、まったく違うタイプの映画だ。先生たちは対応策を求めてちょっとした混乱に陥り、生徒たちは滑稽《こっけい》きわまる話だと思っていた。

　同じ寮の生徒たちといっしょに座って、話したり笑ったりしていると、ダイアン・ダンという体育教師が人混みを押し分けてこちらに来るのが目に入った。ダンは、毎夏私が参加していたヨットキャンプのカウンセラーでもあったので、幼いころから知り合いだった。学校では「ミス・ダン」と呼ばれていたが、私には納得がいかなかった。キャンプでは、彼女は「ダン」、私は「トランプ」で、お互いにそう呼び合っていたからだ。この学校に入ろうと決めたのも、彼女によるところが大きい。ここに来てまだ二週間なので、私がよく知っている人間といえば彼女だけだった。

ダンが手を振り、私はにっこりして答えた。「こんにちは、ダン」

「トランプ、家に電話しなきゃ」。ダンはそう言った。手に紙を一枚持っているが、私に渡そうとはしない。動揺しているようだ。

「どうしたの？」

「お母さんに電話してちょうだい」

「いますぐ？」

「ええ。お母さんが家にいなければ、おじいさんかおばあさんに」。その言い方は、まるで台本を読んでいるようだった。

もう一〇時近くだ。こんな遅くに祖父母に電話したことはなかったが、過度な飲酒と喫煙を長年続けた父も、骨粗鬆症《こつそしょう》でよく骨折する祖母も、かなり頻繁に入院していたので、さほど心配はしなかった——というより、いつもより深刻だとは思っていなかったのだ。

寮は講堂の隣だったので、私は外に出て楕円形の芝生を横切り、自分の部屋のある三階まで階段を上った。部屋のすぐ隣の踊り場の壁に、公衆電話が据えつけられている。

私は母にコレクトコールをかけたが、応答がなかったので、「屋敷」にかけてみた。祖母が電話に出て、コレクトコール料金を引き受けてくれた。つまり、緊急事態にあるのは祖母ではないということだ。祖母はくぐもった声で短く「もしもし」とだけ言い、すぐに受話器を祖父に渡した。

「もしもし」。祖父はいつものように、きびきびとしたビジネスライクな口調だ。一瞬、何かの間違いだったのだろう、何もたいしたことはないのだろう、という気がした。だが、何か緊急事態が起きたからこそ、私は講堂を出てきたのではなかったか。それに、講堂で私を見つけたときのダンの目は、パニックに襲われ大きく見ひらかれていたではないか。あのとき、ダンがすでに知っていたに違いないと気づいたのは、ずいぶんあとになってからだ。

「何があったんですか？」私は尋ねた。

「きみのお母さんは、ついさっき『屋敷』を出た。あと数分で家に着くはずだ」。うす暗い書斎で、電話台のそばに立つ祖父の姿が思い浮かんだ。糊のきいた白いシャツに赤いタイを締め、ネイビーブルーの三つ揃えのスーツを着て、私との話を早く切り上げたがっている。

「でも、何か問題が？」

「きみのお父さんが病院に搬送された。だが、心配はない」。その言い方は、まるで天気予報を告げるかのようだった。

　そこで電話を切ってもよかった。新しい学校の、新しいクラスメイトたちのもとに戻り、みんなになじもうとしてもよかった。

「心臓が原因？」どんなかたちであっても祖父を問いつめるなど、あるまじき振る舞いだった。ドナルド以外、誰もそんなことはできない。だが、電話をかけろと言われたからには、何か理由があるに違いない。

「そうだ」

「じゃあ、深刻な状況なんですね」

「ああ、深刻といえるかもしれないが」。祖父は少し間をおいた。真実を告げるかどうか、決めかねていたのだろう。そしてようやく言った。「もう寝なさい。朝になったら、お母さんに電話をするといい」。祖父は電話を切った。

　私は受話器を握りしめたまま、踊り場に立ちつくした。どうしたらいいかわからない。上階のフロアでドアがばたんと閉まり、足音が近づいてくる。数人の生徒が私のそばを通り過ぎて、一階に向かった。私は受話器をいったん戻してまた上げると、もう一度母にかけてみた。

今回は、母が電話に出た。

「お母さん、さっきおじいちゃんと話して、お父さんが入院したって聞いたんだけど、どんな状況か教えてくれなかったの。大丈夫なの？」

「心臓発作を起こしたの」と母は言った。

母がそう言った瞬間から、時間の質がこれまでと変わってしまった。あるいは、私は覚えていないが、それはつぎの瞬間からだったのかもしれない。衝撃の影響は時間を逆行するものだ。いずれにしても母は話しつづけたが、私の耳にはひと言も入ってこなかった。話がとぎれることはなかったが、私にとっては会話は存在しないも同然だった。

「心臓発作を起こした？」私は最後に聞こえた母の言葉を繰り返した。そこだけは聞き逃してはいないとでもいうように。

「ええ、メアリー、お父さんは亡くなったの」。母は泣き出し、こう言った。「お父さんのこと、昔はほんとに愛してたのよ」

母は話しつづけたが、私は踊り場の壁にもたれた体をずるずると滑らせ、床に座りこんだ。そして受話器を落とし、コードにぶらさがった受話器をそのままほうっておいた。そして、ただそこで何かを待っていた。

一九八一年九月二六日の午後、祖父母のどちらかが救急車を呼んだ。当時の私は知らなかったが、父の病状はその三週間前から非常に悪かったのだ。だが、医者に診《み》せたのはそのときが初めてだった。

祖母はジャマイカ病院とブース記念病院医療センターに頻繁に通っていた。父も、ジャマイカ病院に何度か入院していた。祖父母の子どもたちは全員そこで生まれ、トランプ一家はこの病院のスタッフや経営陣と長年にわたってなじみがあった。祖父母はジャマイカ病院に何百万ドルも寄付していたからだ。一九七五年には、祖母の名を冠した〈トランプ・パビリオン（看護・リハビリテーション）〉が建てられたほどだ。ブース記念病院についていえば、祖母はその病院の救世軍のボランティア活動に熱心に参加していたし、重い喘息《ぜんそく》持ちだった私も、子ども時代のかなりの時期をそこで過ごした。どちらの病院であっても、電話を一本かけるだけで最高の治療が保証されたはずだ。だが、誰もそのどちらかに電話をかけなかった。そして救急車は父を、ジャマイカ地区のクイーンズ医療センターに運んだ。誰も付き添わなかった。

救急車が出発すると、祖父母はほかの四人の子どもたちに電話をかけた。だが、ドナルドとエリザベス（著者の叔母。ドナルドの姉）にしか連絡がつかなかった。その日の午後遅く、二人が「屋敷」にやってくるまでに、病院から連絡があり、父の容態が深刻であるとわかった。それでも、誰も病院に行かなかった。

ドナルドは私の母に電話をかけ、状況を知らせようとしたが、電話はずっと話し中だった。ドナルドはアパートの管理人に連絡し、母のインターホンを鳴らしてくれと言った。

母はすぐに「屋敷」に電話をかけた。

「医者によれば、フレディには回復の見込みがないらしいんだ、リンダ」とドナルドは母に告げた。母は、父が病気だったことすら知らなかった。

「『屋敷』にうかがってもいいかしら？　そうすれば、知らせがあったときに聞けるでしょう」。母は、独りになりたくなかったのだ。

まもなく、母が到着すると、祖父母は書斎の電話のそばに座っていた。ドナルドとエリザベスは映画を観に出かけていた。

母は祖父母といっしょに座っていたが、誰もほとんどしゃべらなかった。数時間後、ドナルドとエリザベスが戻ってきた。なんの知らせもないと聞くと、ドナルドは出ていき、エリザベスはお茶をいれて上階の自分の部屋に行った。母が帰る用意をしていると、電話が鳴った。病院からだ。父が死亡宣告を受けたのは、午後九時二〇分。四二歳だった。

学校にいる私を迎えにいこうとは誰も思ってくれなかったが、翌朝のバスで帰れることになった。ハートフォードにあるグレイハウンドの停車場まで、ダンが車で送ってくれた。私はそこからバスに乗り、マンハッタンのポート・オーソリティ・バスターミナルで降りた。母は車で私を拾い、兄といっしょに「屋敷」に向かった。一家はすでに朝食室に集《つど》い、葬式の段取りを話し合っていた。伯母のマリアンは息子のデイヴィッド・ジュニアを連れてきていた。叔父のロバートと妻のブレイン、三歳の息子ドンを連れたドナルドとイヴァナもいた。イヴァナは妊娠八カ月で、お腹のなかにはイヴァンカがいた。母や兄、私に声をかけてくる者はほとんどいなかった。ロバートだけは、何か優しい言葉をかけてくれようとしたものの、うまくいかずに言葉がとぎれた。祖父とマリアンが声をひそめて話している。祖母はお別れの会で何を着ようか悩んでいた。祖父に勧められた黒のパンツスーツが気に入らなかったのだ。

午後には、車で〈R・スタッツマン・アンド・サン〉に行った。クイーンズ・ヴィレッジにある小さな葬儀場で、「屋敷」から車で十分ほどだ。身内だけのお別れのためにすでに棺が置かれた部屋に入る前に、私はロバートに相談に乗ってほしいと頼んだ。廊下の隅まで引っ張っていって私は言った。「父の遺体を見たいんです」。単刀直入に話していけない理由はない。時間がないのだ。

「だめだよ、メアリー。無理だ」

「大事なことです」。宗教的な理由ではなかったし、それが正しい手続きだと思ったからでもない。私は一度も葬式に出たことがなく、手順については何も知らなかった。父の姿を見なければならないということだけはわかっていたが、その理由は説明できなかった。「父が死んだことが信じられないの。信じる理由がないの。病気だったことも知らなかったのに」などと、言えるだろうか？　私にはただ、「父を見ないといけないんです」としか言えなかった。

黙っていたロバートがやっと口を開いた。「だめだよ、かわい子ちゃん《ハニーバンチ》。お父さんは火葬される。遺体の準備もまだできていないんだ。いま見たら、お父さんの最後の思い出がひどいものになってしまうだろう」

「大丈夫です」。自分でも理解できないほど、必死だった。ロバートは私を見下ろすと、背中を向けて立ち去ろうとした。私はその前に立ちふさがった。「お願いです」

ロバートはじっと立ちつくしていたが、やがて廊下を歩きはじめて言った。「おいで。そろそろなかに入らないと」

月曜日、二回に分けて行われるお別れの会の合間に、一家は「屋敷」に戻って昼食をとった。その途中、ドナルドとイヴァナはスーパーに寄って冷製肉の大きな包みを買った。

そして、マリアンとエリザベスがその肉を朝食室のテーブルに並べた。静かな雰囲気のなか、それを食べる者もあれば、無視する者もあった。

食欲がなく、会話にも加わらなかった私は、朝食室を出て、小さいころによくやっていたように、「屋敷」のなかをうろついた。書斎の向かいにある裏階段に歩いていくと、電話を手にしたドナルドの姿が見えた。電話を終えたばかりなのか、これからかけるところだったのかはわからないが、廊下に立つ私に気づいたドナルドは受話器を置いた。二人とも何も言わなかった。ロングアイランドにある祖父母の〈ノースヒルズ・カントリークラブ〉で母の日を祝って以来、ドナルドには会っていなかった。祖母以外に涙を見せる者がいるとは思っていなかったが、ドナルドも、そしてとくに祖父は父の死をあまりに淡々と受けとめているように思えた。

「こんにちは、ドナルド叔父さん」

「どうしたんだ、かわい子ちゃん《ハニーバンチ》？」ときどき、叔父たちは私の名前を知らないんじゃないかと思ったものだ。

「お父さんは火葬されるんですよね？」私は何年も前から、それが父の望みだと知っていた。父は土葬を強く恐れ、母と結婚したあとすぐに、その話をしていたらしい。自分が死んだら火葬してほしいと偏執的なまでに主張していたせいで、私も一〇歳にもならないうちにそのことを知っていた。

「そうだよ」

「でも、そのあとは？　埋葬なんかされたりはしないですよね？」

ドナルドの表情に、ちらっといらだちが浮かんだ。明らかにこの話をしたくないのだ。

「されると思うよ」

「それじゃ意味ないじゃないですか？」

「きみのおじいちゃんがそう望んでいるんだ」。ドナルドは受話器を取った。私が動こうとしないのに気づくと、肩をすくめてダイヤルを回しはじめる。

私は背を向け、裏階段を上ろうとした。二階の長い廊下の突き当たりにある角部屋は、エリザベスの部屋だ。共同のバスルームをはさんだ反対側には、マリアンの部屋がある。ドナルドとロバートがいっしょに使う寝室には、青と金色の寝具とおそろいのカーテンがかかっていた。その隣にある、祖父母が使う主寝室ははるかに大きく、壁が鏡張りになった祖母の衣装室も付随していた。廊下の中ほどに、父の〝独房〟がある。ベッドはむきだしになっていて薄いマットレスが見えた。ベッド脇の小さなテーブルに、父のポータブルラジオがまだ置いてある。クローゼットの扉が開いていて、針金のハンガーに斜めにかかった数枚の白いボタンダウンシャツが見えた。これほど晴れた日でも、一つしかない窓からはほとんど光が差しこまない。影に包まれた部屋は、とても質素に見えた。なかに入ろうかとも思ったが、入ったところでその部屋には何もない。私は階段を降りた。

お別れの会の日は、ちょうど、ユダヤ教の正月のロシュ・ハシャナにあたっていたが、それでも、父の大学時代の友愛会《フラタニティ》の仲間たちがたくさん来てくれた。父の友人のスチュは、ジャマイカ病院で開かれたディナーパーティーやチャリティーイベントにも妻のジュディとともに頻繁に参加したことがあり、おそらく、親友のビリー・ドレイクを除けば、誰よりも私の家族のことを知っていたと思う。部屋の奥にぽつんと立つ祖父を見つけたスチュは、挨拶をしに歩みよった。握手をかわし、お悔やみを述べたあと、スチュはこう言った。「不動産の状況はあまりよくないようですね。ドナルドが大丈夫だといいんですが。ニュースでよく見かけますよ、銀行からかなりの金を借りているみたいですね」

フレッドは、亡き息子の友人に腕を回し、笑みを浮かべて言った。「スチュアート、ドナルドのことは心配ないよ。あいつはうまくやる」。ドナルドはその場にいなかった。

弔辞を読んだのは、私の兄だけだった(少なくとも、私の記憶には兄しか残っていない)。ルーズリーフの紙に書かれた弔辞は、おそらくフロリダ州オーランドからの機内で書かれたのであろう。兄はロリンズ大学の二年生だった。兄は父とともに過ごしたよき時代の思い出を語った。そのほとんどが、私が物心つく前のことだった。そして兄は、父の人生の根本を成していた事実を避けようとはしなかった。弔辞の途中で、父のことをトランプ家の〝厄介者《ブラック・シープ》〟だったと言ったのだ。参列者たちがはっと息を呑むのがわかった。私はそれに気づいて身を震わせた。ついに、真実が打ち明けられた。兄はずっと、私よりもはるかにうまく一家と折り合いをつけていた。その兄があえて本当のことを語った。私は兄の誠実さに感動し、同時に嫉妬を感じた。兄は私よりずっとたくさん、父とのいい思い出を持っているのだ。

お別れの会が終わりに近づくと、人々は列をつくって棺のそばを歩いた。足を止めて目を閉じ、両手を組んで、ふたたび歩きだす。クッションつきの低い台にひざまずく者もいた（おそらくその目的で置かれた台なのだろう）。

順番が来ると、叔母のエリザベスはこらえきれずにすすり泣きを始めた。その感情のほとばしりは、ほかの人たちの冷静な雰囲気のなかでは違和感があった。人々は驚きを抑えながら叔母のほうを見た。それでも誰一人として叔母に近づく者はない。叔母は両手を棺の上に置き、膝をついた。それから体を激しく震わせ、バランスを崩して床に倒れた。私は叔母が倒れるさまを見ていた。まるで、自分がどこにいるのか何をしているのかもわかっていないかのように横たわって、泣きつづけている。部屋の奥で祖父と話していたドナルドとロバートがやっと来たが、祖父は来なかった。

叔父たちがエリザベスを床から助けおこし、部屋から連れだした。エリザベスは二人にはさまれ、のろのろと歩いていく。

私はついに恐る恐る棺に近づいた。棺はありえないほど小さく、何かの手違いではないかと思えた。一八五センチもある父がこの箱に収まるはずがない。私は膝をつく台を無視し、自分の足で立っていた。頭を下げ、棺についた真ちゅうの留め金の一つに意識を集中させる。何も思いつかない。

「こんにちは、お父さん」。私はようやくささやいた。棺を見下ろしながら呆然と立っているうちに、自分が頭とは反対の端に立っているかもしれないと気がついた。私は、父の足に向かって話しかけようとしていたのか。恥ずかしくなった私は、一歩下がると、友人たちのもとに戻った。

教会での儀式は行われなかった。棺はそのまま火葬場に送られ、私たちは火葬場の隣のチャペルに少しのあいだだけ集まった。奇妙なほど日ざしをいっぱいに浴びた明るいチャペルでは、特定の宗派を名のらない聖職者が、父について何も知らなくて戸惑っていた。つまり、一家の誰も、まもなく彼が火葬場に送りだそうとする男について、少しも教えようとしなかったということだ。

チャペルでの一連の短い儀式が終わると、一家はミドルヴィレッジにあるオールフェイス墓地まで車で行くことにした。その墓地のトランプ家の区画に当時埋葬されていたのは、祖父の両親であるフリードリヒとエリザベスだけだった。のちに知ったことだが、チャペルでの葬儀までの二日間で、私の母と兄と私はそれぞれ一家の別の人物に向かって、父の遺灰を大西洋に撒《ま》いてほしいと頼んでいたのだ。

チャペルを去る前に、私は祖父をつかまえて最後の懇願をした。「おじいちゃん、お父さんの遺灰は埋めたくないんです」

「それを決めるのはおまえじゃない」

祖父は去ろうとしたが、私はその袖をつかんだ。これが最後のチャンスだ。「それは、お父さん自身が決めることでしょう？　お父さんが火葬を望んだのは埋められたくなかったからよ。お願い、遺灰をモントークに持っていかせて」

その地名を口に出した瞬間、私は決定的な過ちを犯したと気づいた。祖父の表情が変わった。祖父にとってモントークは、船や釣りといった、真剣な不動産ビジネスに集中できない原因だった父のうわついた趣味を思い出させる場所なのだ。

「モントークか」。祖父は笑みに近い表情で繰り返した。「それはありえないな。車に乗りなさい」

大理石と花崗岩の墓標に日ざしが照りつけるなか、祖父はもじゃもじゃの眉毛の下でライトブルーの目を細めてまぶしさを避けながら、祖父の両親の名が刻まれた墓石を一時的に取りはずして、私の父の名前と日付が新たに刻まれるのだと私に説明した。祖父はそう話しながら、田舎者を相手にする中古車のセールスマンのように両手を広げ、足の親指の付け根に体重をかけて、軽やかといってもいいしぐさで体をはずませた。

祖父は法に従ったうえで、自分の思うままに行動した。火葬のあと、父の遺灰は金属の箱に収められ、土のなかに埋められた。

一九八一年九月二九日付の父の死亡証明書には、自然死と書かれている。四二歳でそんなことがありえるのか、私は知らない。遺書はなかった。本や写真、古い七八回転レコード、予備役将校訓練課程（ＲＯＴＣ）や州兵のメダルなど、父の遺品があったのかどうかも知らない。兄は父のタイメックスの腕時計をもらった。私は何ももらえなかった。

成長するにつれ、「屋敷」は冷たくなるように感じられたが、父の死後初めての感謝祭には、さらに冷ややかに思えた。

食事会のあと、叔父のロバートがやって来て、私の肩に手を置いた。そしてベビーベッドに眠る、生まれたばかりのいとこのイヴァンカ（ドナルドの長女）を指さして、こう言ったのだ。「ごらん、ああやって続いていくんだよ」。叔父が言わんとすることはわかったが、まるでこんなふうに聞こえた。「古きは去り、新しきが来る」。だが少なくとも、ロバートは父の死を悼《いた》もうと努力してくれた。だが、フレッドとドナルドは、何も変わりはないかのように振る舞った。息子や兄が死んだというのに、いつものように、ニューヨークの政治や取引や女性に関する下卑《げび》た議論をしていたのだ。

クリスマス休暇で帰宅したフリッツと私は、祖父の弁護士の一人であり、マシュー・トスティ亡きあと母の担当弁護士になっていたアーウィン・ダーベンに会った。父の遺産の詳細を調べるためだ。父にかなり資産があったことに私は驚いた。一文無しとして死んだと思っていたからだ。だが、祖父と曾祖母が設定した信託基金があり、当時の私は知らなかったが、その一つは私の寄宿学校の費用に充てられていた。資産は私と兄で分割することになるが、私たちが三〇歳になるまでは委託される。信託財産を運用して長期的な利益を保護するよう任命されたのは、アーウィン・ダーベンと伯母のマリアン、叔父のドナルドとロバートだった。アーウィンが責任者であり、金銭的な疑問や問題、予想外の支出が生じたときに私たちが電話をかけたり会ったりする相手であったが、最終的な承認を行ってすべての小切手の連帯保証人となるのはドナルドだった。

机には書類の束が散らばっていた。その向こうに座るアーウィンは、私たちがサインすべき書類についての説明を始めた。いくらもたたないうちに、フリッツがさえぎった。

「メアリーとぼくはすでに話し合いました。まず確認しておきたいのは、母が十分な処遇を受けることです」

「もちろんですよ」とアーウィンは言った。それから二時間かけて、彼はすべての書類の内容を入念に説明した。父が残した遺産の正確な額ははっきりとはわからなかった。基金の仕組みは複雑で（少なくとも一六歳の私にとっては）、莫大な税金もかかるように思われた。それぞれの文書の意味を説明しおえるたびに、アーウィンはその紙を私たちに押しやり、サインを求めた。

それが終わると、質問はありませんか、とアーウィンは尋ねた。

「ありません」とフリッツが答えた。

私も質問はないと首を横に振った。アーウィンがそれまでに説明してきた内容は、何一つ理解できていなかったが。

第三部

偽りと欺き

第九章　脱出の才能

「メアリー・アン・トランプ、襲われる」。一九九一年、ハロウィンの翌日、ニューヨークのタブロイド紙には相変わらず無神経な一〇〇ポイントの活字が躍っていた。私は何が起こったかをすでに知ってはいたが、地下鉄へ向かう途中のニューススタンドでその見出しを見るのは不快だった。

だが、祖母はその事件で金品を奪われただけではすまなかった。食料品店の駐車場で買い物袋をロールス・ロイスに積み込もうとしていた祖母は、少年に財布をひったくられ、ものすごい力で頭を車にたたきつけられたので、脳内出血を起こして視覚と聴覚にダメージを受けた。体を地面にぶつけたときに骨盤の何カ所かにひびが入り、肋骨が数本折れた。もともと重度の骨粗鬆症《こつそしょう》だったので、状態はいっそう悪かった。ブース記念病院医療センターに運ばれたときの祖母は、予断を許さない危険な状態だった。

集中治療室から出て個室に移されたころには、祖母は目に見えて回復していったが、痛みが引くまでにさらに数週間を要した。祖母の食欲が戻りはじめると、私は祖母が欲しがるものはなんでも持っていった。ある日、病院に向かう途中で買ったバタースコッチのミルクセーキを祖母が飲んでいると、ドナルドがやってきた。

ドナルドは私たちに向かって「やあ」と言うと、祖母に軽くキスをした。「母さん、元気そうじゃないか」

「だいぶよくなってきたのよ」と私は言った。ドナルドはベッド脇の椅子に腰を下ろすと、ベッドの端に片足をのせた。

「メアリーが毎日見舞いに来てくれるの」。祖母は私に笑顔を向けた。するとドナルドがこちらを向いた。「時間があってうらやましいよ」

祖母を見ると、あきれた表情をしている。私は懸命に笑いをこらえた。

「で、あなたのほうはどうなの？」と祖母が尋ねる。

「そう言われてもな」。ドナルドはどこかいらだっているように見えた。

祖母はドナルドに子どもたちについて尋ね、さらにイヴァナ（ドナルドの前々妻）とのことで進展はないかと聞いた。ドナルドはあまりしゃべらなかった。明らかにうんざりした表情を浮かべ、一〇分もすると部屋を出ていった。祖母はドアのほうをちらりと見て、ドナルドがいなくなったことを確かめると言った。「誰かさんはご機嫌斜めなようね」

私は声を立てて笑いながら、言った。「ドナルド叔父さんも大変なのよ」。この一年のあいだ、ドナルドはたしかに大変だったのだ。お気に入りのアトランティック・シティのカジノ、〈トランプ・タージマハル〉はオープンしてからわずか一年あまりで破産法の適用を申請し、結婚生活も破綻していた。原因の一つはドナルドとマーラ・メイプルズ（ドナルドの前妻）との不倫が発覚したことだ。ほかにも、銀行から口座に制限がかけられていたことや、彼の二冊目の本『Surviving at the Top（トップでありつづけるために）』（未邦訳）のペーパーバック版が『The Art of Survival（生き残り術）』（未邦訳）というタイトルで出版されたのに、売れ行きが芳《かんば》しくなかったこと。いずれも自分が招いた結果であるにもかかわらず、彼は恥じるどころか、自分はひどい扱いを受けたと思っているようだった。

「しょうがないわね」と祖母は鼻で笑った。彼女はいまにも目まいを起こしそうに見えた。病院はもっと鎮痛剤の量を減らすべきなのだ。「あの子はいつもこうなの。こんなこと言うべきじゃないかもしれないけど、ドナルドがミリタリー・アカデミーに転入したとき、本当にほっとしたわ。あの子は誰の言うことも聞かなかったから。とくに私の言うことはね。ロバート（著者の叔父。ドナルドの弟）のこともいじめてたし。それにねえ、メアリー！　ドナルドはどうしようもなくだらしない子だったの。学校では『整理整頓メダル』を取ったことがあるのに、家に帰ってきたとたん、だらしなくなるのよ！」

「それで、おばあちゃんはどうしたの？」

「私に何ができたっていうんだい？　私の言うことなんて聞かない子だったのよ。おじいちゃんはそんなこと気にしなかったけどね」。祖母は首を横に振った。「あの子は悪いことをしたのに、おじいちゃんの罰を免れたこともあるのよ」

これには驚いた。祖父はしつけに厳しい人だと思ってきたからだ。「おじいちゃんらしくないわ」

そのころ、祖父は人工股関節置換手術のためマンハッタンにある特別外科病院《ホスピタル・フォー・スペシャル・サージェリー》に入院していた。祖父はそれまでにも一度だけその病院に入院していたことがある。一九八九年に、右耳の下の首にできた腫瘍を除去する手術をしたときだ。今回の祖父の股関節手術のタイミングが祖母の入院と偶然だったのか、祖母が回復しないと祖父の世話ができないので、祖母が入院してから祖父の手術の日取りが決まったのか、私にはわからなかった。祖父の精神状態はこのところあまりよくなくて、病院にいるあいだにも間違いなく悪化していた。深夜、祖父がボクサーショーツだけを身につけて病室を出ようとしたところを二、三回看護師に見つかっている。妻を探しに行くんだ、と祖父は言ったらしい。見つからなくてよかったと祖母は思っているようだった。

一九八〇年、〈グランド・ハイアット・ニューヨーク〉が新装オープンし、ドナルドは誰もが認める成功を収めた。その成功で勢いを得たドナルドは、さらに一九八三年、鳴り物入りでトランプタワーをオープンさせた。だがこのプロジェクトは、建設にかかわった不法就労者の不当労働疑惑から犯罪グループの関与疑惑にいたるまで、訴訟や論争まみれとなる。またドナルドは、トランプタワー建設のために〈ボンウィット・テラー〉（トランプタワーの建設場所に店を構えていた老舗デパート）を取り壊す際、その建物の正面に飾ってあった美しいアール・デコ様式の石灰岩のレリーフを破壊してしまった。彼は、歴史的に貴重なこれらの工芸品をメトロポリタン美術館に寄贈すると約束していたにもかかわらず、レリーフをきれいに取りはずすのに費用がかかり、建設も遅れるとわかったとたん、壊すよう命じたのだ。それで自分の信用と美術品の鑑識眼に傷がつきそうになると、肩をすくめて一笑に付し、専門家の査定より自分のほうがよくわかっていると言わんばかりに、「あんな彫刻に芸術的価値はない」と言い張った。「自分のほうがよく知っている」というドナルドのこの態度は、その後ますますゆるぎないものになっていった。ドナルドの知識基盤（とくに国政にかかわる分野で）が脆弱《ぜいじゃく》になるにつれ、その不安をごまかすように、「自分はなんでも知っている」という主張が増えていくのだ。これこそ、私たちがいま直面している問題なのである。

ドナルドが最初の二つのプロジェクトを比較的スムーズに手中に収め、その後も発展させることができたのは、デベロッパーや交渉人としてのフレッド（著者の祖父。ドナルドの父）の助言によるところが大きい。フレッドの人脈やコネ、同意、財力や知識、そして——おそらくこれが最も重要なのだが——ドナルドを支援しようとするフレッドの強い気持ち、それらがなければ、どのプロジェクトもうまくいかなかったはずだ。

それ以前から、ドナルドはフレッドの資金と人脈をもっぱら当てにしていた。もっとも、ドナルドはその事実をけっして認めようとはせず、人前では自分が成功したのは自らの財産と手腕によるものだと語っている。メディアもそれに口もはさまずに追従し、ドナルドがニュージャージー州でカジノを経営するという夢を追いかけはじめると、銀行もそれに乗った。一九七七年、財政状況の苦しい海辺のリゾート地を救うために、ニュージャージー州のアトランティック・シティでカジノが合法化された。フレッドの意見に少しでも耳を貸していれば、ドナルドがこの町に投資することはなかったはずだ。フレッドにしてみれば、マンハッタンには危険を冒すだけの価値はあるが、アトランティック・シティにはそんな価値はなかった。資金や助言を提供することはできても、カジノ業界に自分が頼りにできる政治力や知識はないというわけだ。だが、そのときにはすでにドナルドに対するフレッドの影響力は弱まっており、一九八二年、ドナルドはカジノのライセンスを申請した。

弟のドナルドが投資の機会を探し求めていたちょうどそのころ、一九七〇年代半ばからニュージャージー州で地方検事補をしている姉のマリアンは、ロイ・コーンに顔をつないでほしいとドナルドに頼んでいた。コーンは、まだ認可の下りていないエイズ治療薬アジドチミジンを入手できるほどレーガン政権に対して政治的な力を発揮していて、裁判官の任命に関しても大きな影響力を持っていた。当時、ニュージャージー地区連邦地方裁判所には空きが一つあり、マリアンはそのポストは自分にぴったりだと考えていた。一方ドナルドは、これから大々的にビジネスを展開しようと思っている州の法廷に身内がいるのも何かと役に立つかもしれないと思った。コーンが司法長官のエド・ミースに電話をかけると、マリアンは一九八三年九月に地方裁判所裁判官に指名され、一〇月には上院の承認を受けた。

ドナルドに対するフレッドの影響力がしだいに弱まっていったことは、ドナルドが事前調査もろくにしないまま三億ドル以上を投下してカジノ（のちに〈トランプ・キャッスル〉と呼ばれることになる）を購入していたことからもわかる。ハラーズ社との共同経営のカジノ〈トランプ・プラザ〉を購入してからわずか一年後の一九八五年のことだ。ドナルドにとって、よいものは多ければ多いほどよかった。アトランティック・シティは無限の可能性に満ちている、だからカジノは一つより二つ持っているほうがいい、とドナルドは信じていた。そのころには、ドナルドの投機のための負債額はすでに数十億ドルにのぼっていた（一九九〇年までに、彼の個人的な債務は九億七五〇〇万ドルにまでふくれあがった）。だが、それだけの負債がありながら、その同じ年には〈マール・ア・ラーゴ〉（フロリダ州パームビーチにあるドナルドの別荘兼ホテル）を八〇〇〇万ドルで購入している。また、一九八八年には二九〇〇万ドルでヨットを、一九八九年には三億六五〇〇万ドルでイースタン航空シャトルを購入。さらに、一九九〇年には三つ目となるカジノ〈トランプ・タージマハル〉の建設資金のために、七億ドル近いジャンク債を金利一四パーセントで発行しなければならなかった。つぎからつぎへと高い買い物をし、大胆な取引を重ねるさまは、急速に増えつづける負債とおぼつかなくなっているビジネスの手腕から、銀行をはじめとする関係者全員の目をそらさせるためのように見えたほどだ。

　当時のドナルドのお気に入りの配色は赤、黒、金だったので、アトランティック・シティの安っぽいけばけばしさが、ドナルドの目にはあぶく銭と同じぐらい魅力的に映ったに違いない。カジノでは常に店側が勝つのだから、やれば儲かることは間違いなかった。アトランティック・シティはフレッドの眼中にはまったくなかったが、その点もまたドナルドにとっては魅力を感じる部分だった。フレッドらによる巨額の資本投下はさておき、最終的にほかの事業体によって進められた〈グランド・ハイアット・ニューヨーク〉やトランプタワーの開発計画とは違って、カジノの経営は継続中のビジネスである。これはドナルドが父親に頼らずに成功した初めてのケースになったかもしれない。

こうしてドナルドは、自分のカジノという特大サイズのキャンバスを手に入れた。そのカジノをどういう場所にするかは、彼の思いのままだった。もし一つのカジノが利益を生むのであれば、カジノを二つ所有すればさらに儲かり、三つ持てばいっそう利益は増える。だが必然的に、ドナルドのカジノ同士は競合し、いつかは互いに利益を食い合うことになる。馬鹿げた話にも思えるが、ドナルドがこのように多いことはいいことだと考えたのには論理《ロジック》があった。それは彼が父親から受け継いだ論理《ロジック》だった。とはいえ、カジノを所有・経営することと、ブルックリンで賃貸不動産を所有・経営することは、ビジネスモデルから市場や顧客基盤や収支計算の方法にいたるまでまるで違う。ドナルドはそのことを理解していなかった。理解しようともしなかった。その明白な違いを見分けることができないドナルドは、アトランティック・シティでも「多いことはいいことだ」とたやすく信じてしまった。ニューヨークのマンハッタン以外の行政区でかつて祖父のフレッドがそう考えたように。「もし一つのカジノがカネを産む牛《キャッシュ・カウ》なら、カジノを三つ持てば牛の群れになるに違いない」。ドナルドがカジノの経営でやろうとしたのは、まさにフレッドが共同住宅の経営で行ったことだった。

こうした流れのなかで、どうしても説明がつかないことがある。ドナルドの最初の二つのカジノに出資した銀行や投資家たちが、最終的に自分たちの利益が減ると予想されていたにもかかわらず、三つ目のカジノを開くことにあまり強硬に反対しなかったという点だ。三店目のカジノへの投資に関心を持ってくれる投資家をドナルドが見つけられるとは思えない。帳簿、とりわけ債務元利未払金の欄に少しでも目を通していれば、どんなに向こう見ずな貸し手であっても手を引いたはずだ。しかし一九八〇年代後半、ドナルドにノーと言う者が一人もいなかったために、三つ目のカジノという先の見えないプロジェクトが現実のものになってしまった。これによって、事業を成功させる術も持たない男のうぬぼれがさらに助長されたのだ。

この年の八月、『Surviving at the Top』が出版された。だが、わずか数週間で、本の内容も出版のタイミングも話にならないほどお粗末な茶番だということが明らかになった。

一九九〇年六月、ドナルドは〈トランプ・キャッスル〉の四三〇〇万ドルの支払いができなくなる。六カ月後、祖父はお抱え運転手に三〇〇万ドル以上の現金を持たせ、〈トランプ・キャッスル〉のチップを買いに行かせた。祖父はギャンブルをするつもりはなかったようだ。運転手は購入したチップをブリーフケースに入れると、そのままカジノを出ていった。だが、それだけでは足りなかった。翌日、祖父はさらに一五万ドルを〈トランプ・キャッスル〉に振り込んだ。おそらくそのときも「チップ代」という名目だったはずだ。こうした行動は一時的には〈トランプ・キャッスル〉を救ったものの、結果的に祖父は三万ドルの罰金を支払うはめになる。無許可の財源がカジノに対して金を貸すのを禁じる賭博規制法に違反したためだ。ドナルドのカジノが操業を続けられるようにこれからも資金援助をするためには、祖父もニュージャージー州でカジノのライセンスを取らなければならなかった。だが、もう遅すぎた。ドナルドのカジノはアトランティック・シティの市場シェアの三〇パーセントを支配していたにもかかわらず、〈トランプ・タージマハル〉がほかの二つのカジノの足を引っ張っていた（〈トランプ・タージマハル〉が開業した年に、プラザとキャッスルからの収益から合計五八〇〇万ドルが〈トランプ・タージマハル〉に吸い取られている）。この三つの資産の年間負債額は九四〇〇万ドルに達し、〈トランプ・タージマハル〉だけでも採算をとるためには一日に一〇〇万ドル以上稼ぐ必要があった。

銀行は赤字に陥っていた。〈トランプ・タージマハル〉が開業してすぐに、債権者たちはミーティングを行い、ドナルドの出費を抑えて彼を管理しようとした。今後さらに支払いが滞る、もしくは破産する可能性が迫っていたので、ドナルドのイメージを守ることで自分たちの資産も守る解決策を見つけなければならない。銀行は、ドナルドの見せかけの成功や信用がなくなってしまうと、すでにトラブルを抱えているドナルドの資産がさらに価値を下げるのではないかと恐れていた。トランプの名は客を引き寄せる。そのブランドイメージがなければ、カジノにやってくる客が増えることはないだろう。テナントになろうとする者も社債を買おうとする者もいないだろう。そうなると収益など見込めなくなる。

銀行は、ドナルドに事業資金を前払いするとともに、一九九〇年五月には、口座からの出金を毎月四五万ドルに制限することでドナルドと合意に達した。年間にすると約五五〇万ドル。これは個人的な支出——トランプタワーにある三フロアを占めるペントハウス、プライベートジェット、〈マール・ア・ラーゴ〉のローンの支払い——のためだけの費用である。イメージを崩さないために、ドナルドはそうしたものを維持したまま生活を続ける必要があった。

ドナルドは銀行に監視されることになり、毎週金曜日には銀行家たちと会って、ヨットを売却したなどといった経済状況や支出額を報告することが義務づけられた。一九九〇年五月には、状況がどれほど切迫しているのかを隠せなくなった。銀行に「殺されそうだ」とドナルドはロバートに不平を言っているが、実のところ彼は、父親から与えられたことのないものを銀行から受け取っていた。ドナルドはこれまで首に縄をつけられたことはなかった。こんな短い縄となればなおさらだ。それが彼を痛めつけ、いらだたせた。ドナルドは法的には銀行に返済する義務があったし、その義務を怠れば相応の結果が待っていた。少なくとも、相応の結果が待っているはずだった。

このような制約が課せられたにもかかわらず、ドナルドは自分のものではないお金を使いつづけた。婚約者マーラの婚約指輪に二五万ドル、離婚する妻イヴァナには離婚調停の一部として一〇〇〇万ドル。ドナルドはこれまで、どのような状況であれ、欲しいものにお金が使えないことなど想像すらしなかっただろう。銀行はドナルドに契約に背かないよう忠告はしたが、とくにドナルドに対して具体的な措置を講じたわけではなかった。そのためドナルドは、自分がやりたいことはなんでもできるという確信をいっそう強めた。

これについてはドナルドだけを責めるわけにはいかない。アトランティック・シティでは、ドナルドは父親の同意や許可を得る必要はなく、もはや自己宣伝もしなくてよかった。ドナルドに数億ドルを投じた銀行と、惜しみない注目や根拠のない賞賛を与えたメディアによって、彼の自己評価は急激に高まっていたのだから。この二つが相まって、ドナルドには自分が置かれている状況がわからなくなっていた。私の祖父がつくりあげたドナルドの神話は、いまや世界的に知られつつあった。

だが、誰が広めたかに関係なく、それは神話にすぎない。ドナルドは、本質的にはフレッドの〝作品〟だったとはいえ、いまや銀行とメディアのものになっていた。彼は銀行とメディアに依存し、それらのおかげで自己を確立していた。それは、かつてドナルドがフレッドに依存してきたのと同じ構図だった。ドナルドには、カリスマ性ともいえる表面的な魅力があり、それがある種の人々を惹きつけた。だが、この魅力が通じないときは、今度は別の「ビジネス戦略」を展開する。かんしゃくをぶつけ、自分が欲するものをよこさない人間に対して「破産させる」とか「破滅させてやる」と言って脅すのだ。いずれにしても、勝つのはドナルドだった。

ドナルドの成功は、彼の実績に裏づけられていた。だがそこには、ある基本的な事実を無視した前提が潜んでいる。それは、当時もそれ以前も、ドナルドが自分の力で成しえた功績は何一つないということだ。それにもかかわらず、いまや解き放たれたドナルドのエゴは、家族だけでなく、彼が出会うすべての人に絶えず認めてもらわなければならなくなっていた。

ニューヨークのエリートたちは、ドナルドをクイーンズの宮廷の「道化師」としかみなしていなかったが、ドナルドを自分たちのパーティーに招待し、〈ル・クリュブ〉のような自分たちの行きつけの場所に出入りすることは許した。これによってドナルドの面子《めんつ》と尊大な自己イメージは守られることとなる。ニューヨーカーが見世物を望めば望むほど、メディアはそれに応じようとした。もっと重要で、もっと現実的な記事も書けたはずだが、彼らはそうしたことには触れなかった。ドナルドの込み入った銀行取引に関するわかりにくい記事で読者を退屈させる必要はない、というわけだ。手際のいい、巧妙なメディアの仕事によって、ドナルドはまさに自分が欲していたものを手に入れた。新聞や雑誌は彼のスキャンダラスな離婚、性的な武勇伝に注目し、絶えず書き立てた。メディアがそんなふうに現実を否定できるのだとしたら、ドナルドにそれができないはずがない。

私は寄宿学校を卒業後、奇跡的にタフツ大学に入学した。そして新入生の春学期にはそのレベルの高さについていけなくなったが、一九八九年に無事卒業した。その翌年、祖父が三一五万ドル相当のカジノのチップというささやかな買い物をする直前に、私はコロンビア大学の英語と比較文学の大学院課程に入学した。

大学院の学期が始まってから二カ月後、私のアパートメントに泥棒が入った。電子機器がすべて盗まれ、なかには学校生活に欠かせない電動タイプライターも含まれていた。そこで私はアーウィン（フレッドの会社の弁護士）に電話をかけ、お小遣いの前払いをしてほしいと頼むと、アーウィンから拒否された。彼が言うには、祖父は私が職に就くべきだと思っているとのことだった。

祖母を訪ねて事情を説明すると、祖母は小切手を切ってあげると言ってくれた。「大丈夫よ、おばあちゃん。ほんの数週間待てばいいんだから」

「メアリー」と祖母は私に呼びかけた。「お金をあげるって言われたときは、ありがたく受け取るものよ」。祖母が小切手を切ってくれたので、私はその週のうちにタイプライターを買うことができた。

それからまもなく、私はアーウィンから怒りの電話を受け取った。「あなたはおばあさまにお金の無心をしたんですか？」

「そうじゃなくて」と私は説明した。「祖母には泥棒に入られたと言ったのよ。そしたら小切手を切ってくれたの」

月末になるといつもそうするように、祖父は自分の個人用および事業用の口座から支払われた支払済み小切手と、祖母の口座から引き落とされた支払い済み小切手を調べたらしい。すると、祖母が私に振り出した小切手が見つかり、それが彼の怒りを買ったというわけだ。

「気をつけたほうがいいですよ」とアーウィンは警告した。「あなたのおじいさまは、あなたとの縁を切るとよくおっしゃっています」

数週間後、アーウィンからふたたび電話があった。祖父がまた激怒しているという。今度は私が小切手にしたサインが気に入らないという話だった。

「アーウィン、冗談でしょ？」

「冗談ではありません。トランプ氏は読みにくい字がお嫌いなんです」

「サインなんてそんなものよ」

彼はひと呼吸置いて、声の調子をやわらげた。「サインを変えなさい。メアリー、ルールに従ってゲームをするのです。トランプ氏はあなたのことをわがままな子だと思っています。三〇歳になったとき、あなたには何も残されていないかもしれないんですよ」。だが私には、彼がどうして「ゲーム」という言葉を使ったのかわからなかった。これは家族の問題であって、役所仕事ではないはずだ。

「悪いことなんて何もしてない。アイビーリーグで修士号を取ろうとしているだけよ」

「それが問題なんです」

「ドナルドはこのことを知ってるの？」

「ええ、もちろん」

「ドナルドは私の管財人なんだから、何か言ってくれそうなものだけど？」

「ドナルドが？」アーウィンは冷ややかに笑った。「何も聞いていません」

このとき、祖父はまだアルツハイマー病の診断は受けていなかったが、すでに認知症が始まっていたので、私はこの脅しをさほど真剣には受け取らなかった。とはいえ、一応サインは変えておいた。

私の家族はみな、「特別扱い」と「無視」という奇妙な組み合わせを経験してきた。お金で買えるものならなんでも持っていたし、プライベートスクールに通ったり、サマー・キャンプに行ったりするなどのぜいたくも許された。だが同時に、心の奥底に、こんな生活がずっと続くはずはないという不安も刷り込まれていた。さらに、祖父にとっては私たちが何をしようがどうでもいい、いやもっと悪いことに、そもそも私たちのことなんてどうでもいいんだ、ドナルドだけが大事なんだという思いがよぎり、ときには気が滅入ったり、ときには捨て鉢な気持ちになったりした。

ドナルドが「くだらない会社」とさんざんけなしてきたトランプ・マネジメント社だが、経営はかなり順調だった。フレッドは一九八八年から一九九三年のあいだに一億九〇〇〇万ドル以上の報酬を受け取り、銀行に数千万以上を持っていた。だが、表向きドナルドが経営していることになっているトランプ・オーガニゼーション社は、ますます深刻な経営難に陥っていた。

報酬が月額制になり（それでも家族四人が一〇年間快適に暮らせる金額だ）、銀行からは締め出しを食らい、追加の融資もついに断られる。ドナルドは、自分に起こっていることはなんであれ、景気や銀行から受けたひどい扱い、それに不運のせいだと信じていた。

ドナルドにとって、何もかもがフェアではなかった。これはフレッドを思い出させる。フレッドも怒りっぽく、自分の失敗に対して責任を取らない人間だった。他者に責任を転嫁し、責任逃れをするドナルドの性格は父親ゆずりのものだ。フレッドは何百万ドルという膨大な金額を投じたにもかかわらず、ドナルドの失敗を防ぐことはできなかった。だが、ドナルドのためにその身代わりを見つけてやることはできた。自分の失敗と判断ミスが悪い結果をもたらしたときに、フレッドがいつもそうしてきたように。スティープルチェースでの失敗をフレディのせいにしてフレディを非難したときのように。自分の失敗の責任を取る、すなわち失敗したことを認めるのは、フレッドには賞賛されない行為だった。長年フレディを見てきたドナルドは、そのことをよく知っていた。

一九六〇年代後半から七〇年代前半、フレッドはまだドナルドがどれだけ無能であるかを知らなかった可能性が高い。長男のフレディを犠牲にし、自分の築いた帝国の将来を託した息子の欠点を認めるなど不可能に近いことだったに違いない。フレッドにとっては、ドナルドの才能をブルックリンの水たまりで浪費させてはもったいない、大きな池を与えれば息子は活躍できるはずだと思うほうがずっと簡単だった。

〈コモドア・ホテル〉は、少しずつ〈グランド・ハイアット・ニューヨーク〉へと姿を変えていった。ドナルドは思いどおりに事を運ぼうと、その改装過程を巧みに操作し、改装の質を低下させていたが、成功という事実に目がくらんでいたフレッドはそのことには注意を払わなかった。そのうえフレッドは、これらのプロジェクトには彼自身の人脈、知識、技術が不可欠だったということを忘れていたようだ。ハイアットにしろトランプタワーにしろ、フレッドの功績がなければ日の目を見ることはなかっただろう。ドナルドが二つのプロジェクトを通じて多くの人の注目を集めたということに、フレッドですら目を奪われていた。ほかの誰かがこれらのプロジェクトを手がけていたら、マンハッタンでここまで騒がれることはなかったはずだ。

フレッドは最初から、ドナルドがどんなゲームをしているかを理解していた。そもそも、ドナルドにそのゲームのやり方を教えたのはフレッドなのだ。根回し、嘘、不正行為。フレッドにしてみれば、これらはすべてまっとうなビジネス戦略だった。父と息子の双方にとって最も効果的なゲームは、いかさまゲーム《シェルゲーム》だった。フレッドはプロジェクトを大量につくり出し、「戦後の大建築家」としての地位を固めつづけたが、その一方で、上前をはねたり、ときには大規模な脱税をしたりすることで、納税者の懐《ふところ》から出たお金で自分の財布を太らせてきた。彼の四人の子どもは数十年にわたってその恩恵を受けることになる。

一方ドナルドは、タブロイド紙のために提供しつづけた好色なゴシップ話に世間が夢中になっているあいだに成功者としての評判を確立したが、それは不良債権、不適切な投資、判断ミスにもとづいた成功でしかなかった。両者の違いは、フレッドのほうは不正直で不誠実ではあるものの、実際に収益を生むしっかりとした事業を経営していたが、ドナルドには空回りする能力と人々の幻想を支える父親のお金しかなかったことだ。

ドナルドがアトランティック・シティに移ると、郊外の区で中流階級向きの数十の賃貸不動産を経営するというありふれた単調なビジネスだけでなく、あらゆるビジネスに彼が向いていないことが明らかになった。ドナルドは、自己宣伝や自己権力の拡大、派手好きという自分の強みを生かしたビジネスにさえ向いていなかったのだ。

フレッドがドナルドの才能を自慢し、息子は自分よりはるかに成功したと言っていたとき、フレッドにはその言葉が何一つ真実ではないとわかっていたのではないだろうか。頭がよく計算にも強いフレッドが、ドナルドのビジネスを見てそう考えないはずがない。単純に採算が取れていないのだから。フレッドがそれでもドナルドを支えつづけたという事実は、裏で何か別のことが起こっていたことを示唆している。

フレッドはアトランティック・シティでの現実を素直に受け入れようとせず、息子と同じように、銀行や経済やカジノ産業を声高に非難した。フレッドはドナルドの成功という夢物語に多額の投資をしていた。だからこそこの親子は、ほどけないほど固い絆《きずな》で結ばれていたのだ。現実を受け止めることは、すなわち失敗の責任が自分にあると認めることであり、フレッドはそれをけっして認めなかった。フレッドはすべての投資にかかわった。冷静な人間なら途中でゲームから降りていただろうが、フレッドはむきになって賭け金を倍にしたのだ。

フレッドは、ドナルドがメディアをにぎわせるのを見ては大いに喜んだ。また、父と息子がさんざんこき下ろしてきた銀行のおかげで、尋常ではない損失を出しながらもドナルドの生活は守られた。さらに、アルツハイマー病との診断はまだ受けていなかったものの、病魔はゆっくりとフレッドに忍び寄り、ついにはフレッドの判断力を侵《おか》しはじめていた。すでに自分の最悪の息子を最高だと信じていたフレッドは、ドナルドの虚像と現実の見分けがますますつかなくなった。

例によってドナルドが得た教訓は、彼が以前から持っていた考えを裏づけるものだった。何が起ころうと、あとに残される損害がどれほど大きいものだろうと、自分は大丈夫。脱出できることがあらかじめわかっていれば、たとえ失敗しても、その失敗の物語にたいした意味はなくなる。失敗したときは大勝利したと主張せよ。そうすれば、恥知らずな誇張は過去にさかのぼって失敗を成功に変える。だから、たとえ変わるだけの能力があったとしても、ドナルドはけっして変わろうとしなかった。変わる必要などなかったからだ。その結果、深刻な失敗がつぎつぎに引き起こされ、私たち周囲の人間全員を巻き添えにしていった。

財政が逼迫《ひっぱく》し、破産の可能性が高まると、ようやくドナルドは自分の問題解決の方法、話をするか脅すかしてそこから脱するという方法に限界を感じはじめた。そこで、常に避難口を見つけることに長《た》けているドナルドは、父を裏切り、きょうだいたちから巨額の資金を盗むという計画を思いついたようだ。ドナルドはフレッドの会社に最も古くからいる弁護士のアーウィン・ダーベンと会計士のジャック・ミトニックの二人にこっそり近づき、フレッドの遺言書に補足条項を書き加えるよう求めた。フレッドの死後、その財産――これには彼の帝国とそのすべての不動産が含まれる――の管理は全面的にドナルドに委ねられる、という内容だ。この遺言書が有効になれば、マリアンとエリザベス（著者の叔母。ドナルドの姉）とロバートはドナルドに財布のひもを握られることになり、どんなに小さな取引においてもドナルドの許可が必要になる。

のちに祖母がマリアンに話したところによると、アーウィンとジャックが遺言補足書にフレッドの署名をもらおうと家に来たとき、二人はこの補足事項は初めからフレッドの意思であるかのように説明した。その日、意識がはっきりしていた祖父は、それが何か正確には指摘できないものの違和感を覚えたようで、怒って署名を拒否した。アーウィンとジャックが帰ってから、フレッドは心に引っかかっている不安を妻に伝えた。祖母はすぐに、いちばん上の娘に電話して、起こったことを精一杯説明した。つまり、祖母はこう言ったのだ。「なんというか、ちょっとにおうのよ」

マリアンは検察官としてのキャリアはあるものの、信託と土地建物には詳しくなかった。そこで、ニュージャージー州でも名の通った腕の立つ弁護士である夫ジョン・バリーに、誰か助けてくれそうな人物を推薦してくれるよう頼んでみた。ジョンは同僚の一人を紹介し、その同僚が状況を詳しく調べはじめた。ドナルドの悪だくみが発覚するのに時間はかからなかった。結果的にフレッドの遺言書は書き直され、一九八四年に作成されたものと置き換えられた。マリアン、ドナルド、ロバートが遺言執行人として指名され、加えて新たな基準が追記された。フレッドがドナルドに遺すものがなんであれ、ほかの三人の子どもたちにもそれと等価のものを与えなければならない、というものだ。

数年後、マリアンはつぎのように語っている。「私たちは無一文になっていたかもしれないのよ。エリザベスは道で物乞いをしていたかもしれない。一杯のコーヒーでさえ、ドナルドに頼まないと飲めないなんてことになっていたかもしれないわね」。ドナルドの悪だくみを未然に防ぐことができたのは「たまたま見つけられた」からだ。だが、きょうだいたちは、その後もまるで何事もなかったかのように、祝日になると顔を合わせている。

ドナルドの行動は、ある意味では当然の結果かもしれない。ドナルドはフレッドから「大事なのはおまえだけだ」と信じ込まされてきたのだから。これ以上ないものを与えられ、多額の投資もされてきた。マリアンとエリザベスとロバートは（そして祖母でさえ）不利益をこうむり、フレディは犠牲になった。ドナルドは心のなかで、一族の成功と評判は自分の肩にかかっていると思っていた。そう考えると、ドナルドがほかのきょうだいよりも多くの遺産を求めるどころか、遺産のすべてを手に入れようとしたこともうなずける。


あるとき、ワンルームマンションの窓辺に立ち、五九丁目橋のラッシュアワーの渋滞を見ていると、ドナルドがめずらしく飛行機から電話をよこした。

「タフツ大学の学生部長がおまえの書いた手紙を送ってきたよ」

「本当？　なんで？」

ドナルドが何を言っているのか気づくのにしばらくかかった。教わった先生の一人がテニュア（大学等における教職員の終身雇用資格）に応募していて、私は卒業する前にその先生を推薦する手紙を書いたのだ。四年前のことで、私はそんなことはすっかり忘れていた。

「手紙からは、おまえがタフツ大学をどれだけすばらしいところだと思っているか伝わってきたよ。募金について書いてあった」

「何よ。人の手紙を送りつけるなんて失礼ね」

「いやいや、すばらしい手紙だよ」

この会話がどこに向かっているのか、私には皆目見当がつかなかった。するとドナルドは突然、思いもよらないことを言い出した。「おれのつぎの本を書いてみないか？　出版社は書きはじめてほしいようだし、おまえにとっても絶好の機会じゃないか。きっと楽しいぞ」

「なんだかすごい話ね」と私は言った。にわかには信じられなかった。電話越しに飛行機がエンジンの回転速度を急に上げる音が聞こえ、ドナルドがどこにいるのか思い出した。

「それはそうと、どこに向かってるの？」

「ラスベガスから戻るところだ。明日ローナに電話しろ」。ローナ・グラフはトランプ・オーガニゼーション社でドナルドの上級秘書をしている。

「そうする。ありがとう、ドナルド」

後日、手紙を読み返してみると、ドナルドが私を雇おうとした理由がわかった。理由は私の書いた手紙が「すばらしかった」からではなく、私に「人をよく見せる」才能があるとわかったからだ。

数日後、私はトランプ・オーガニゼーション社の事務管理部門に自分の机を持っていた。広々とした空間には吊り天井、蛍光灯、壁一面を覆うスチール製の巨大なファイル・キャビネット。なんの変哲もない、どこにでもあるようなオフィスだ。アヴェニューZにあるトランプ・マネジメント社の実用的なオフィスと似ているところも多い。入り口の壁に備えつけられている金とガラスでできたショーケースのように、ドナルドの顔が表紙に載った雑誌が並べられたりはしていなかった。

最初の一週間は、同僚たちと親しくなったり、文書保管の方法を覚えたりするのに費やした（驚いたことに私の名前入りのファイルが一つあり、一枚の紙がはさんであった。高校三年生のときにドナルドに送った手書きの手紙だ。ローリング・ストーンズのコンサートのペアチケットを手に入れてほしいと頼んだのだが、うまくいかなかった）。私はほとんど一人で仕事をしていたが、質問があるときはいつも、副社長の一人で親切なアーニー・イーストが助けてくれた。アーニーは役に立ちそうな資料を教えてくれ、ときには役に立ちそうなファイルを私の机に置いてくれた。問題は、「The Art of the Comeback（敗者復活術）」という仮題から推測した大まかなテーマ以外、この本をどういう本にしようとしているのかよく知らなかったことだ。

ドナルドが出したほかの著書二冊はどちらも読んだことがなかったが、少しは知っていた。『トランプ自伝』には、私が知っているかぎり、真面目な不動産開発業者としてのドナルドが描かれていた。ゴーストライターのトニー・シュウォーツがいい仕事をしている（トニーはこの本にかかわったことをその後ずっと後悔しているようだが）。主題が理路整然としていてわかりやすく、あたかもドナルドが指針として実践しているビジネス哲学を実際に自分のものにしているかのような印象を与える。

『Surviving at the Top』（未邦訳）のほうは出版のタイミングも悪く売れなかった。だから今回、ドナルドは最初の作品のようなシリアス路線に戻してほしいのかもしれない。そう推測した私は、ドナルドが逆境にもほとんどめげず、いかにどん底から這い上がったのか、いかに勝利をつかんでそれまで以上の成功を収めたのかを説明することにした。そういう話を裏づける証拠はそれほど多くはなかった。ドナルドはまさに〈プラザホテル〉で四度目の破産申請をしようとしているところだったのだ。だが、やるしかなかった。

毎朝自分の机に向かう途中、私の取材に応じてくれる時間があることを願いつつ、ドナルドのところに立ち寄った。ドナルドがこれまで何をしてきたか、どんなふうにしてきたかを知るには、本人から直接話を聞くのがいちばんいいと思ったのだ。何より大事なのはドナルドのものの見方だ。彼の物語を彼自身の言葉で語ってほしかった。ドナルドはいつも電話をかけていて、私が座るとスピーカーをオンにしてくれた。私が知るかぎり、電話はほとんどビジネスの話ではなかった。電話の相手は、自分がスピーカーをオンにされているのにまったく気づいてないようで、ゴシップネタを探していたり、女性のことや新しく開店したクラブのことでドナルドの意見を求めたりしていた。ときおり、ドナルドは頼まれごとをされていた。ゴルフの話が出ることも多かった。相手がとんでもないおべっかや、好色な話やばかなことを口にすると、ドナルドはにやりと笑い、「馬鹿なやつ」とでも言うようにスピーカーを指さした。

電話をしていないときは、ドナルドは自分のために毎日集められた新聞の切り抜きを読みふけっていた。どの記事もドナルドについて取り上げたものか、少なくとも彼の名前が出てくるものだ。ドナルドはしょっちゅう私に記事を見せてきた。ほかの訪問者にもそうしていたに違いない。記事の中身に応じて、私の祖父が使っていたのと同じ、青のフレアのサインペンで何かを書きつけ、記者に戻すこともあった。書きおわると、切り抜きを持ち上げ、自分が書いた気が利いている（と本人が思っている）コメントに対して私の意見を求めた。調査の役に立ちそうなことは何一つ書かれていなかった。

ドナルドに雇われてから数週間が過ぎても、報酬の支払いはなかった。ドナルドにそう言うと、最初、私がなんの話をしているのかわからないというふりをした。そこで、少なくともパソコンやプリンターを買うのに前払い金が必要だと説明すると（大学院時代に祖母の援助で買った電動タイプライターをまだ使っていた）、それは出版社が解決すべき問題だとドナルドは言った。「ランダムハウスと交渉しろ」

あとになってわかったことだが、ドナルドの編集者は私が雇われたことなどまったく知らなかった。

ある夜、家でつまらない資料を繰りながら、なんとなく面白そうなものを選び出し、それらをどうやってつなぎ合わせようかと思案していると、ドナルドから電話がかかってきた。「ローナに資料を持たせるから、明日オフィスで受け取ってくれ。おれも本の題材について考えてきたんだ。なかなかいけるぞ」。ドナルドは興奮しているようだった。

私はようやく、断片をつなぎ合わせて一冊の本にする道を見出した。とはいえ、私にはまだドナルドが自分の「復活」についてどう考えているのかわからなかった。彼の経営手腕も、現在進行中の取引におけるドナルドの役割すらわかっていなかった。

翌日、約束どおりにローナから、タイプライターで打たれた一〇ページほどの紙が入った封筒を手渡された。私はそれを机に持っていって読みはじめた。だが、読みおえたとき、どう考えればいいのかよくわからなくなっていた。それは、明らかに、ドナルドがしゃべったことを録音してそれを起こしたもので、彼の「意識の流れ」（心理学用語で、個人の概念や心像のなかで刻々と移り変わっていく連続的な思考の流れ）の質を如実に表していた。なぜなら、それはかつてドナルドのデートの誘いに応じなかった女性たちへの中傷を書き連ねただけのものだったからだ。デートを断ったことで、彼女たちはいきなり、ドナルドが出会ったなかで最もブスで、最もデブで、最悪の女たちにされていた。なかでもとくにひどいのは、マドンナのチューインガムの噛み方が気にくわないとか、オリンピックで金メダルを二個獲得し、世界選手権でも四回優勝しているドイツの元フィギュアスケート選手、カタリナ・ヴィットの脚が太いとかいったものだ。

私はドナルドから話を聞くのをあきらめた。

ときどき、ドナルドは私の母のリンダについて尋ねてきた。感謝祭の直前に、イヴァナとロバートの妻ブレインが祖母に最後通牒を突きつけて以来四年間、ドナルドはリンダには会っていない。祝日に母が「屋敷」に行くとき、ほかの親族《ファミリー》は来なかった。みんな、義理のきょうだいではなくなったリンダが落ち込んでいるのを知っていて、「屋敷」でリンダと楽しいときを過ごすことができなくなったのだ。母は一九六二年からトランプ家の一員だった。両親が離婚したあとも、祖父が祝日の家族の集まりに母の出席を要求した理由が私にはまったくわからなかったが、母は常に出席していた。それから二五年以上たって、祖母はイヴァナとブレインを選んだ。その決断が私と兄にどんな影響を及ぼすかも考えずに。

ドナルドは私に言った。「おまえの母親を援助しつづけたのは間違いだったと思ってる。数年で援助を打ち切っていたほうがよかったかもしれない。経済的に自立しないといけなかったんだ」

生計が立たない人間を援助するなど、ドナルドや祖父にとっては理解できない考えだった。私の母は、フレッドとメアリー・アン（著者の祖母。ドナルドの母）の孫二人をほとんど誰の手も借りずに育て上げた。きわめて裕福な家族の長男の元妻でありながら、母はフレッドから何も受け取っていないし、ドナルドからも当然何も受け取っていない。それなのにこの二人は、ずっと私の母を援助してきたかのようなもの言いをする。

ドナルドはおそらく、自分が親切だと思っているのだろう。そんなドナルドも、かつては親切心を見せたこともあった。私の車がレッカー移動されたとき、一〇〇ドルくれたことをよく覚えている。父が死んだあと、祖母を別にすれば、ドナルドは一族《ファミリー》のなかで唯一、私を家族の一員とみなしてくれようとした。だが、ドナルドの親切心が発揮される機会はなく、フレッドがそれを奨励することもなかった。結果的に、彼の親切心は時間とともにゆがんでいき、いつしか私たちにはほとんど認識できないものになってしまった。当時は知らなかったが、私とドナルドが母のことでそのような会話をしていたころ、ドナルドはまだ銀行から毎月四五万ドルの制限をかけられていたのだ。

ある朝、私とドナルドが机をはさんで座り、私たちの〈マール・ア・ラーゴ〉への旅の詳細について話していると（ドナルドは、私がこのパームビーチの別荘を実際に見たら執筆に役立つと思っていた）、電話が鳴った。フィリップ・ジョンソンからだった。

電話で話しているあいだに突然いい考えが浮かんだようで、ドナルドは電話のスピーカーをオンにすると、「フィリップ！　姪と話してくれ。おれのつぎの本を書いてくれることになっているんだ。〈トランプ・タージマハル〉についていろいろ話してやってほしい」と言った。

私が自己紹介をすると、フィリップから「来週、コネティカットにある私の家に来ないか？　本について話そう」と持ちかけられた。

電話を終えるとドナルドは言った。「そいつはいい。フィリップはすごいやつだよ。〈トランプ・タージマハル〉の〝ポルタ・コ・シェア〟を設計してくれたんだ。あれはすごいぞ。あんなのほかにない」

フロリダへの旅の計画が決まると、私はオフィスを出て図書館へ向かった。フィリップ・ジョンソンなる者がいったい何者なのかまったくわからなかったし、〝ポルタ・コ・シェア〟などという言葉も聞いたことがない。

翌日、空港に向かうリムジンのなかで、ジョンソンと彼の家で会う手はずが整ったとドナルドに言った。図書館で調べたのだが、ジョンソンというのは有名な建築家で、自ら設計した〈ガラスの家〉と呼ばれる有名な邸宅に住んでいる。また、ジョンソンが〈トランプ・タージマハル〉のために設計し、ドナルドが「ポルタ・コ・シェア」と呼んでいるのは、車寄せ（ポルト・コシェア）のことだった。私にいわせれば、駐車場に毛が生えたようなものだということもわかった。ドナルドがそのプロジェクトにジョンソンを起用した理由もわかった。ジョンソンはただ有名なだけではない。ドナルドが目指す世界に属する人間だった。だがわからないのは、なぜジョンソンがわざわざ〈トランプ・タージマハル〉の車寄せを設計したのかということだ。ジョンソンにとっては、労力をかける価値のない、取るに足らないプロジェクトのように思える。

ドナルドは、車に乗り込んで一〇分もたたないうちに、ニューヨーク・ポスト紙を読みはじめた。それを見て、ドナルドが本についてはは何も話す気がないのだとわかった。ドナルドは出版社の人間に逐一細かな点まで管理されるのを嫌がるはずなので、出版社に何も相談しないで私を雇ったのではないかという疑いはすでに持っていた。また、本が売れた場合に莫大な報酬を手にするプロの作家より、出版社と契約を結んでおらずたいした報酬を払わなくてもいい姪を利用して、ごまかすほうがずっといいと思ったのだろう。だが、私たちはこれから二時間いっしょに飛行機に乗る。私は、機上でドナルドが話をしてくれることに期待した。

滑走路で待機していたジェット機の客室に乗り込むと、ドナルドが両腕を広げて尋ねた。

「どうだ?」

「すごいわ、ドナルド」。ドナルドの扱いは心得ていた。

ジェット機が巡航高度に達すると、私たちはシートベルトをはずした。ボディーガードの一人がやってきてドナルドの脇にダイエット・コークのグラスを置き、大量の郵便物の山を手渡した。ドナルドはつぎからつぎへと開封し、中身に数秒間目を通すと床に投げ捨てた。大量に郵便物の山が築かれると、さっきの男がふたたび現れ、紙くずを拾ってごみ箱に捨てた。これが何度も何度も繰り返される。その光景を見なくてすむように、私は別の座席に移動した。

〈マール・ア・ラーゴ〉の玄関に車を止めると、スタッフに出迎えられた。ドナルドが執事とともに奥に入っていったので、私はそこにいる人たちに自己紹介した。寝室が五八もあるこの豪華な大邸宅には、金でメッキされたバスルームが三三あり、一八〇〇平方フィート（約一六七平方メートル）のリビングルームの天井は高さ四二フィート（約一三メートル）もある。予想したとおり、派手でけばけばしくて居心地がよくなかった。

その夜の夕食は、私とドナルドとマーラだけだった。マーラとは以前何度か顔を合わせたことはあるが、一対一で会ったことはなかった。親しみやすい性格で、ドナルドはいっしょにいるとリラックスできるようだ。マーラは私と二つしか年が離れておらず、イヴァナとはまったく性格が違った。マーラが堅実な性格で穏やかな話し方をするのに対して、イヴァナは派手で傲慢《ごうまん》で意地が悪かった。

翌日は、午前中をかけて敷地内を見てまわった。ほかにゲストはいなかったので、どこもかしこもがらんとしていて奇妙な静けさに包まれていた。私は、何か面白い話が聞けないかと思って執事に話しかけ、そこで働いているほかのスタッフの何人かと知り合いになり、午後一時に予定されていたランチの前にすばやくひと泳ぎした。〈マール・ア・ラーゴ〉はひどくよそよそしいところだったが、同時に私たち一族のいつもの集まりの場よりもずっと堅苦しくない場所でもあった。だから私は、パティオでのランチに水着と短パンで向かった。

ゴルフウェアのドナルドは、私が近づいていくと顔を上げ、初めて私のことをちゃんと見たとでも言わんばかりにまじまじと眺めてきた。「こいつはすごい。ナイスバディだ、メアリー」

「ドナルド！」マーラが大げさに驚いてみせ、ドナルドの腕を軽くはたいた。

私も二九歳なのでその程度のことで騒ぐつもりはないが、このときばかりは顔が赤くなり、突然恥ずかしくなった。とっさにタオルを取り、肩にかけた。そういえば、両親と兄を別にすれば家族の誰にも水着姿を見せたことはない。本の執筆にとっては残念なことだが、パームビーチ滞在中に起きた面白い出来事はこれだけだった。

ニューヨークに戻ると、本のために私がいろいろ話を聞き出そうとすることにドナルドはついにうんざりしたようで、私に一枚のリストを手渡した。「こいつらに話を聞いてくれ」。そのなかには、ドナルドのカジノ会社の社長やマリアンの夫のジョン・バリーも含まれていた。このリストが役に立つこともあるだろうが、それでも本人からじかになんの情報も得ずに本を書くなど不可能に近い。ドナルドにはそのことがわからないようだった。

私はカジノ会社の社長全員と会った。驚くほどのことではないが、その回答の多くはあらかじめ準備されたもので、混乱と機能不全の真っただなかにあるボスの会社で起きていることについて悪口を言うつもりはないようだった。とはいえ、この訪問がまったくの時間の無駄だったわけではない。これまでカジノに行ったことなどなかったので、少なくともそういう場所の雰囲気を知ることはできた。

ジョン・バリーとの面会にいたっては、アトランティック・シティへの訪問よりもさらに得るものが少なかった。

「ドナルドについて話してもらえますか?」と私は彼に言った。

ジョンは何がなんだかわからないといった顔をしていた。

ある日、ドナルドからとうとう、編集者が私に会いたがっていると言われた。ランチがセッティングされ、私はレストランに向かった。編集者とはこれからの進め方について話し合おうと考えていた。そのレストランはミッドタウンにある〝人気〟の高級店で、私たちはキッチン近くの窮屈なテーブルに座った。

挨拶らしい挨拶もなく、編集者が私に言った。「ランダムハウスは、ドナルドにもっと経験豊富な人物を雇ってもらいたいと考えています」

「ここしばらく、この仕事に必死に取り組んできたんです」と私は言った。「それに、少しですが進展もあります。問題はドナルドがなかなか取材に応じてくれないことですが」

「初めてピアノの前に座った人間にモーツァルトの協奏曲が演奏できると思いますか?」

と編集者は言った。まるで、私が昨日アルファベットを習ったばかりとでも言うように。

「ドナルドは、私が書いたものを気に入っていると言いました」と私は言った。

編集者は自分の主張の正しさが証明されたかのように私を見た。「ドナルドはあなたの書いたものなんて読んでいませんよ」

翌日オフィスに立ち寄り、後任者に役立ちそうなものを引き継げるよう机の上を片付けた。私は動揺していなかった。ドナルドがほかの誰かに頼んで私をクビにしたことさえ気にしていなかった。プロジェクトは行き詰まっていた。加えて、ドナルドのオフィスにいたにもかかわらず、私はいまだにドナルドが実際に何をしているのかさっぱりわからなかったのだから。

第一〇章　日没は一度にはやって来ない

私たちは、数年前に〈マール・ア・ラーゴ〉でドナルドやマーラ（ドナルドの前妻）といっしょにランチを取ったのと同じテーブルに座っていた。私たち一族はイースターを過ごそうとこの別荘に来ていたのだ。祖父が祖母のほうを向いて私を指さし、にっこりと笑って尋ねた。「どこのべっぴんさん《ナイスレディ》だい？」

祖父は私のほうを向いた。「あんた、べっぴんさん《ナイスレディ》だね」

「ありがとう、おじいちゃん」と私は言った。

祖母が動揺しているように見えたので、私は、「大丈夫よ」と言って彼女を安心させた。このところ、数十年来の知り合いたちが祖父の記憶から消されていくのを見てきた。いちばん若い孫。お抱え運転手。祖父が私につけた新しいニックネームは「べっぴんさん《ナイスレディ》」。そして、死の床に臥《ふ》すまで私のことをそう呼んだ。優しく親切そうな口調で。私のことが誰だかわからなくなってからの祖父は、とても優しかった。

「父さん、こっちこっち」。ロバート（著者の叔父。ドナルドの弟）が祖父のほうに一歩歩み寄ったが、フレッドは動かなかった。祖父母のために催された会に集まった大勢の人たちを見回した祖父の目はどんよりと曇り、完全なパニック状態で、ここに集まった人間が誰なのか、自分がここで何をしているのかが突然わからなくなったかのように見えた。これまで私が見てきた祖父の表情には、軽蔑、いらだち、怒り、愉悦、自己満足といった感情しか浮かんでいなかった。そのため、彼が見せた「恐れ」の表情は新鮮であると同時に不安を感じさせるものだった。これまでにも、祖父がまったく落ち着きなく見えたことが一度だけある。ドナルドがフレッドをゴルフに連れて行ったときのことだ。ドナルドはゴルフに途方もない時間を費やしていた。娯楽など必要がないと思っているフレッドだが、ゴルフにだけは一度も不満を言ったことがない。二人がゴルフから戻って来たとき私は「屋敷」にいたが、祖父のことが誰だかほとんどわからなかった。二人ともゴルフウェアを着ていて、祖父はライトブルーのズボンに白のカーディガン、それに合った白のゴルフシューズを履いていた。フレッドがスーツ以外の服を着ているのを見たのはこれが初めてだった。私はそれまで、こんなに落ち着かない様子で人目を気にしているフレッドを見たことがなかった。

その後まもなく、祖父は物を置き忘れたり、話をしていて言葉が出てこなかったりということが増え、やがてよく知っていた人の顔まで忘れるようになった。祖父がどれだけ長くその人のことを覚えているかによって、彼にとってのその人の価値を測ることができる。祖父が父のことを覚えているかどうか私にはわからない。父が死んだあと、祖父が父について話すのを一度も聞いたことがなかったのだから。

マリアン（著者の伯母。ドナルドの姉）は、そのころ臨床心理医になっていた私のいとこのデイヴィッドのところに祖父を連れていき、精神分析や診察を受けさせた。デイヴィッドは祖父の記憶のなかに自分を定着させようと懸命に努力したが、まもなく祖父はデイヴィッドのことを単に「医者」と呼ぶようになった。

私は祖父とマリアンといっしょに〈マール・ア・ラーゴ〉のプールサイドにいた。祖父は私を指さしてマリアンに言った。「べっぴんさん《ナイスレディ》じゃないか」。祖父が私にそのあだ名をつけてから一年ほどたっていた。

「そうね」。マリアンは力なく笑った。

祖父はマリアンをしげしげと見てから、思いついたようにこう尋ねた。「ところで、きみは誰だ？」

マリアンは誰かにひっぱたかれたように涙を浮かべた。「お父さん」とマリアンは優しく言った。「マリアンよ」

「そうか。マリアンか」。祖父はにこやかに言ったが、その名前はもう、祖父にとってなんの意味も持たなかった。

だが祖父は、ドナルドのことだけはけっして忘れなかった。


一九九一年の祖父の入院中、ロバートは雲行きの怪しい〈トランプ・キャッスル〉(例の三一五万ドルのチップ購入事件のあったカジノ)の代表の座を去り、トランプ・マネジメント社で祖父の代理を務めるようになっていた。ロバートにとっては願ったりかなったりの役職で、彼はその座を離れようとしなかった。フレッドの生きている子どもであるというだけでもらえる年間何百万ドルに加えて、努力もスキルもほとんど必要としない仕事で年間五〇万ドルもらえることになったのだから。これはかつて祖父がフレディに、ついでドナルドにあてがおうとして、二人がそれぞれのやり方で拒んだポジションである。

当時、フレッドはまだ毎日オフィスに顔を出していて、帰宅する時間になるまで机に向かって座っていた。しかし実質的にはロバートが、十分に油を差した自律機械、つまりロバートが言うところの「カネを産む牛《キャッシュ・カウ》」を任されていた。

祖父にとってその日は大変な一日だった。私たち親族の多くが書斎に集まっているとき、祖父が階下に下りてきた。口ひげと眉が染められたばかりで、かつらはずれていたものの、一分の隙もなく三つ揃えのスーツを着こなしていた。

口ひげや眉毛を染めたり、かつらをつけたりというのは最近祖父が始めたことだ。祖父は常に外見を気にしていて生え際の後退を嘆いていた。いまや髪の毛がふさふさになった祖父はちょっぴりむさくるしく見える。かつらについては誰も何も言わなかったが、毛染めについては家族を困惑させた。人前に出るときにはなおさらだった。祖父は安いドラッグストアの染料を長い時間塗りっぱなしにし、眉毛と口ひげを変な赤色に染めるのだ。祖父は書斎に入ってきたとき、明らかに自分の姿に満足していた。「フレッド、ああ、なんてこと」と祖母は言った。

「くそ親父！」とドナルドが悪態をついた。

「なんてこった」とロバートが小声で言った。

マリアンは祖父の腕をつかんで言った。「ねえお父さん、もうそんなことはやめて」

私が書斎に入ったとき、祖父はソファのわきに立っていた。

「やあ」。祖父が私に言った。

「おじいちゃん、ご機嫌いかが？」

祖父は私を見ると財布に手を伸ばした。紙幣でパンパンにふくれあがっている。その財布を見るたびに、よくこんな財布がポケットに入るものだと感心させられてきた。私はふと、祖父が札入れと同じ大きさの半裸の女性の写真を財布のなかに忍ばせていて、それを私に見せようとしているのではないかと心配になった。一二歳のときにそんなことがあったからだ。

あの日、祖父は「ほら、見てみろ」と言って財布から写真を抜き出した。一八歳以上には見えない、いやそれどころかもっとずっと若いかもしれない厚化粧の女がカメラに向かって無邪気に笑いかけ、あらわになった乳房を両手で持ち上げていた。ドナルドが祖父の肩越しにのぞいていた。私はなんと言ったらいいのかわからなかったので、助け舟を求めてドナルドを見たが、ドナルドは写真を見てにやにやしているだけだった。

「どうだ？」と祖父は含み笑いをしながら言った。私は祖父の笑い声を聞いたことがなかった。いままで一度だって声を出して笑ったことがないのだろう。祖父は楽しいときにはたいてい「ハッ！」と言ってから鼻で笑っていた。

だが今回は、写真の代わりに一〇〇ドル札を取り出して言った。「おまえの髪をこれで買えないか？」

それは私が子どものころ、祖父に会うたびに言われていた言葉だった。私は笑って返した。「ごめんね、おじいちゃん。髪の毛は売れないわ」

エリザベス（著者の叔母。ドナルドの姉）が片手に小さな箱を持ってこちらにやってきた。そして祖父の腕に腕をからませて、そのまま寄り添った。だが祖父は、ぼんやりと前を見てから自分の腕を抜いて、部屋を出ていった。

その直後、ドナルドが自分の子どもたちとロバートの義理の息子を連れてやってきた。エリックを除いて全員がティーンエイジャーで、男の子たちは背が高くぽっちゃりしていて、みんなスーツを着ている。ドナルドがテレビ脇の椅子に座り、娘のイヴァンカが彼の膝の上に乗った。男の子たちはプロレスごっこを始めた。ドナルドはその様子を座ったまま見物しながら、イヴァンカにキスしたり頬をつねったりしている。そしてときどき片足を出しては床で動けなくなっている男の子を蹴っていた。子どもたちが小さいころ、ドナルドは子どもたちとプロレスごっこをして遊んでいた。たいていはドナルドが子どもたちを持ち上げては投げ、降参するまでその上に乗って膝で押さえつけるというものだ。子どもたちが大きくなって本気でやり返すようになると、そういうこともなくなった。

エリザベスと私はそこから離れて、できるだけ安全な場所にいた。そのとき、彼女は私に箱を差し出して言った。「これはあなたのよ」

私たちはクリスマス以外でプレゼントを交換したことはなかったが、興味をそそられたので、箱を受け取ってなかを開けた。ヴィンテージもののタイメックスの腕時計が入っていた。ステンレス製で、小さくてシンプルな文字盤とオリーブグリーンのバンドがついている。

「クリスマスに誰かがあなたにプレゼントしたものよ」とエリザベスが言った。「そのときあなたはまだ一〇歳だったから、こんなにいいものを持つにはまだ早いと思って、私が預かってたの」。エリザベスは部屋を出て、父親を探しに行った。

少したったころ、朝食室にはドナルドとロバートの姿があった。二人とも下を向き、肩を寄せ合って何やら話していた。そばでは祖父が二人の話を聞こうとほとんどつま先立ちになって身を乗り出している。

フレッドが言った。「おい、ドナルド、ドナルド」。ドナルドが黙っていると、祖父はドナルドの袖を引っ張った。

「なんだよ、父さん?」と、振り返りもせずドナルドが言った。

「見ろよ」。フレッドが雑誌から破り取ったページを見せた。家にあるのと似たリムジンの広告だ。

「これがなんだって?」

「これ買えないか?」

ドナルドがそのページを受け取り、ロバートに手渡すと、ロバートはそれを半分に折ってテーブルに放り投げた。

「はいはい、父さん」とロバートが言った。ドナルドは部屋を出ていった。かつて父親とどんな絆《きずな》があったとしても、フレッドの息子たちは父親が思っていることや望んでいることを気にかけるふりはやめたのだとわかった。これまで父親の目的のために働いてきたドナルドが、いまは父親のことを馬鹿にしているように扱った。父親の精神機能の衰えは本人の責任だ、と言わんばかりに。それはフレッドがアルコール依存症を抱えた自分の長男に対して取った態度と同じだった。だからドナルドがそのような態度を取ったとしても驚くにはあたらない。だが、このようなあからさまに軽蔑的な態度を目撃するのはけっして気持ちのいいものではない。当時、私の知るかぎり、ドナルドは祖父のお気に入りであったばかりでなく、祖父に好かれた唯一の子どもだった。たしかに祖父は残酷な人間だったのかもしれない。だが、その残酷さを誰よりも向けられたのは私の父だった。残念ながら、父はそうされてもしかたがなかったのだろう。ずっと昔、祖母が病気のあいだ、子どもたちにとってどれだけ孤独で恐ろしい生活が「屋敷」を支配していたのか私にはわからない。祖母が長く家を空《あ》けているあいだ、祖父が子どもたちのことを気にもかけなかったことや、実はドナルドがそのようなネグレクトに対してとくに傷つきやすかったということも知らなかった。私の父が、成功したいと心の底から願ってフレッドと同じ世界に飛び込んでいったにもかかわらず、フレッドは父を仕込もうとも支援しようともしなかった。フレッドが本当に認めていたのはドナルドだけで、ドナルドが役立つ年齢になるまで待っていたのだ。

一九九四年、私はアッパーイーストサイドのアパートメントからガーデンシティへと引っ越した。「屋敷」から車でほんの一五分ほど行ったロングアイランドにある町だ。私はよく真っ赤なロールスロイス（数年前に祖父が祖母の誕生日プレゼントに買ったものだ）に祖母を乗せ、彼女のひ孫、つまり私の兄の娘と息子に会いに行った。大きくて軽いウォールナットのハンドルの向こうには、地球の丸さを実感できるような景色が広がっていた。四五分のドライブのあいだ、祖母とはおしゃべりを楽しむこともあったが、たいてい祖母は不機嫌に黙りこんでいた。そんな日にはドライブが果てしなく続くように思えた。祖母はときどき、ケーキを焼いたわけでもないのにバニラのにおいをぷんぷんさせていた。また、横目でちらりと見ると、バッグをまさぐってから何かを口に放りこんでいたこともあった。

たいてい私たちは書斎に座っておしゃべりをした。マリアンが毎日、様子見の電話をかけてくるが、私はその場に居合わせたことも多かった。電話に出たあと、祖母は受話器を手で押さえて私に「マリアンからよ」と言い、それから娘に向かって「誰といっしょだと思う？　メアリーよ」と言うのだ。ここで祖母はちょっと間を空ける。たぶんマリアンから「よろしく言ってね」と言われるのを待っていたのだろうが、マリアンからそういう言葉が届いたことはない。

ときどき、私たちは地元のレストランで食事をした。祖母のお気に入りの一つは〈スライ・フォックス・イン〉といって、祖母が強盗に襲われた食料品店の駐車場の向かいにある地味なパブだ。私たちは父の話をあまりしなかったが、ある日、ふと昔懐かしい気持ちになったのか、祖母は、父と親友のビリー・ドレイクが昔よく起こしたトラブルのことや、そのことでどれほど大笑いしたかを話してくれた。ウェイターが私たちのお皿を下げに来たとたんに、祖母は静かになった。お勘定はと聞かれても、祖母はぼーっと黙ったまま答えなかったので、私がうなずいた。

「メアリー、あの子はひどい病気だった」

「そうね」。父のアルコール依存症のことを言っているのだろう。

「私にはどうすればいいのかわからなかった」

祖母がいまにも泣き出しそうに見えたので、そんなことを言っても無駄だと思いつつも彼女をなぐさめた。「もういいのよ、おばあちゃん」

祖母は大きく息を吸って吐いた。「最後の数週間、あの子はベッドから出られなかった」

「ねえ、私が会いに行った日――」

私が口を開いたとき、ウェイターが勘定書を持ってきた。

「お父さんは医者に行かなかったの？」と私は尋ねてみた。「だって、それくらいひどかったんでしょう？」

「あなたが来ると聞いたとき、あの子はとても気分が悪いと言っていたわ」

私は祖母が何か言うのを待っていたが、祖母はバッグを開けた。ランチの支払いはいつも祖母がしてくれた。私は無言で祖母を家まで送り届けた。

一九八七年、大学三年生のとき、私はドイツで過ごした。親戚はいなかったが、祖父の両親が生まれた国だから祖父を喜ばせられるかもしれないと思ったのだ（そうはならなかったが）。私はクリスマスには戻るつもりで、祖父母のところに電話をかけて、クリスマスにそっちに泊まってもいいかと聞いてみた。

寮の廊下の公衆電話の前で五マルク硬貨を一握り手に持ち、「屋敷」に電話した。「もしもし、おじいちゃん？　メアリーよ」。祖父が電話に出ると私は言った。

「なんだ？」祖父が答えた。

私は電話をかけた理由を説明した。

「どうしてお母さんのところに泊まらないんだ？」と祖父が尋ねた。

「猫アレルギーなの。ぜんそくの発作が起きたら嫌だし」

「なら、お母さんに言って猫を飼うのをやめてもらいなさい」

当時は祖父に「べっぴんさん《ナイスレディ》」と言ってもらうことなど考えられなかった。

祖父フレッドとの生活が祖母にとっていかに困難なものになっていたか、私はこの目で見ることになった。祖父の奇妙な行動は、祖母の小切手帳を隠すなどといった小さなことから始まった。祖母がそのことで文句を言うと、祖父は「おれを破産させるつもりか」と言って祖母を責め立てた。祖母が説得しようとすると、祖父は烈火のごとく怒り出し、彼女を動揺させ不安にさせた。また祖父は、絶えずお金の心配をするようになり、自分の財産がなくなるのではないかと脅えはじめた。祖父はこれまでの人生で一日たりとも貧乏になったことはないのに、もうそのことしか考えられなくなり、一文無しになるかもしれないという思いにさいなまれるようになった。

祖父の気持ちはやがて落ち着くが、彼の奇妙な行動は続き、祖母の頭痛の種は尽きなかった。夜に仕事から戻ると祖父は二階に上がって服を着替え、洗い立てのドレスシャツとネクタイをつけ、ズボンははかず、ボクサーパンツと靴下、ドレスシューズという格好で下りてくるようになったのだ。「みんな調子はどう？　オーケー？　オーケー。お休み、お嬢さん」。そう言ったかと思うとまた二階へ上がり、数分後にはまた下りてくる。

ある晩、祖母と私が書斎に座っていると、祖父がやって来て尋ねた。「よう、お嬢さん。今日の晩飯はなんだい？」

祖母が答えると祖父は出ていった。だが、少しするとまた戻ってくる――「今日の晩飯はなんだい？」――祖母がもう一度答える。祖父は出ていき、戻ってくる。これが一〇回、一二回、一五回と繰り返される。忍耐力もだんだんすり減っていき、祖母は聞かれるたびに「ローストビーフとポテト」と答えるようになった。

だが、とうとう彼女は祖父に食ってかかった。「いい加減にして、フレッド、もうやめてちょうだい！　さっき教えたでしょう」

「オーケー、オーケー、お嬢さん」。祖父は引きつった笑いを浮かべ、つま先でステップを踏みながら祖母に向かって手を挙げたかと思うと、それから親指をサスペンダーの下にねじ込み、「はい、おしまい」と言った。あたかもたったいま会話が終わったかのように。そのしぐさは昔のままだったが、かつて祖父の目に宿っていた光は、いまは穏やかでぼんやりとしたものになっていた。

祖父は部屋を出ていったが、結局、数分後にはまた戻ってきて尋ねた。「今日の晩飯はなんだい？」

祖母は私をベランダのほうに引っ張っていった。「屋敷」の脇の、書斎を出たところにあるそのベランダは、床がセメントになっていて、あまり魅力的な場所とはいえない。何十年前か前は家族のバーベキューに利用されていたが、あまりにも長いあいだほったらかしにされていたので、ベランダがそこにあることさえ忘れてしまうほどだった。「本当にねえ、メアリー」。祖母は言った。「おじいちゃんのせいで頭がおかしくなりそうよ」。外に出しっぱなしで長いあいだほったらかしにされていた椅子の上には小枝や枯れ葉が散らばっていたので、私たちは立ったまま話を続けるしかなかった。

「手伝ってくれる人が必要よ」と私は言った。「誰かに相談したほうがいいわ」

「おじいちゃんを置いてはいけないわ」。祖母はいまにも泣きそうだった。

「もう一度故郷に戻りたかった」。祖母は一度、物思いに沈みながらしみじみと私に言ったことがある。なぜ祖母がスコットランドに帰れないのか私には理解できなかったが、祖母は身勝手だと思われることはしたくないとかたくなに言い張った。

週末、〈マール・ア・ラーゴ〉に行かないときは、祖父母は子どもたちの郊外の別荘によく車で出かけた。あるときはニューヨーク州のミルブルックにあるロバートの別荘へ、あるときは同じくニューヨーク州のサウサンプトンにあるエリザベスの別荘へ、またあるときはニュージャージー州のスパータにあるマリアンの別荘へ。祖父母は別荘で一晩を過ごす計画を立て、祖母は週末をほかの人たちとのんびりと静かに過ごすのを楽しみにしていた。だが目的地に到着したとたん、祖父が家に帰りたいと言い出すのだ。祖父が帰りたい帰りたいとうるさくせがむので、最後には祖母のほうが根負けし、あきらめて二人で車に戻るのだった。週末の（たとえ日帰りでも）田舎への小旅行は、祖母にとってはいい気晴らしであり、「屋敷」を出て他人と交流するいい機会だった。だが、いつしかこの外出は、祖母にとって一種の拷問にすぎなくなった。だがそれでも、一族のほかの不可解な行動同様、この「お出かけ」は続けられた。

あるとき、祖母がふたたび入院した。彼女がどこを怪我したのかはよく覚えていないが、退院後はリハビリ施設に行くか、理学療法士に家まで来てもらうかどちらかを選べた。祖母はリハビリ施設に行くほうを選んだ。「少しでも『屋敷』を離れたかったから」と彼女は言った。

祖母の判断は正解だった。例の強盗事件のあと、祖母は数週間、書斎にある介護用ベッドで寝なければならなかったのだが、股関節手術からすっかり回復した祖父は、祖母に対して同情の言葉やなぐさめの言葉をほとんど口にしなかったのだから。

「大丈夫。大丈夫。そうだろ、お嬢さん？」と祖父は言うのだった。

一九九八年、私たちはトランプタワーにあるドナルドの家で初めて父の日を祝った。祖父が人前に出るのはすでに難しくなっていて、いつものようにブルックリンにある〈ピーター・ルーガー・ステーキハウス〉に出かけるのは無理だったのだ。年に二回、「父の日」と祖父の誕生日にそこへ行くのが私たち一族の決まりだったのに。

〈ピーター・ルーガー〉は、ひどいサービスに対して金を払わせ、支払いは現金または小切手またはピーター・ルーガー・カード（祖父は持っていたが）のみという、ひどく変わった、とんでもなく高いレストランだった。メニューはわずかしかなく、頼んでいなくとも、スライスしたビーフステーキトマト（トマトの品種の一つ）とホワイトオニオンの大皿に加え、ハッシュドポテトとホウレン草のクリーム煮の小皿が運ばれてくる。これにはたいてい誰も手をつけない。大きな牛肉がトレイに乗せて運ばれ、焼き加減によって赤（レア）やピンク（ミディアムレア）などさまざまな色の牛のかたちをした小さなプラスチックのピックが刺さっている。私たちのはいつも赤とピンクだ（ほかに何色があるのかは知らない）。私たちはたいていコカ・コーラを注文するが、六オンス（約一八〇ミリリットル）瓶で供される。この店のサービスの悪さは伝説的で、夜も更けるとテーブルは牛の残骸と大量のコカ・コーラの瓶、家族の食べ残しでいっぱいの皿で散らかっていた。

祖父が骨をしゃぶりおえると食事は終わる。祖父の口ひげはいつも汚れていて、見るに堪えなかった。

大学時代に肉を食べるのをやめて以来、〈ピーター・ルーガー〉で夕食を取ることは私にとって一種の苦行だった。一度だけサーモンを注文するという失敗を犯したことがある。そのときテーブルの半分を占領したサーモンは、ステーキハウスのサーモンとしてはまあこんなものかという味だった。そしてしまいには私の〈ピーター・ルーガー〉での食事はコカ・コーラと少しのポテトとアイスバーグウェッジサラダ（くさび形に切ったレタスの上に具材を盛ったサラダ）になってしまった。

ドナルドの家での食事会では、少なくとも、無礼なウェイターが出てくることはないだろう。あとは少しでも私が食べられるものがあることを祈るだけだ。

不覚にも私は、予定より早く、しかもたった一人でトランプタワーのペントハウスに到着してしまった。ドナルドとマーラはまだ離婚していなかったが、ドナルドにとってマーラはすでに遠い昔の思い出になっていて、代わりに彼には新しいガールフレンドがいた。スロベニア出身の二八歳のモデル、メラニアだ。私はこのとき初めてメラニア（ドナルドの現在の妻）に会った。二人は、玄関のすぐ近くにある座り心地の悪そうなラブシートに腰かけていた。そのだだっ広い空間がなんのためにあるのかはよくわからない。部屋は、大理石、金箔、鏡張りの壁、白い壁、フレスコ画だらけだった。ドナルドがどのようにここを管理しているのかわからなかったが、この家は「屋敷」よりも冷え冷えとしていて、家庭の雰囲気があまりないように思った。

メラニアは私より五歳若かった。ドナルドの隣で足首を交差させ、少し体を横に向けて座っている彼女の美しさに、私は思わず目をみはった。ロバートと妻のブレインが初めてメラニアに会ったあと、ロバートが私に言った。「メラニアは食事のあいだほとんどしゃべらなかったな」

「英語がそれほど上手じゃないのよ」と私は言った。

「そうじゃないさ」とロバートが冷やかすように言った。「自分の役割をわきまえてるんだ」。彼女の役割が会話を弾ま(ヽ)せ(ヽ)る(ヽ)ことでないのは明らかだった。

私が腰を下ろしたとたん、ドナルドは『敗者復活――不動産王ドナルド・トランプの戦い』（邦訳は日経BP刊）を書くために一時期私を雇っていたときのことをメラニアに話しはじめた。そして、私の「崖っぷちからの復活物語」をドナルドの言葉で語った。ドナルドはそれが私たちの共通点だと思っているようだ。つまり私たちは二人ともどん底に落ちたが、死に物ぐるいで這い上がろうとした。そしてかたや頂上まで返り咲き（こちらはドナルド）、かたやかろうじてどん底から脱しただけ（こちらは私）という話が始まろうとしていた。

「大学を休学したんだってな？」

「まあ、そうよ」。今日初めて会った人間にそんなふうに紹介されたくなかったし、ドナルドがその事実を知っていたことにも驚いた。

「しばらくどん底の生活が続いていたらしい。それでこいつ、ドラッグに手を出したんだ」

「やめてよ」と私は肩をすくめて言った。

「そうなの？」メラニアが突然興味を持ちはじめた。

「まさか。そんなことするわけないでしょ。生まれてこのかたドラッグなんかやったことないわよ」

ドナルドはちらっと私を見て笑った。ドナルドは意図的に話を盛っていたが、私は彼の狙いに気づいていたし、ドナルドも私がそれに気づいているとわかっていた。「こいつは本当にだめな女なんだ」。そう言いながら、今度は満面の笑みを浮かべた。

ドナルドは敗者復活物語《カムバックストーリーズ》が大好きで、落ちた穴が深ければ深いほど、そこから立ち直ったことに対する世間の評価も変わると知っていた。自らの人生を通してそれを学んだのだ。ドナルドは、私が大学を休学したことと、本を書くために私を雇ったことを結びつけて（私がドラッグ中毒だという架空の話も織り交ぜて）、彼が私の救世主だという話を巧みにつくりあげた。だが実際には、大学を休学してからドナルドに雇われるまでに、私は復学し、修士号を取得した。もちろんドラッグに手を出すこともなかった。だが、その事実をはっきりさせることに意味はなかった。ドナルドが相手となればなおさらだ。彼がこの話をしたのは、何よりも自分自身の利益のためだ。玄関のベルが鳴るころには、ドナルドはもう、自分が話した都合のいい話を信じ込んでいたに違いない。私たち三人は立ち上がってゲストを出迎えた。全員が集まってからは、メラニアはたったひと言しか話さなかった。

一九九九年六月一一日、祖父がロングアイランド・ユダヤ人医療センターに搬送されたとフリッツ（著者の兄）から電話があった。最近、祖父母が支援していたクイーンズにある病院の一つだ。フリッツによると、おそらくもうだめだろうということだった。

自宅から車を一〇分走らせて病院に行くと、病室はすでに家族でいっぱいだった。祖母はベッド脇に一つだけ置いてある椅子に座っていて、エリザベスは祖母の隣で祖父の手を握っていた。

挨拶をすませた私は、ロバートの妻ブレインがいる窓際に立った。ブレインは言った。「ロンドンでチャールズ皇太子とお会いすることになっているの」。彼女は私に話しかけているのだ。めったにないことだった。

「そう」と私は返した。

「チャールズ皇太子が、自分が出るポロの試合に招待してくれたの。キャンセルしないといけないなんて」。その声にはかなりのいらだちが含まれていたが、ブレインは声を落とそうともしない。

だが言わせてもらえば、私だってそれどころではなかった。その週、私はマウイ島のビーチで結婚式を挙げることになっていたのだ。そのことは家族の誰も知らなかった。みんな私のプライベートになど露ほども興味を持っておらず（パートナーが必要な家族の行事があったときには、私は男友達にいっしょに来てパートナーの振りをしてくれるよう頼んでいた）、ボーイフレンドや恋愛関係について聞かれたこともない。

二年ほど前、私と祖母がダイアナ妃の国葬について話していると、祖母が激しい口調でこう言った。「あんなホモのエルトン・ジョンなんかに歌わせるなんて」。そのとき、私がいま女性と同棲していて婚約中だということは祖母には言わないほうがいいと思った。

祖父が重篤な状態であるとわかり、私は一気に落ち込んだ。家に帰ったらそのことをフィアンセに伝えなければならない。何カ月もかけて計画し、いくつかの悪夢のような雑事を乗りこえてようやくこぎつけた私たちの秘密の結婚式を延期しなければならなくなった、と。

第一〇章　日没は一度にはやって来ない

そのとき、病室が急に静かになった。まるでその場にいた全員が同時に話題を切らしたかのようだった。私たちは祖父の不安定な呼吸に耳を傾けた。祖父は、不規則に、そして頼りなく息を吸い込んだかと思うと、不安になるぐらい長いあいだ不自然に呼吸が止まり、そしてようやく息を吐いた。

第一一章　トランプ家の価値観

一九九九年六月二五日、フレッド・トランプ（著者の祖父。ドナルドの父）が死んだ。翌日、祖父の死亡記事がニューヨーク・タイムズ紙の一面トップで「戦後の中流層向けの住宅建築王、フレッド・C・トランプ、九三歳で逝去」と大々的に報道された。死亡記事では、フレッドの「叩き上げ」の経営者としての立場と「その息子ドナルドの華やかなキャリア」が比較されていた。また、フレッドの生い立ちに触れる前に、彼が建設現場を回り、未使用の釘を拾って翌日大工に渡したという倹約家としてのエピソードが紹介され、ドナルドが父親から最低限の助力、「少額の資金」で自分のビジネスを築き上げたという家族の絆《きずな》についても繰り返し書かれていた。この記述が誤りであることは、二〇年後に同紙によって証明されることになるのだが。

私たちは一人一人この新聞を手に書斎に座っていた。ロバート（著者の叔父。ドナルドの弟）は、祖父の資産の総額が二億五〇〇〇万ドルから三億ドルだとニューヨーク・タイムズ紙に漏らしたことで、きょうだいたちから厳しく非難された。「具体的な数字を出したらだめでしょう」。まるで間抜けな子どもに向かって言うように、マリアン（著者の伯母。ドナルドの姉）がロバートに説教する。ロバートはばつが悪そうにそこに立っていたが、つぎの税金の支払いを突然思い出したとでもいうように、指の関節をぽきぽきと鳴らし、つま先でステップを踏み出した。祖父が生前によくしていたしぐさにそっくりだ。ロバートが話した評価額はあまりにも低すぎる。最終的に、祖父の帝国の資産価値がその四倍であると私たちは知る。もっとも、実際にそれくらいの額になるとしても、マリアンとドナルドがそのことを認めるとは思えないが。

そのあと、私たちはマンハッタンのアッパーイーストサイドにある〈フランク・E・キャンベル・フューネラル・チャペル〉へと向かった。この街で最も値段の高い富裕層向けの葬儀場だ。そして、チャペルの〈マディソン・ルーム〉で果てしなく続く列に並ぶ弔問客たちに愛想笑いをしながら握手を交わした。

お別れの会には八〇〇人以上が参列した。弔問のために訪れた人のなかにはサム・レフラックのような不動産開発業者や、ニューヨーク州知事ジョージ・パタキ、元上院議員のアル・ダマート、コメディアンでのちに『セレブリティ・アプレンティス』に出演することになるジョーン・リバーズがいた。ほかの人たちのほとんどはドナルドの姿を一目見るために来ていたに違いない。

葬儀の日、マーブル協同教会は満員だった。葬儀のあいだ、最初から終わりまで全員がなんらかの役割を果たさなければならなかった。役割は実にうまく割り振られていて、エリザベスは祖父の「好きな詩」を朗読し、残りのきょうだいは追悼の言葉を述べた。また、父フレディの代理だった兄フリッツと、孫を代表したマリアンの息子、デイヴィッドも言葉を述べた。みな祖父の社会的な成功について語った。祖父の人柄について語ったのはフリッツだけだった。ほとんどの人は遠まわしに、そして率直に祖父の世俗的な成功や「無敵の男《キラー》」としての本能や、倹約の才能を強調したが、ドナルドの話だけは脱線していた。ドナルドの追悼の言葉はいつの間にか自分への賛辞に変わっていたのだ。あまりのばつの悪さに、マリアンはのちに息子にこう言った。「私の葬儀では、弟たちに追悼の言葉を述べさせるのはやめてちょうだい」

当時のニューヨーク市長、ルドルフ・ジュリアーニも追悼の言葉を述べた。

式が終わると、六人の孫が棺の「付添人」の役を担い、霊柩車まで同行した（ティファニー（ドナルドの次女）はまだ幼かったので加わらなかった）。ただし――私たち一族《ファミリー》ではよくあることだが――実際に苦労して重い棺を運んだのはほかの人だった。

五番街と四五丁目の交差点からミッドタウン・トンネルまでの一六ブロック以上の道が

車も歩行者も立ち入り禁止になったおかげで、私たちの車列は警察の護衛とともに簡単に街から抜けだせた。向かう先は、クイーンズのミドルヴィレッジにあるオールフェイス墓地。埋葬のための短い旅だ。

墓地からの帰り道もあっという間だった。もっとも、往路ほどの賑やかさはなかった。みんなでドナルドの家に行って昼食をとり、私と祖母はいっしょに「屋敷」に戻った。私たちは書斎の椅子に座り、しばらく話をした。祖母は疲れているように見えたが、同時にほっとしているようでもあった。大変な一日だった。そう、この数年は本当に大変だった。二階で寝ている住み込みのメイドを別にすれば、私たちは二人だけだった。本当なら、いまごろ私はハネムーンに行っているはずだったのだ。私は祖母がベッドに入るまではそこにいることにした。

祖母がそろそろ寝ると言ったので、私はこのままここに残ろうか、それとも何か欲しいものがあれば持ってこようかと尋ねた。

「私なら大丈夫よ。ありがとう」

私は身をかがめて祖母の頬にキスをした。祖母からはバニラの香りがした。「誰よりも愛してるわ」と私は言った。それは真実ではなかったが、祖母のことを愛しているのは本当だった。六三年間連れ添った夫が土に埋められたあとで、祖母とわざわざいっしょにいようとする者はほかにいなかった。

「ありがとう」。祖母が答えた。「もう大丈夫よ」

私は広くて静かな空っぽの屋敷に祖母を一人残して家に帰った。


祖父の葬儀から二週間後、ＤＨＬのトラックが私の家の前に止まった。祖父の遺言書の入った黄色い封筒が届いたのだ。私は遺言書に目を通すと、誤読がないようにともう一度確認した。兄のフリッツには何かわかったらすぐに電話すると約束していたものの、電話する気になれなかった。祖父の葬儀の数時間後、フリッツと妻のリサには三番目の子ども、ウィリアムが生まれていたが、その子は生まれてから二四時間後に発作を起こし、それ以来ずっと新生児集中治療室に入っている。あとの二人の子どももまだ小さく、そのうえフリッツには仕事もあった。兄夫婦がその状況をどう乗り切っているのか私にはまったくわからなかった。

さらに悪い知らせを兄に伝えるのは気が進まなかったが、やはり知らせないわけにはいかないだろう。

私は兄に電話した。

「何かあったのか？」

「何も」。私は言った。「とくに何もないわ」

数日後、ロバートから電話があった。私が覚えているかぎり、これまで祖母の入院を知らせたとき以外は私に電話をかけてきたことはない。ロバートは何もかも順調だというかのような口調だった。つまり彼は、私が遺言書に署名さえすれば何もかもうまくいくと暗に伝えてきたのだ。遺言書を裁判所に検認してもらうには私のサインが必要だったからだ。私と兄は、本来権利があるはずの相続権を奪われた。祖父は、父が生きていたら受け取れたであろう二〇パーセントの取り分を孫である私と兄に分配するのではなく、生きている四人の子どもたちに平等に分けてしまったのだ。孫に遺された遺産は私たちに分配されたが、それは叔父や伯母たちが相続した遺産に比べれば微々たるものだった。祖父の遺産全体から見ればきわめて少額だったために、私とフリッツには異議を唱える権利があった。ロバートはそのことが気に入らなかったに違いない。

　何日か過ぎても、私はサインする気にはなれなかった。遺言書からは、単純かつ一貫した「残酷さ」が感じられた。私は両親の離婚協議書を見たときと同じぐらいの衝撃を受けた。

　しばらくのあいだ、ロバートは毎日電話をしてきた。マリアンとドナルドはロバートを連絡係にさせたのだろう。ドナルドはそんなことに手間をかけたくなかっただろうし、マリアンの夫のジョンは食道がんの診断を受けていて病状が思わしくなかった。

「もうそのへんにしとけ、かわい子ちゃん《ハニーバンチ》」。ロバートは繰り返しそう言った。そう言えば私が遺言の内容を忘れられるとでも言わんばかりに。だが、何度そう言われようとも、兄と私はほかにどういう選択肢があるのかわかるまでサインしないと決めていた。

とうとうロバートはしびれを切らしはじめた。遺言書は、相続人全員がサインするまで裁判所で検認してもらえないのに、フリッツと私がサインしようとしないからだ。つぎの段階に進みたくないなら会って話をしよう、とロバートが提案してきた。

最初の話し合いで、祖父がなんでそんな遺言を書いたのか説明してほしいと尋ねると、ロバートは言った。「いいか、親父はおまえたちのことなんかどうでもよかったんだ。いや、おまえたちだけじゃない。孫のことなんかどうでもよかったんだよ」

「父が死んでから、私たちは不当に扱われてきたわ」

「そんなことはない」

私たちのいとこはみんな、両親が祖父から受け取っている資産からも恩恵を受けられるじゃないのと指摘すると、ロバートは言った。「あいつらだって、いつなんどき親子の縁を切られるかわからないんだぞ。ドン（ドナルドの長男）は軍隊だかなんだかくだらないところに入ろうとしていたんだが、ドナルドとイヴァナ（ドナルドの前々妻）は、そんなことをしたら即座に親子の縁を切ると言ったらしいしな」

「父には何も遺してくれなかったわ」

ロバートは椅子に深く座り直した。話を元に戻そうとしているのだろう。「単純なことだよ。おまえのおじいちゃんにとっては、死んだら終わりなんだ。生きている子だけが大事だったんだよ」

「おじいちゃんはあなたのこともどうでもいいと思ってたのよ」と言ってやりたかったが、フリッツにさえぎられた。「ロブ」。フリッツは言った。「とにかく、この遺言書は不公平だ」


一九九九年の七月から一〇月にかけて、私たち三人が何度顔を合わせたのかは、よく覚えていない。ただし、九月には少し間があいた。延期していた結婚式と新婚旅行のために、私がハワイに出かけたからだ。

話し合いが始まってまもなく、フリッツとロバートと私の三人は、今回の一件には祖母を巻き込まないことにしようと決めた。おそらく祖母は、祖父の遺言書のなかで私たちがどのように扱われているかをまったく知らないだろうし、祖母を動揺させる理由も見つからなかったからだ。私たち三人でうまく解決できるだろうから、わざわざ祖母に知らせる必要はないと考えたのだ。私はハワイに行っているあいだも毎日、祖母と電話で話していた。そしてニューヨークに戻ってからは、また祖母のところに顔を出すようになった。新婚旅行から戻ると、交渉——あれを交渉と呼べるならだが——も再開した。私たちは堂々めぐりを続けていた。フリッツと私が何を言おうと、ロバートはあらかじめ用意しておいた紋切り型の回答を返すだけ。交渉は行き詰まっていた。

私はロバートにミッドランド・アソシエイツ社について尋ねた。納税を逃れ、自分の子どもに利益を回すために、祖父が数十年前に設立した不動産管理会社だ。この会社は〈サニーサイド・タワーズ〉や〈ハイランダー〉といった、一族のあいだで「ミニ帝国」と呼ばれる八つの建物を所有していた。管財人からは、この会社の活動やどのように収入が生じるのかを聞いたことがなかったので、詳しいことはほとんど知らないものの、私は数カ月ごとに小切手を受け取っていた。祖父の死がこれから私たちとミッドランド・アソシエイツ社との関係にどう影響するのかを知りたかった。

私たちは遺産の総額や取り分について聞いたわけではなく、自分たちがすでに持っている資産がこれからも安泰であるという保証と、一家の莫大な富のことを考えると彼らが祖父の遺産をこの先しっかり管理できるのかを知りたかった。遺言執行者と相続人（エリザベスも含む）として、マリアン、ドナルド、ロバートはこの件について大きな裁量権を持っていた。それにもかかわらずロバートは私たちの質問に対して明言を避けた。

当時、五六丁目とパークアヴェニューの角にあった〈ドレイクホテル〉のバーで行われた最後の話し合いで、ロバートはようやく私たちに折れるつもりがないと理解したようだった。それまでも私たちを不愉快にさせるようなことを言ってはきたが、「おい、おまえたち、ぼくは単なる伝達者《メッセンジャー》にすぎないんだ」といった気さくな態度は崩さなかった。だがその日のロバートは、祖父が私たちの母のことを嫌っていて、財産を母に渡したくないと思っていたのだと再度言ってきた。

笑わせないでよ、と私は思った。母は、離婚してからも二五年以上にわたって、トランプ家の方針に従って生きてきた。母が住んでいたのは、クイーンズのジャマイカ地区にある管理の行き届かないあのアパートメントで、扶養料と養育費を増やしてもらえることはめったになかったが、それでも母のほうから増額を要求したことはこれまで一度もない。

そしてとうとう、祖父は私たちの相続権をも奪ってしまった。マリアン、ドナルド、ロバート、弁護士のアーウィン・ダーベンの四人は私たちの管財人だったのだから、少なくとも財政上は私たちを守る義務があったはずだ。だが、彼らは私たちを守ろうとはしなかった。自分が損をしてまでは。

ロバートは身を乗り出したかと思うと、急に真顔になって言った。「いいかよく聞け、おまえたちがこの遺言書にサインしないで、われわれを訴えようなんて思ってるなら、ミッドランド・アソシエイツ社を倒産させてやる。そうなったら、一生かけても払いきれないほどの税金を支払うはめになるんだぞ」

返す言葉がなかった。こうなれば、妥協するか、戦うかしかない。どちらを選択しても私たちにとっていい結果が出るとは思えなかった。

そこで、アーウィンに相談することにした。もうアーウィンしか味方は残っていないように思えた。アーウィンは、私たちが遺言書のなかでひどい扱いをされたことに憤った。ミッドランド・アソシエイツ社や、そのほかのトランプグループの会社からの私たちの取り分についてロバートから聞いたことを伝えると、アーウィンは「賃貸権のあなたの取り分は、〈ショア・ヘイヴン〉や〈ビーチ・ヘイヴン〉だけでも相当な価値《プライスレス》があるのは間違いありません。何ももらえないというなら、訴訟を起こしたほうがいいでしょう」と言った。

賃貸権がなんのことかわからない私にとっては、二つの賃貸権の取り分を持っていると言われてもぴんとこなかった。それでも、「プライスレス」の意味は理解できた。私はアーウィンの言葉を信じ、フリッツと訴訟を起こすことに決めた。

このとんでもない数カ月間もまだ、ウィリアムは入院していたので、フリッツとリサは不安に押しつぶされそうになっていた。私はフリッツに「任せて」と伝えると、その午後、ロバートに電話した。

「ねえ、どうにかならない？　ロブ？」

「遺言書にサインしろよ。そうしたら考えてやる」

「本当？」

「なあ、もうきみの父さんは死んでるんだ」。ロバートは言った。

「そんなこと、わかってるわ。でも、フリッツと私は死んでないのよ！」このやり取りに私はいい加減うんざりしていた。

すると、ロバートがひと呼吸を置いた。「マリアンもドナルドもぼくも、親父の意思に従っているだけなんだ。親父はフリッツやおまえに、とくにおまえのお母さんには何も残したくなかったんだよ」

私は大きく息を吸った。「このままじゃ、いつまでたっても平行線よね。だから、フリッツと私で弁護士を雇うことにしたの」

いきなりスイッチが入ったかのように、ロバートが大声でわめきたてた。「なんだと！　なら、勝手にしやがれ！」そう言うとガチャンと電話を切った。

翌日、家に帰ると、留守番電話に祖母からメッセージが届いていた。「メアリー、あなたのおばあさんよ」。ずいぶんと素っ気ない言い方だった。祖母はこれまで自分のことをそんなふうに呼んだことはなかった。たいてい自分のことを「おばあちゃん」と言ってたのに。

私はすぐに祖母に電話をかけた。

「ロバートから聞いたんだけど、フリッツとあなた、おじいちゃんの遺産の二〇パーセントを求めて訴訟を起こそうとしてるんですって？」

私は不意打ちを食らって、しばらくは言葉が出てこなかった。ロバートが私たちの取り決めを破って、この件をロバート流の言い方で祖母に話したのは明らかだ。だが、さらにめんくらったのは、父がもらえたはずのものを私たちが受け取ろうとするのが、不適切な、みっともない行為であるかのように、祖母が話したことだった。私はとまどいを感じた――これまで祖母に対して感じていた忠誠心に、愛情に、その両者の限界に。自分はこれまで一族の一員だと思ってきた。だが、それはすべて間違いだったのだ。

「おばあちゃん、母も私たちきょうだいもこれまで何も要求してこなかった。ロブがなんて言ったのか知らないけど、誰も訴えたりしないから」

「そのほうがいいわ」

「私たちはただ解決策を見つけようとしているだけ、それだけのことよ」

「おまえの父さんが死んだとき、トランプ家にとって父さんの値打ちはどうだったと思う？」祖母が言った。「まったくなんの価値もなかったんだよ」

沈黙。カチッ。祖母が私との電話を一方的に切った音だった。

第一二章　崩壊

私は手に受話器を握りしめ、この先どうすればいいのかわからないまま、じっとその場に座っていた。それは、人生を変える瞬間――過去にも訪れたし、これからも訪れるだろう――の一つだった。もはやこの問題は私の手には負えず、どう対応すればいいのかまったくわからなかった。

私は兄に電話をかけた。そして、兄の声を聞いたとたん、わっと泣き出した。

兄は祖母に電話をかけ、私たちが何を求めているのかを説明しようと試みたが、祖母の言うことに変わりはなかった。ただし、最後の捨て台詞は、私のときとは少し違っていた。「おまえの父さん、死んだときには、ほとんどまったくお金を持ってなかったんだよ」。私の一族では大切なのはお金だけだった。お金こそが唯一価値あるものなら、そのレンズを通してあなたは人の価値を測ることになる。そういう価値観のもとでは、私の父のようにほとんどなんの手柄も立てられなかった人間は価値がないとされるのだ。それがたとえ息子であったとしても。さらに父親が無一文で死ぬと、その子どもたちにもなんの権利も与えられない。

祖父は適切と思うときに遺言書を変える権利があった。叔父や伯母たちも祖父の遺言書に従って遺産を受け取る権利があった。実際には、叔父や伯母たちも私の父と同じようにフレッドの遺産の分け前にあずかるに値しないのに。たまたま生まれた家が金持ちでなければ、彼らは誰一人、億万長者になっていなかったはずだ。検事や連邦控訴裁判所判事だからといって、普通はパームビーチに二〇〇〇万ドルの別荘なんて持てないし、重役の秘書もサウサンプトンに週末の家を持っていたりはしない（公平を期すために言うと、マリアン（著者の伯母。ドナルドの姉）とエリザベス（著者の叔母。ドナルドの姉）は一族が経営する事業の外できちんと職についている）。にもかかわらず、叔父や伯母たちは祖父の金を一銭残らずすべて自分たちが稼いだとでもいうように振る舞い、その金が自尊心と分かちがたいものになってしまったために手放せなくなっていた。

アーウィンの助言に従って、私たちはロングアイランドのナッソー郡のなかでも最大手のファレル・フリッツ法律事務所の共同経営者ジャック・バルノスキーと連絡をとった。ジャックは独りよがりで横柄な男だったが、私たちの訴訟を引き受けることに同意してくれた。ジャックの戦略は、一九九〇年に作成された祖父の遺言書は無効である、つまりフレッド・トランプは遺言書作成当時、遺言の内容を理解できるだけの知的判断能力に欠けていて、子どもたちから不当な圧力を受けていたことを証明する、というものだった。

遺言執行者に文書を送達してから一週間もたたないうちに、ジャックはルー・ラウリーノから書面を受け取った。ラウリーノは、相手側の代理人を務める弁護士だ。小柄だが屈強な体格で、かなりのやり手だった。生まれてからずっとトランプ・マネジメント社によってかけられてきた私たちの医療保険（トランプ家の一族は全員これによって医療費を保証されていた）が解約されていた。兄は息子ウィリアムの払いきれないほど高額な医療費の支払いをこの保険に頼ってきた。ウィリアムが最初に発作を起こしたとき、ロバートは「すべて任せろ」とフリッツに約束したが、ロバートがこれまでしてくれたことといえば、事務所に請求書を回しただけだ。

私たちの医療保険を無効にするというのはマリアンの考えだったが、それによって彼らが得をするわけではない。ただ、私たちにより多くの痛みを与え、精神的に追い込もうとする作戦だった。そのころにはウィリアムも退院していたが、それでもまだ発作を起こしやすいことに変わりはなかった。心拍停止状態になり心肺蘇生法でかろうじて助かるということもあったほどだ。ウィリアムにはいまも二四時間体制の看護が必要なのだ。

みんなそのことを知っていたが、マリアンの作戦に反対する者は祖母を含めて誰一人いなかった。祖母は、この絶望的な状態の自分のひ孫がこれから先も高額医療を必要とするだろうと、ほかの家族同様に知っていたはずだ。

フリッツと私は、ウィリアムの医療保険を元に戻すように別の訴訟を起こさざるをえなかったが、それにはウィリアムの担当医師と看護師の宣誓証書と宣誓供述書が必要だった。訴訟の準備には時間がかかり、ストレスも大きい。なにせ、訴訟を起こして和解に至らなければ裁判官の前に出ることになるのだから。

裁判に先立つ証人尋問《デポジション》では、まずラウリーノが、私たちには永遠に医療保険を支給される権利はないと医療保険の無効を主張した。いままでは祖父のお情けでもらえていたものだというわけだ。ラウリーノはまたウィリアムの病状を軽視し、二四時間ウィリアムにつきっきりで看護して一度ならずウィリアムの命を救った看護師たちのことを「高すぎるベビーシッター」と言い、自分たちの幼い息子の発作が心配ならフリッツとリサが心肺蘇生法を学べばいいと主張した。

証人尋問《デポジション》はなんの足しにもならなかった。ジャックはまったく使えなかった。話にはついていけないし、脇道にそれてばかり。フリッツと私が質問を並べた長いリストを用意しておいたのに、それにはほとんど触れずじまいだった。ロバートは前回話したときよりもずっと素っ気ない態度で、祖父の私の母への憎悪が相続権剝奪の最も大きな理由だと繰り返し、マリアンは私と兄のことを「いなかったも同然の孫」と腹立たしげに言い放った。それを聞いた私は、祖母の「屋敷」を訪れたときにマリアンが電話をしてきたときのことを思い出した。あのときなぜ、マリアンが一度たりとも「メアリーによろしく」と言わなかったのかが、これでようやく理解できた。マリアンが言うには、祖父は私たちが祖母といっしょに過ごさなかったことに激怒していたという。この一〇年間、私が「屋敷」に通っていたことを完全になかったことにしていた。それに、どうやら祖父は、フリッツが絶対にネクタイをしなかったことや、ティーンエイジャーのときに私がだぶだぶのセーターとジーンズを着ていたことも気に入らなかったらしい。一方、証言を求められたドナルドは「何も知らない」「覚えてない」と答えていたが、これはドナルドの常とう手段で、非難や尋問を逃れるために忘れたふりをする、いわば戦略的健忘症である。マリアンとドナルドとロバートの三人は証人尋問《デポジション》で、祖父フレッドは死ぬ直前まで「頭がはっきりしていた」と主張した。

このころ、もう一人の叔母のエリザベスは家族ぐるみの友人とばったり出会ったようで、そのときのやり取りをあとでその友人が私の兄にそっと教えてくれた。「ねえ、フリッツとメアリーがしていること、信じられる？　あの子たち、お金が欲しいだけなのよ」。たしかに遺言書には遺産の分配について書かれているが、お金という価値観しか持たない家族にとっても、そこには愛情の証が含まれていたはずだ。もしかしたらエリザベスにはそのことがわかっていたかもしれない。だが、彼女にはなんの力もなかった。エリザベスの意見は誰にも相手にされなかったのだろう。私と兄以外には。エリザベスにはきょうだいたちの命令に従ってほしくはなかった。何も言わず、力のない味方だとしても、誰もいないよりはずっとましだったはずだ。

それから約二年の歳月が過ぎた。弁護料がかさんだにもかかわらず和解に向けてなんの進展もなく、ついに私たちはこの訴訟を法廷に持ち込むかどうか決めなければならなくなった。ウィリアムの病状は相変わらず思わしくない。裁判に持ち込むとなるとそれなりのエネルギーと集中力が必要だろうが、ウィリアムのことを考えると兄にはとうてい無理だった。しかたなく、私たちは和解する決心をした。

マリアン、ドナルド、ロバートは、私たちが父から相続した財産の取り分、つまり「ミニ帝国」の二〇パーセントと「プライスレス」な賃貸権をあきらめることに同意するまで和解しないと言ってきた。

伯母と叔父はジャック・バルノスキーに財産評価を提出した。ジャックとルー・ラウリーノはそこに記載された数字にもとづいて和解案を作成したが、それはかなり疑わしい数字をもとにしてつくられていた。「裁判まで行かずにすみましたし、私たちが望みうる最善の結果ですよ」とジャックは言った。「数字については先方が嘘をついていることはわかっています。ですが、こっちはこう言う、あっちはああ言うでは、永遠に平行線です。それに、あなたのおじいさまの遺産はせいぜい三〇〇〇万ドルほどでしかありません」。それは一九九九年にロバートがニューヨーク・タイムズ紙に漏らした額の一〇分の一に過ぎなかった。その金額にしても、実際の遺産総額のたった二五パーセントであったことがあとになってわかるのだが。

フレッドは、私の父フレディに、ドナルドに与えたのと同じ道具、同じ便宜、同じ機会を与えたと思っていたに違いない。だから、フレディがそれらをすべて投げ出したとしても、それは祖父の過失ではないという理屈なのだ。フレディが祖父の会社の役に立たない社員でありつづけていたとしたら、生きていたときには無駄遣いしなかっただろうから、私と兄には父の信託資金が残され、自分たちを幸運だと思ったはずだ。フレディが会社を辞めてからその家族に起こったことはなんであれ、フレッド・トランプには関係ない。フレッドは自分の役目を果たしたのだから、私たちにはこれ以上、フレッドに期待する権利はない。そういうことのようだった。

訴訟はまだ続いていたが、「二〇〇〇年八月七日、祖母が病気にかかってすぐに、祖父と同じロングアイランド・ユダヤ人医療センターで死んだ」との知らせを受けた。八八歳だった。

祖母が病気だと知っていれば、私は見舞いに行こうとしただろう。だが、祖母は私に会いたがらなかった。いったん別れてしまえば、それぞれの道を歩むしかないということかもしれない。あのときの電話で短い会話をしたのが最後で、その後、祖母と言葉を交わすことはなかった。ロバートやドナルド、マリアン、エリザベスともその後、話をすることはなかった。話をしようとも思わなかった。

フリッツと私は祖母の葬儀に参列しようと決めたものの、歓迎されていないとわかったので、マーブル協同教会の奥にある別室に立って、ドナルドが手配した二人の警備員といっしょに中継モニターで式を見た。

追悼の言葉に、父フレディの名が出なかったのには驚いた。祖父母の天国での再会について、口々にさまざまなことが言われたが、一九年前に死んだ二人の長男である父の名を口にする者は誰もいなかった。父の名は祖母の追悼記事にも登場しなかった。

祖母が死んでから数週間後、私は祖母の遺言書を受け取った。それは祖父の遺言書と同じだった。ただ一カ所を除いて。孫への遺産分配を説明した箇所から兄と私の名が削除されていた。いまや父フレディとその子孫は、事実上この一族から抹消されたのだ。

第四部

過去に行われた最悪の投資

第一三章　政治は個人的なもの

一〇年近くたった二〇〇九年一〇月、私はいとこのイヴァンカ（ドナルドの長女）とジャレッド・クシュナーの結婚式で一族と再会した。トランプ・オーガニゼーション社で好まれるのと同じ厚手の紙に印刷された招待状がなぜ届いたのか見当もつかなかった。

ロングアイランドの自宅からリムジンでニュージャージー州のベドミンスターにあるドナルドのゴルフクラブに向かいながら、いったいどういうことかと思っていた。そこのゴルフクラブは、気味が悪いほどトランプ家の「屋敷」に似ていた。案内係に黒いショールを手渡され、それを肩に巻きつけると少し気持ちがやわらいだ。

屋外での結婚式は、大型の白いテントの下で行われた。金メッキされた椅子が、金色に縁取りされたカーペット敷きの通路の両側に何列も並べられている。白い薔薇《バラ》で飾られた伝統的なユダヤ教のフッパー（天蓋のこと。ユダヤ教ではこの下で結婚式が行われる）は、私の家と同じぐらいの大きさだ。ドナルドはヤムルカ（ユダヤ教の民族衣装の一種）をかぶって、ぎこちなく立っていた。誓いが交わされる前に、ジャレッドの父親チャールズ——三年前に刑務所から釈放されていた——が立ち上がって、私たちにこう言った。ジャレッドから初めてイヴァンカを紹介されたとき、彼女では家族の一員となるのは無理だろうと思ったが、イヴァンカがユダヤ教に改宗すると言い出し、そのために懸命に努力してくれたので、ようやく家族としてふさわしいと思えるようになった、と。チャールズが義理のきょうだいを誘惑するために売春婦を雇い、密会の現場を録画して、それを甥の婚約パーティーに出席していた自分の妹に送りつけた件で有罪判決を受けたことを考えると、彼の恩着せがましさは少し的外れに感じた。式のあとで、私は兄のフリッツとその妻といっしょにクラブハウスに入った。

　廊下を歩いていると、叔父のロバートを見かけた。最後に言葉を交わしたのは、一九九九年、祖父の遺言に異議を唱えるためにフリッツ（著者の兄）とともに弁護士を雇うと私が彼に告げ、ガチャンと電話を切られて以来だ。私が近づいていくと、驚いたことに、ロバートは突然にっこりと笑った。片手を差し出し、上体を屈《かが》め——私はハイヒールを履いていたが、彼のほうがずっと背が高い——握手をして、私の頬にキスをした。トランプ一族お決まりの挨拶の仕方だった。

「やあ！　元気かい？」。ロバートは明るく声をかけてきた。私が返事をするより早く、彼は続けた。「身内同士の仲違いもそろそろ時効だよな」。それから、あまりうまくない祖父の物真似のつもりか、爪先立って上下に身体を揺らし、拳を握った片手を、開いたもう一方の手のひらに打ちつけてみせた。

「いい響きね」。私はロバートと社交辞令を交わした。そのあと、階段を上って、カクテルレセプションが開かれている会場へ行くと、ドナルドの姿が目にとまった。見覚えはあるものの思い出せない人物――おそらく市長か州知事――と話している。

「あら、ドナルド」。私は二人のほうへ歩いていきながら、呼びかけた。

「メアリー！　すごくきれいだ」。ドナルドは、先ほどのロバートと同じように、私の手をとって握手をし、頬にキスした。「会えてうれしいよ」

「私も会えてうれしいわ」。お互いに感じよく、礼儀正しく振る舞った。そうできるとわかっただけでもよかった、そう思った私は、すぐうしろに並んでいる人に場所を譲った。長くなりつつある列には、花嫁の父親にお祝いの言葉をかけるために待っている人たちもいたが、『セレブリティ・アプレンティス』の第八シーズンが終了したばかりだったので、大半はドナルドと写真を撮りたかっただけのようだった。「楽しんで」。ドナルドは立ち去る私の背中に向けて声をかけてくれた。

広々としたダンスホールで開かれているレセプションは、オードブルが用意された場所からかなり離れていた。そちらに向かう途中、遠くで叔母のエリザベスが夫のうしろを歩いているのに気づいた。彼女と目が合った私は手を振った。エリザベスは手を振り返して言った。「あら、メアリーじゃないの」。だが、エリザベスは立ち止まらなかった。それが彼女を見かけた最後になった。大量の万国旗と艶《つや》やかに磨かれたダンスフロアを通り過ぎて、ようやくダンスホールの隅にある、またいとこのテーブルに自分の席を見つけた。ヘリコプターが離着陸する際のローター音がときおり遠くに聞こえた。

コース料理の最初の一品が給仕されたあと、私は伯母のマリアンを探しに行くことにした。テーブルのあいだを縫うように通っていたとき、ドナルドが乾杯のためにステージに上がった。誰についてしゃべっているのかあらかじめ知らなければ、秘書の娘のお祝いのために乾杯をしているのだと思ったことだろう。

私はマリアンを見つけて、足を止めた。彼女が賛成していなければ、フリッツと私がイヴァンカの結婚式に招待されることはなかったはずだ。マリアンは私に気づいていないようだ。その目の前に立って声をかけた。

「しばらくぶりね、マリアン伯母さん」

マリアンは、すぐには私が誰かわからなかった。「メアリー」。笑顔ではない。「元気なの？」。そう尋ねた彼女の表情は硬かった。

「何もかも順調よ。娘は八歳になったばかりで――」

「娘がいるなんて知らなかったわ」

もちろん、マリアンは私に娘がいることも、祖父の葬儀のあとに結婚した女性といっしょに育てていることも、その後別れたことも、最近、臨床心理学の博士号を取得したことも知らなかった。だが彼女は、そのどれもが初耳なのは、私がまるで彼女を侮辱したかのように受け止めた。その後の短い会話も同じように緊張をはらんだものだった。マリアンは、イヴァンカのブライダルシャワーに、トランプの元妻でイヴァンカの実の母であるイヴァナが参加しなかったことに触れながらも、どうしてかまでは話せないのよね、と小声で言った。

私は自分の席に戻ったが、注文しておいたベジタリアン用の料理が運ばれてきていなかったので、代わりにマティーニを注文した。なかに入っているオリーブで十分だろう。

それからしばらくして、マリアンが何かの任務でも課されているかのように、決然とこちらに向かってきた。私の兄のところへまっすぐ歩いてくる。「ずっと避けてきた重要な問題について話したいんだけど、いいかしら」。そう言うと、私のほうを見て「私たち三人で」と付け加えた。

その結婚式から数週間後、フリッツと私は、アッパーイーストサイドにあるマリアンのアパートメントで彼女とロバートに会った。なぜロバートがそこにいるのかわからなかった。おそらくロバートは、身内の仲違いは「時効」だという主張を行動で示そうとしたのだろう。私はそれをよい兆候として受け取ったが、話しているうちにそういうことではないのかもしれないと思いはじめた。なにせ、それらしいことは何も話し合われなかったのだから。セントラルパークとメトロポリタン美術館のすばらしい眺めが広がるリビングルームに座っていると、マリアンがこの場を設けた者として一族の「崩壊」——訴訟のこと——についてわずかに触れたが、誰もその方向へ話を持っていきたがらなかった。

　ロバートが椅子から身を乗り出したので、私はついに、これまで「ずっと避けてきた重要な問題」にようやく手をつけようとしているのかと期待した。だが、そうではなかった。彼は話を始めた。

　一〇年前、ドナルドの財政状態が逼迫《ひっぱく》してきたときに、ロバートはまだドナルドのためにアトランティック・シティで働いていた。ドナルドの投資家たちはさんざんな目に遭わされ、ドナルド自身も銀行から追われ、私生活も悲惨な状況だった。事態が最悪になったとき、ドナルドがロバートに電話で頼み込んできたという。

「なあ、ロブ、これが最終的にどうなるのかはわからん。ただ、簡単にはいかないだろう。おれは心臓発作でぽっくり逝ってしまうかもしれない。おれにもしものことがあったらマーラ（ドナルドの前妻）のことを頼みたい」

「わかった、ドナルド。どうすればいいか指示してくれ」

「彼女に一〇〇〇万ドルを渡してくれ」

私が心のなかで「そんな大金を！」と思ったのと同時に、ロバートが言い足した。「なんともケチなやつだよ」

ロバートは思い出し笑いをした。私はその場に座ったまま愕然としながら、この人たちはいったいどれぐらいお金を持っているのかと思った。私が最後に聞いたとき、一〇〇〇万ドルは、祖父の総資産の三分の一の金額だったはずだ。それなのに、ケチなやつとは。

「同じころ、ドナルドが電話をかけてきて、私は彼が好きな三人の人間のうちの一人だと言われたわ」。マリアンがそう口をはさんだ。「どうやら自分に三人の子どもがいることを忘れていたようね」（ティファニー（ドナルドの次女）とバロン（ドナルドの三男）が生まれるのはまだ先のことだ）

それ以降、ロバートと会うことはなかったものの、フリッツと私はときおり、一人ずつで、あるいはいっしょにマリアンとランチをした。人生で初めて、伯母と近しくなった。ドナルドの本を執筆しているあいだに彼と時間を過ごしてから伯母と近しくなるまで、一族の一員であるように感じたことは少しもなかったが。

二〇一七年四月の伯母の誕生日から二カ月ほどたったときのこと。自宅のリビングルームでスニーカーのひもを締めていたときに、玄関のドアベルが鳴った。どうして応答したのか自分でもわからない。ベルが鳴ってもドアを開けたことなどほとんどなかったのに。訪問者は七五パーセントの確率で、エホバの証人かモルモン教の伝道師。残りの二五パーセントは、嘆願書の署名を求めてやってくる人だからだ。

ドアを開けたとたん、目に飛び込んできたのは、くしゃくしゃにカールした金髪で、黒っぽい縁の眼鏡をかけた見知らぬ女性だった。カーキ色のパンツにボタンダウンのシャツとメッセンジャーバッグが、ここロックビルセンターに似つかわしくなかった。

「はじめまして。スザンヌ・クレイグと申します。ニューヨーク・タイムズ紙の記者です」

マスコミが接触してこなくなってからずいぶん月日がたっていた。マザー・ジョーンズ誌のデイヴィッド・コーンと、テレビのドキュメンタリー番組『フロントライン』の人間を除けば、選挙前にメッセージを残したのはワイドショー番組『インサイド・エディション』の人物だけだった。二〇一六年一一月より前なら、私も叔父について言うべきことはたくさんあった。だが、そのときは私の言葉など、何の重みもなかっただろう。どうして、いまになって私から話を聞きたがるのだろう。

その馬鹿馬鹿しさにいらだって、私は言った。「自宅に押しかけられても困るわ」

「わかります。申し訳ありません。ですが、あなたのご一族の財政状況に関してきわめて重要な記事に取り組んでいて、あなたならきっと大きなお力になってくださると思っていまして」

「話すことなんかないわ」

「せめて名刺を受け取っていただけませんか。お気持ちが変わったらいつでもご連絡ください」

「記者とは話さない主義なの」。私はそう答えながらも、とりあえず名刺は受け取った。

数週間後、私は左足の第五中足骨を骨折した。それからの四カ月間は家から出ることができず、ソファに座っているときはずっと足を上げていた。

スザンヌ・クレイグの言葉を借りれば、「現アメリカ合衆国大統領の歴史を書き直す」のに役立つ資料を私が持っているはずだ、と繰り返し訴える手紙が届いたという。私は無視した。だが、彼女は食い下がった。

ソファに座りっぱなしの生活が始まって一カ月が過ぎたころ、テレビのニュースを流しっぱなしにしてツイッターをスクロールしながら、私は、ドナルドが社会規範をずたずたにし、同盟国を危険にさらし、弱者を踏みにじるのをリアルタイムで注視していた。ただ一つ驚いたのは、ドナルドがそうすることを望む人の数が増えていることだった。

叔父の方針のせいで民主主義が崩壊し、この国の人々の人生がおかしくなっていくのを目の当たりにしながら、私はスザンヌ・クレイグの手紙のことを考えつづけた。そしてある日、彼女の名刺を探し出して電話をかけた。力にはなりたいが、何年も前の訴訟に関する資料はもう残っていないと伝えた。

「ジャック・バルノスキーの手元にはまだあるかもしれませんよね」。スザンヌは言った。

一〇日後、私はジャックのオフィスに向かった。

ファレル・フリッツ法律事務所のメインオフィスは、上から見ると楕円形が二つ並んだ青いガラス張りの建物の片方に入っていた。建物のあいだから吹きつける身を切るように冷たい風が、広大な空間が広がる駐車場を抜けていく。入り口の近くには車を停められなかったので、駐車スペースを見つけたあと、松葉杖をつきながら一〇分かけてロビーにたどり着いた。それから、エスカレーターと大理石の床に細心の注意を払いながら進んだ。

目的の場所に到着したころには、私は疲れ果て、熱っぽくなっていた。三〇個の書類箱が、壁二面の書棚にびっしり詰まっている。ほかに室内にあるものといえば、一組のデスクとチェアだけだった。ジャックの秘書が気を利かせて、メモ帳とペンといくつかクリップも用意してくれた。私はバッグを置いて、松葉杖を壁に立てかけ、ほとんど倒れ込むようにしてデスクチェアに座った。書類箱のどれにもラベルはついていない。どの箱から手をつけていいかわからなかった。

箱の中身に目を通してリストをつくるのに一時間ほどかかった。私はチェアごと部屋のなかを移動しては、片足で立って箱を持ち上げて机の上にのせなければならなかった。ジャックが様子を見に来たときには、私は顔を真っ赤にして、汗ぐっしょりだった。ジャックはどの書類も部屋からは持ち出せませんからねと念を押した。「あなたのお兄さんのものでもありますから、許可が必要なのです」。実際にはそんな必要はなかったのだが。

部屋を出ていこうと背を向けたジャックに呼びかけた。「ジャック、ちょっと待って。どうして私たちは訴訟を和解で解決することにしたのでしたっけ?」

「あなた方が裁判費用を心配なさったからですよ。それからご承知のとおり、当方は報酬が不確実な案件は取り扱いません。先方は嘘をついているとわかっていましたが、水掛け論でした。それに、あなた方のおじいさまの遺産は三〇〇〇万ドルの価値しかなかったのです」。それは二〇年近く前、最後に会ったときにジャックが口にした言葉とほぼ同じだった。

「ええ、そうだったわね。ありがとう」。私はまさにこのとき、祖父が亡くなった時点の財産が実際には一〇億ドル近くあったことを証明する書類を手にしていた。ただし、まだそのことに気づいてはいなかったが。

ジャックが部屋にいなくなったことを確認してから、私は祖父の遺言書、訴訟の宣誓証言がすべて入ったフロッピーディスク、祖父の銀行記録の一部──どれも訴訟の関係資料として私が法的に得る資格のあるもの──をつかんで、バッグに詰め込んだ。

翌日、スザンヌが私の家に立ち寄って、それら一式を受け取った。スザンヌは今後もっと安全に連絡を取り合えるよう、プリペイド式携帯電話を置いていった。私たちは念には念を入れた。

三度目にファレル・フリッツ法律事務所を訪れた際、私はすべての箱の中身を念入りに調べて、コピーがどれ《ヽ》も《ヽ》二部ずつあることに気づいた。その事実をジャックの秘書に告げ、兄の許可をとるまでもないことを暗に伝えた。私は兄を巻き込みたくなかったので、ほっとした。万一兄が必要とした場合に備えて、コピーは一部ずつ残しておくつもりだった。

ニューヨーク・タイムズ紙が求めている資料のリストを探しはじめたところで、ジャックからメッセージが届いた。コピーを一部ずつ置いていくなら、欲しい資料はなんでも持っていってかまわないということだった。まだそのための準備はできていなかった。実のところ、私はこっそりと持ち出した資料を携えて、スザンヌと彼女の同僚のラス・ビュートナーとデイヴィッド・バーストウ（この件にかかわっているもう二人の記者）と自宅で午後一時に会う予定だったのだ。私はスザンヌに、少し遅刻するとメールした。

午後三時、借りてきたトラック――骨折のせいで自分の車はクラッチの操作ができないから――を建物の下の搬出口まで運転していき、荷台に一九個の箱を積んだ。

自宅の私道に車を停めたときには暗くなりはじめていた。三人の記者はデイヴィッドの白いSUVのなかで私を待っていた。フロントグリルにワイヤーで取り付けたトナカイの枝角と巨大な赤い鼻がいやでも目を引く。私が箱を見せると、みんなで抱き合った。この何カ月かでいちばんうれしい瞬間だった。

スザンヌとラスとデイヴィッドが帰ると、私はすっかり疲れ果てるとともに肩から力が抜けた。頭がくらくらするような数週間だった。自分がいましていることがどれほど危険をともなうものなのか、完全にはわかっていなかった。一族のなかの誰かが私のしていることに気づけば、反撃されるだろう。彼らがいかに執念深いかはわかっている。だが、どれくらい深刻な結果を招くことになるのかまでは見当がつかない。どんな結果であれ、彼らが過去にしたことに比べればたいしたものではないはずだ。これでなんとか状況を変えられるかもしれない。私はようやくそう思えた。

これまで、私には人並外れてできることなどなかったので、何をするにしても必死に取り組んできたわけではない。よい人間であることやよい行いをするぐらいでは意味がなく、何かをするなら、人よりはるかに秀でていなければならないと思っていた。ただ検察官になればいいというわけではない。国内で最高の検察官に、連邦判事にならなければならないのだ。飛行機も飛ばせばいいというわけではない。ジェット機時代の黎明《れいめい》期の大手航空会社のプロのパイロットにならなければならない。長いあいだ、私はそんなふうに感じることを祖父のせいにしてきた。だが、祖父から見て「一番」であれという期待は、あくまで私の父（期待に応えられなかった）とドナルド（祖父の期待をはるかに上回った）だけにかけられたものだったということに誰も気づいていなかった。

私が何を成し遂げようと、どんな貢献をしようと、祖父はまったく気にかけていなかった。私はただ、自分が自分にかけた現実離れした期待のせいで身動きがとれなくなっているだけだった。そのことをようやく悟り、それでも私は、呪縛を解くには自分が正しいと思うことを堂々と主張するしかないと感じていた。シリアの難民を支援する組織でボランティアをするだけでは十分ではない。ドナルドにひと泡吹かせないと、気がすまなかった。

大統領選挙のあと、ドナルドは自分がどんな感じに見えたかを確認するためと称して、姉のマリアンに電話してきた。もちろん、その答えはわかっている。そうでなければ、そもそも電話をかけたりしなかっただろう。すばらしい出来だったとマリアンに太鼓判を押してほしかったにすぎなかったのだ。

マリアンが「あまりいいとは言えないわね」と答えると、ドナルドはたちまち気分を害した。

「それはないだろう」とドナルド。ドナルドのせせら笑いが目に浮かぶようだった。すると唐突に、ドナルドはこう言った。「マリアン、おれがいなければきみはどういう立場になっていたんだろうね」。なんと独りよがりの発言だろう。マリアンが連邦控訴裁判所判事の職につけたのは、ロイ・コーンが何年も前にドナルド（とマリアン）に便宜を図ったからで、つまりはドナルドのおかげだというのだ。

伯母はかねてから自分の裁判官としての地位はまったくの実力で得たものだと自負していたので、ドナルドに言い返した。「もう一回そんなことを口にしたら、ただじゃおかないわよ」

だがそれは、無意味な脅しにすぎなかった。マリアンは、自分はドナルドが地球上で唯一耳を傾ける人物であると自慢していた。だがそれもはるか昔のことにすぎないということが、まもなく、二〇一八年六月に明らかになる。ドナルドと北朝鮮の独裁者である金正恩との第一回目の首脳会談が開かれる前日、マリアンはホワイトハウスに電話をかけて、ドナルドの秘書に伝言を残した。「姉から親身のアドバイスの電話があったと伝えてちょうだい。きちんと準備をすること。自分が何をしているかわかっている人物から学ぶこと。デニス・ロッドマンからは距離をとること。それから、ツイッターは家でしかやらないこと」

ドナルドはそのどれも無視した。翌日のポリティコの見出しは、「トランプいわく、金正恩との会談で肝心なのは『姿勢』であって準備ではない」だった。マリアンが弟に対して影響力を持っていたとしても、それはすでに過去の話だった。それ以降、誕生日に欠かせない電話でのお祝いの言葉以外、二人はあまり話さなくなった。

例の記事を書くにあたって、ニューヨーク・タイムズ紙の記者たちは、祖父が所有していた物件めぐりをしないかと私を誘ってくれた。二〇一八年一月一〇日の朝、彼らはいまだに枝角と赤鼻が飾られているデイヴィッドのSUVで、ジャマイカ駅で私と落ち合った。私が育った〈ハイランダー〉を皮切りに、一日でトランプ帝国をできるだけたくさん訪れるという計画だ。私たちは雪が吹きだまりになり、ところどころ凍っているなかをあちこち移動した。

九時間たっても、私たちはまだすべてを見おわってはいなかった。当時、私は松葉杖からステッキ型の杖に替えていた。それでも、家に帰ったときには心身ともに疲れきっていた。私は今日見てきたものについて考えた。物心ついたころから、祖父がビルを所有していたことは知っていたが、それがどれほどの数なのかまったくわかっていなかった。さらに心がかき乱されたのは、私が聞いたこともないいくつかのビルのうちの二〇パーセント分を私の父が所有していたらしいということだ。

二〇一八年一〇月二日、ニューヨーク・タイムズ紙は、これまでの記事のなかでも最長となる、一万四〇〇〇語近い記事を発表する。私の祖父や叔父や伯母たちが関与してきた、詐欺や犯罪の可能性のある数々の行為を暴く内容だった。

ニューヨーク・タイムズ紙の記者チームによる驚くべき報告を通じて、私は自分の一族の財政事情をこれまで以上に知ることになった。

ドナルドの弁護士、チャールズ・J・ハーダーは、予想どおり記事の内容を否定したが、調査報道の記者たちは衝撃的な事実を提示していた。フレッド（著者の祖父。ドナルドの父）はその生涯を通じて、妻と二人で子どもたちに何億ドルも渡していたという。祖父が生きていたあいだ、ドナルドだけでも四億一三〇〇万ドル相当を、しかもその多くを疑問の余地のある手段で受け取っていた。一度も返済したことのない融資、満期を迎えたことのない不動産投資事業。つまり実質的に、一度も課税されたことのない贈与だ。そこにはドナルドが祖父の帝国を売却したことで手にした一億七〇〇〇万ドルは含まれていない。記事に書かれていた総額は気が遠くなるような数字で、四人のきょうだいは何十年間もその恩恵を受けていたという。私の父も明らかに若いころはその分け前にあずかっていたが、三〇歳になるころには、何がしかを受け取っていたことを示すものは何も残っていなかった。父のお金がどうなったのかわからなかった。

一九九二年、ドナルドが祖父の遺言から実質的にきょうだいを除外する遺言補足書を添付しようとしたわずか二年後、ドナルドを含むきょうだい四人は突如として団結した。生まれてこのかた父親によって競争し合うよう仕向けられたきょうだいたちが、ここに至って、自分たちの相続分を政府から守るという共通の目的を持ったのだ。フレッドは、遺産税を最低限に抑えるために、生きているうちに彼の帝国の支配権を子どもたちに譲ったほうがいいという弁護士の助言を聞き入れようとはしなかった。つまり、マリアン、エリザベス、ドナルド、ロバートには、何億ドルという遺産税を支払わなければならない可能性が十分あった。多くのビルに加えて、祖父は莫大な額の現金も蓄えていた。不動産物件は、赤字に陥ることなく、毎年数百万ドルの利益をもたらしていた。きょうだいの解決策は、〈オール・カウンティ・ビルディング・サプライ・アンド・メンテナンス〉という会社を設立することだった。この時点で、祖父は実質的に脇へ追いやられた。しかし、それは認知症の進行のせいであって、計画に反対するかもしれないからではなかった。さらに、私の父はずいぶん前に他界していたため、マリアン、ドナルド、ロバートのやりたい放題だった。三人は私たちの管財人だったが、フリッツと私に対する責任を果たすよう指図する力を持つ人物はいなかったので、簡単に私たちを蚊帳《かや》の外に置いたのだ。

記事によれば、伯母や叔父たちは、父フレッドに負けないぐらい税金を払うのを嫌がり、オール・カウンティ社の主要な目的は、「合法的な商取引」に見せかけた大量の贈与を通じてトランプ・マネジメント社から金を吸い上げることだったという。その策略が功を奏し、一九九九年にフレッドがこの世を去ったとき、フレッド本人の資産といえるものは、わずか一九〇〇万ドルの現金と、ドナルドからの一〇三〇万ドルの借用証書だけだった。翌年、祖母メアリー・アンの死後、祖父母の財産の合計はたった五一八〇万ドルだという話だったが、馬鹿げた主張だった。なにしろ、きょうだいは四年後に七億ドル以上で帝国を売却したのだから。

祖父からドナルドへの投資は、短期的にはプラスに働いた。ドナルドの「キャリア」の重要な局面では、数百万ドル、ときには数千万ドルの投資が戦略的に行われた。投資は、ドナルドのイメージとそのイメージにふさわしいライフスタイルを支えることもあれば、ドナルドがある場所へ入れるようにしたり、便宜を図ってもらえるようにしたりすることもあった。その回数はどんどん増えていき、ドナルドを何度も窮状から救い出した。フレッドは、ドナルドに投資をすることで、ドナルドの栄光を自らも間接的に味わうことができた。それができたのは、自分の専門知識と経済力のおかげであると自負し、フレッドはそのことに満足していた。だが、長期的に見れば、自分の帝国を末代まで継いでいかせたいと願っていた祖父は、実際にはその帝国を失ったのだ。

兄と私がロバートに会って祖父の遺産について話し合うたび、ロバートは私たちには何も渡さないという祖父の希望を尊重することを強調した。ところが、自分たちの利益が絡んでくると、トランプ家の生存する四人のきょうだいは、ためらうことなく、祖父が最も望まなかったであろうことをした。祖父の帝国の売却である。ドナルドがその意向を表明したときに、誰も反対しなかったのだ。

二〇〇四年、祖父が七〇年以上かけて築いてきた帝国の大部分がルビー・シュロンに七億五六〇〇万ドルで売却された。シュロンの購入に資金を調達していた銀行は、資産に一〇億ドル近い価値を見込んでいたので、交渉の達人だった私の叔父のドナルドのせいで、あっさりと三億ドル近くを損したことになる。

不動産をまとめて売却する作戦は大失敗だった。最も賢明な方法は、トランプ・マネジメント社をそのまま維持することだったはずだ。そうすれば、四人のきょうだいは、ほぼ働かずして、それぞれが年間五〇〇万ドルから一〇〇〇万ドルを手にできたのだ。だが、ドナルドはもっと多額の現金を必要としていた。たとえ毎年五〇〇万ドルから一〇〇〇万ドルを得られるとしても、そんなはした金で自分の計画を邪魔立てされたくなかったのだ。

ドナルドたちはビルや複合施設を個別に処分することもできたはずだ。そうすればそれぞれの販売価格はかなり上乗せできただろう。ただし、その手続きには時間がかかる。アトランティック・シティの債権者たちに追い立てられていたドナルドは、あまり待ちたくなかった。だいいち、多数の物件を売却すれば秘密にしておくのはまず無理だ。ドナルドたちはできるだけ迅速かつひそかに、一度の取引で売却を終わらせたかった。

その点では四人のきょうだいは成功したといえる。ドナルドの不動産取引のなかで、マスコミの注目を集めなかったのはこの一件だけかもしれない。マリアンやエリザベスやロバートにたとえ異存があったとしても、彼らはそれを胸におさめておいた。マリアンはドナルドより一〇歳近く年上で、ドナルドより頭もよく、教養もあるというのに、いまでも彼におとなしく従っている。「ドナルドは言い出したら聞かないから」。マリアンはそう言うが、それだけではなく、三人とも危険を冒してまで待てなかったのだ。四人とも、どこに帝国の重要なものが眠っているかを知っていた。なにしろ、全員でオール・カウンティ社にそれを隠したのだから。

帝国の売却によって、四分割した結果、一人およそ一億七〇〇〇万ドルを手にすることになった。ドナルドにとってはそれでもまだ十分ではなかった。四人ともそうだったのかもしれない。彼らにとっては、これまで一度も何かが「十分」だったことなどないのだから。

記事が公表されるまで一カ月を切った二〇一八年九月、私はマリアンを訪ねた。彼女は記者のデイヴィッド・バーストウから連絡があったと言った。私のいとこのデイヴィッドは、かつて祖父の会計士を務め、現在は九一歳でフロリダのどこかの介護施設に入っているジャック・ミトニックを追っていた。ミトニックが暴露記事の情報源に違いないと思っていたからだ。マリアンは私の質問にはいっさい取り合わず、記事は一九九〇年の遺言補足書をめぐるものにすぎないと言った。だが、本当にバーストウと話したなら、記者たちが実際に調べていた対象が脱税疑惑のオール・カウンティ社だと察しがついたはずだ。しかし、マリアンに動じた様子はなかった。いまはまったく別の理由から、どうしてマリアンとロバートは、ドナルドが大統領選に立候補するのを全力で思いとどまらせようとしなかったのか不思議でならない。ドナルドが（ひいてはマリアンたちも）いつまでも追及されずにすむとは考えられなかったはずなのに。

記事が掲載されたすぐあとに、私はふたたびマリアンと会った。彼女は記事の内容をすべて否定した。結局のところ、当時のマリアンは何も知らない「若い女」にすぎず、署名を求める書類が目の前に置かれたとき、何も尋ねることなく署名したのだ。「この記事は六〇年前まで遡《さかのぼ》ってるのよ。私が判事になる前だわ」。マリアンは、調査自体も大昔に終わったかのようにそう言った。どんな波紋が広がろうと、関心がないようだった。マリアンの疑わしい行為について査問委員会が開かれたが、それを終わらせるには判事を辞めるしかなかった。彼女は退官し、それによって年間二〇万ドルの年金が入ってくることになった。

それまでマリアンは、遺産相続の話を誰がメディアに漏らしたかという疑惑の目を、高齢のジャック・ミトニックから、自分のいとこ――私の祖父の姉エリザベスの息子――でその年の一月に亡くなっていたジョン・ウォルターに向けていた。マリアンがあっさりとその結論に飛びついたことに私は仰天した。ジョンは私の祖父フレッドのために、フレッドとともに何十年も働いてきた。祖父の富の多大な恩恵にあずかり、オール・カウンティ社の件にも首までどっぷり浸《つ》かって、私の知るかぎり、ずっと義理堅かった。マリアンがジョンを巻き込もうとするのは奇妙な気がした。とはいえ、彼女がジョンに疑惑を向けたことで、私は目をつけられずに助かったのだが。その時点で私の知らないことがあった。それは、ジョンの死亡記事にはドナルドのことがいっさい触れられていなかったことだ。ジョンは前々からトランプ家の歴史に興味を持っていて、トランプ・マネジメント社とのつながりを自慢していたので、言及されていないのは意外だった。

だが、さらに驚いたことがある。マリアンは、私が記事の内容を知って動揺するとは思わなかったらしい。彼女までもが、真実を消し去って過去を書き換えた一連の出来事をまるで本当に信じているかのようだった。暴かれた内容によって、私が影響を受けるなどとは、彼女の頭をかすめもしなかったのだ。

それどころか、祖父の遺言をめぐって私たちと争うことになった、きょうだいで着服した可能性のある巨額の金も、彼らが私たちのパートナーシップとしての利益配分を大幅に切り下げたことも（いまになってようやくこのことを理解できた）、病的なまでに些細なことのようだった。私たちの医療保険に対してマリアンたちのした甥への仕打ちがいっそう残酷に思えた。

第一四章　ホワイトハウスの住人

一族の「屋敷」からトランプタワー最上階のペントハウスを経由して〈ウエストウイング〉に至る道は、トランプ・マネジメント社からトランプ・オーガニゼーション社を経由して大統領執務室《オーバルオフィス》に至る道と同じように、一本の線でつながっている。「屋敷」を起点とする線は、ドナルドの物質的な要求を満たすように入念に整備された道だ。一方、トランプ・マネジメント社を起点とする線上では、ドナルドではなく別の誰かが仕事を行い、ドナルド自身は権力を得たり維持したりするために求められる専門知識や技術を身につける必要に迫られなかった（ドナルドが他人の専門知識を軽んじる理由の一つがここにある）。この二本の線上で起こることのすべてが、ドナルドを自身の失敗から守り、自分は成功者だと信じさせている。

私の祖父にとってドナルドは、ドナルドにとってのメキシコとの国境の壁と同じようなものだった。つまり、彼らはいずれも、価値あるものの追求を犠牲にして、虚栄心を満たすためのプロジェクトに資金をつぎ込んだのだ。フレッド（著者の祖父。ドナルドの父）は、自分の跡を継がせるようにドナルドを育てたわけではない。正常な判断力や認識力がまだあったときのフレッドは、トランプ・マネジメント社を誰にも任せようとしなかった。祖父は、ドナルドが数々の失敗やお粗末な判断を繰り返したにもかかわらず、かなえられなかった野望を実現する表の顔としてドナルドを利用したのだ。フレッドはドナルドの偽りの達成感を支えつづけた。やがて、ドナルドの唯一の長所は、自分より力のある人間に簡単にだまされるところだけになった。

当然、ドナルドを利用しようとする者がつぎからつぎへと現れる。一九八〇年代、ニューヨークのジャーナリストやゴシップ欄のコラムニストは、ドナルドは自分が笑いものにされているのかお世辞を言われているのかすら区別がつかないと気づき、恥知らずの彼を利用して新聞の売れ行きを伸ばすのに貢献した。そうしたイメージと、そのことが表す男の弱さが、テレビ番組のプロデューサー、マーク・バーネットの心をとらえた。『アプレンティス』が初めて放映された二〇〇四年には、ドナルドの財政状況は目も当てられないほど悲惨な状態であり（きょうだいとともに父親の遺した不動産を売却した際の一億七〇〇〇万ドルの取り分があってさえそうだった）、ドナルドの「帝国」は、〈トランプ・ステーキ〉〈トランプ・ウォッカ〉〈トランプ大学〉といった、上向きになる見込みのないブランド戦略事業でかろうじて成り立っていた。ドナルドはバーネットの格好の標的になったのだ。ドナルドと視聴者の双方をジョークの種にしたのが『アプレンティス』だった。正反対の証拠がそろっているにもかかわらず、『アプレンティス』では、ドナルドはまっとうに成功した大物として紹介された。

祖父のフレッドは不動産業を始めてから四〇年間、負債を抱えたことは一度もなかった。だが、一九七〇年代と八〇年代、ドナルドの野心が膨らみ、失敗する回数が増えるにつれて状況は変化した。父親の帝国を広げるどころか、トランプタワー（ドナルドの最初のプロジェクトだった〈グランド・ハイアット・ニューヨーク〉とともに、フレッドの財力と影響力がなければ成功しなかった）のあとにドナルドが行ったことのすべてが、帝国の価値を少しずつ失わせていったのだ。一九八〇年代後半になると、ドナルドは、不動産業界の天才かつトップクラスの売買仲介人という、肥大化していく自身の虚構のイメージを維持するために、トランプ・マネジメント社から莫大な金額を流用した。そのため、トランプ・オーガニゼーション社は資金を失うことを業務としているようなものだった。

皮肉にも、不動産業でのドナルドの失敗回数が増えれば増えるほど、祖父がドナルドを成功者に見せなければならない必要性も増していった。フレッドはドナルドを信用すると同時に、やるべきことを心得ている人材――ドナルドを支え、ドナルドのために嘘をつき、ファミリービジネスというものがどのように回っているのかを理解している人たち——でまわりを固めた。

祖父フレッドがドナルドに資金を投じれば投じるほど、ドナルドは自信を深め、より巨大でリスクのあるプロジェクトに向かい、それがより深刻な失敗につながっていく。フレッドはさらに援助の手を差し伸べなければならなくなる。祖父はドナルドに力を与えつづけることで、ドナルドのそうした状態を悪化させた。メディアの注目と自由になるお金をさらに欲しがり、自分がどれほど「偉大」なのかについて、ますます妄想を深めていった。

ドナルドを窮地から救い出すのは、もともとフレッドが一人で行っていたことだが、ほどなくして銀行がそのプロジェクトのパートナーになっていく。銀行は当初、ドナルドには大胆なほど効率よく仕事を遂行する能力があると信じ込み、ドナルドに対して誠実に働いていた。やがて倒産が相次ぎ、無謀な取引の請求書が支払い期限を迎えていく。そういう状況にあっても融資は続いた。そうした融資はいまや、そもそもは銀行を欺《あざむ》く手段として使っていた自身の成功幻想をいつまでも維持するために必要であった。たとえ事実に反していたとしても、ドナルドが自分は優位に立っているという感覚を強めていったのは理解できる。ドナルドは、他人にいいように利用されてもまったく気づかず、自分が主導権を握っていると信じていた。フレッドも銀行もメディアも、自分たちの思いどおりにするために、ドナルドにいっそう自由にやらせたのだ。

〈コモドア・ホテル〉の買収に乗り出したごく初期の段階で、ドナルドは記者会見を開き、自分がプロジェクトに関与していることがまるで既成事実であるかのように発表した。実現してもいない取引が行われたかのように嘘をつき、自分をこのプロジェクトからはずすのが難しくなるように、巧みに入り込んだのだ。そのあと、ドナルドとフレッドはこの策略を用いることで、ニューヨークのマスコミで高まった評判――さらに、フレッドの何百万ドルもの資金――を悪用して、ドナルドのつぎの開発事業であるトランプタワーに関する莫大な額の税金を支払わずにすませた。

ドナルドの頭のなかでは、たとえ不正行為で達成したことであったとしても、すべては自分の実力ということになる。ドナルドは、いったいどれだけのインタビューのなかで、自分が父親から借りたのはほんの一〇〇万ドルであり、それは返済しなければならないが、それ以外に成功したのはひとえに自分の力のおかげだという、明らかに事実とは異なる発言をしてきたのだろうか。どうしてドナルドがそんなふうに思えるのか、それは簡単に想像できる。縮小しつつある自由主義世界のうわべだけのリーダーたちのように一貫して華々しく失敗しつづける者など、ドナルド以外、ほかに誰もいないからだ。

今日のドナルドは、三歳のときと変わらない。成長したり、学んだり、進化したりすることは見込めず、感情をコントロールすることも、反応を抑制することも、情報を取り入れてそれをまとめることもできない。

ドナルドは、承認欲求がきわめて強いために、彼の支持者の最大グループは政治集会には来ない人たちであり、ドナルドが気さくな態度をとる必要もない人たちだということに気づいていないようだ。ドナルドの根深い不安感は、彼のなかに欲求のブラックホールを生み出した。絶えず賞賛の光を要求するものの、そうした光は浴びるそばから消えてしまう。満足することはけっしてない。これは、よくあるナルシシズムの域をはるかに超えている。ドナルドはただ弱いわけでなく、自我《エゴ》が脆弱《ぜいじゃく》なために、常にそれを補強しつづける必要がある。なぜなら、自分は主張しているとおりの人間ではないと心の奥でわかっているからだ。ドナルドは愛されたことがないのを自覚している。だから、たとえ取るに足りないようなことでも、それに同意してもらうことによって人を自分の味方にできるなら、そうせずにはいられない。「この飛行機、最高じゃないか?」「ええ、ドナルド、この飛行機は最高ですね」。そのちょっとした歩み寄りをドナルドに対してしぶるのは失礼というものだ。つぎに、ドナルドは自分の傷つきやすさと不安な気持ちを相手のせいにする。相手は彼のそういう気持ちをなだめ、彼の面倒をみなければならない。それがうまくいかなければ、ドナルドには耐えがたい孤立感が残る。ドナルドから承認してほしい人は、その承認を維持するためになんでも口にするだろう。自分はおおいに苦しんできた。そして、あなたがその苦しみを軽減するために最大限の手を尽くさないなら、あなたも苦しむべきだと、ドナルドは考えているのだ。

一族の「屋敷」における子ども時代から始まり、若くしてニューヨークの不動産業界と上流社会へ足を踏み入れた、今日に至るまでのドナルドの常識はずれの行動は、まわりの人たちによって「標準化《ノーマライズ》」されてきた。ニューヨークの不動産業界に衝撃を与えたドナルドは、生意気な独立独歩の仲介者としてもてはやされた。「生意気」は褒め言葉として用いられたが（礼儀知らずや傲慢《ごうまん》というより、自己主張をにおわせるために使われた）、実際の彼は、独立独歩でもよい仲介者でもなかった。しかし、そういうドナルドの言葉の誤用と、メディアが鋭い質問をぶつけなかったことから、すべては始まった。

ドナルドの特技（自分をよく見せること、嘘をつくこと、巧妙にごまかすこと）は、ドナルド流の成功に特有の強みと解釈された。ドナルドの富とそれに続く「成功」について彼自身が人々に語ってほしいと思っている物語を永続させることによって、私たち一族だけでなく、多くの人が彼をノーマライズしはじめてしまった。ドナルドによる未登録労働者の雇用（と待遇）も、完成した工事に対する請負業者への支払いの拒否も、事業を遂行するために当然必要なコストだとみなされた。他人を軽視し、正当な報酬を支払わないことが、むしろドナルドをあなどれない人間に見せてしまったのだ。

そうした誤った報道のされ方は、当時はさほど罪のないことに思えたに違いない。なにしろ、それによってニューヨーク・ポスト紙が販売部数を伸ばしたり、『インサイド・エディション』が視聴者数を稼いだりしたからだ。だが、それぞれの違反行為は、必然的にさらに深刻なものへとつながっていった。ドナルドの策略が倫理にもとるペテンではなく、論理的な計算によるものだという考えは、ドナルドとフレッドが何十年もかけてつくりあげてきた神話の別の側面だった。

ドナルドの根本的な性質は変わっていないが、大統領に就任して以来、彼が受けているストレスの量は劇的に変化した。仕事上のストレスではない。なぜなら、テレビを観たり、侮蔑的なツイートをしたりするのを除けば、仕事などほとんどしていないからだ。ドナルドは自分が何も――政治も、市民の権利や義務も、基本的な人間の良識も――知らないという事実を私たちの目からそらしつづけるためだけに膨大な労力を費やしている。数十年のあいだ、ドナルドはよくも悪くも注目されてきたが、事細かな観察の対象になったことはめったになく、激しく彼に反対する相手に対峙せざるをえなくなったこともなかった。

ところが、いま彼の自意識と世界観全体が問われている。

ドナルドの問題は山積している。問題を解決するため、あるいは問題が存在しないふりをするために求められる駆け引きはいっそう複雑になり、その分、もみ消してくれる人間もたくさん必要になったからだ。ドナルドは自分で問題を解決したり、証拠をうまく隠滅したりする準備がまったくできていなかった。そして結局は、ドナルドがより広い世界と折り合いをつける手助けをするのではなく、そもそも彼自身の弱さから彼を守るための仕組みができあがった。

きわめて高価で頑丈だったはずのドナルドの防護室の壁は崩れはじめた。近づけるのは、彼より弱く彼より臆病だが、彼に負けず劣らず必死に自分を売り込もうとする者たちだけだ。そうした人たちの未来は、ドナルドの成功と好意に直接左右される。どの人も、自分たちもやがては、かつて彼に忠誠を誓った人たちと同じ運命をたどるということに目を向けようとしない、あるいは、そう思わないようにしている。ドナルドを彼自身の能力のなさから守りながら、根拠のない自信を持たせつづける「サクラ」の役割を喜んで買って出る人はいくらでもいるようだ。ドナルドを最初に祭り上げたのは彼以上の力を持つ人たちだったが、ドナルドをそのポジションにとどまらせたのは彼より力の弱い人たちだった。

ドナルドが共和党の有力候補者となり、その後、指名を受けたとき、国内のマスコミは彼の人種差別主義《レイシズム》や強度の女性嫌悪《ミソジニー》だけでなく、彼の病理（虚言癖や誇大妄想癖）を取り上げ、そうした性質が、意図された成熟さや真面目さの下に隠された面白い特異性であるかのように論じた。時の経過とともに、共和党の大半が――極右からいわゆる穏健派まで――ドナルドを受け入れるか、あるいは、彼の弱さや影響されやすさを都合よく利用するために見て見ぬふりをした。

選挙後、心理学的にフレッドに似たところのある、ウラジーミル・プーチン、金正恩、合衆国上院議員ミッチ・マコーネルの三人は、ドナルドには、その波乱に富んだ経歴と独特の性格的な欠陥から、より頭が切れ、より強力な相手に操られやすい面があると気づいていた（ほかの人もそれに気づくべきだったが、気づけなかった）。そうした病理によって、ドナルドは実に単純な人間になっていたため、まわりの人間は、彼が自分に言い聞かせていることや、自分について語っていることを一日に何度も本人に向かって繰り返すだけでいい。ドナルド・トランプは誰よりも賢い、最高だ、超一流だ、と。そうすれば、彼は相手の望むことをなんでもしてくれる。強制収容所に子どもを送り込むことも、同盟国を裏切ることも、経済の打撃となる減税の実施も、アメリカ合衆国の隆盛と自由民主主義の繁栄に貢献しているあらゆる機関の品位をおとしめることも。

　アトランティック誌の記事のなかで、アダム・サーワーは、ドナルドにとっては残酷さがポイントになると述べている。フレッドにとっては、まったくそのとおりだった。私の祖父の数少ない楽しみの一つは、お金を稼ぐことを除けば、他人に恥をかかせることだった。目覚ましい成功と他人より優れているという自信に支えられ、あらゆる状況のなかで自分は正しいと確信しながら、フレッドは、自分自身の権威に対して唱えられるどんな異議も罪とみなして迅速かつ徹底的に懲《こ》らしめ、楯突いた者に身のほどを思い知らせなければ気がすまなかった。実際のところそれが、フレッドがフレディ（著者の父。ドナルドの兄）を飛ばしてドナルドをトランプ・マネジメント社の社長に昇格させたときに起こったことだった。

　フレッドと違ってドナルドは、絶えず自分が正統な者だと思われるように苦心していた。フレディの適切な交代要員として、あるいはマンハッタンの不動産開発業者またはカジノの大物として。そしていまや、大統領としての資質をまったく有していないという不名誉、もしくは選挙での「勝利」が正当なものではないという不名誉からけっして逃れられない、大統領執務室の占有者として。ドナルドのそれまでの人生では、フレッドが金に糸目をつけずに繰り返し介入したにもかかわらず、失敗が山積みになっていた。そこで、これまで手にしたことが一度もない正統性を求める闘いから、自分が正統であったためしがないことを誰にも悟られないように画策する闘いへと舵《かじ》を切った。まさしく、いまの彼はその状態だ。それは、まさにわが国が置かれている困難な状況でもある。現在のアメリカ政府は、行政府、連邦議会の半分、最高裁判所の大部分を含めて、もっぱらドナルドのエゴを守るために動いている。

ドナルドの残酷さは、彼が実際にどの程度失敗したのかということから、国民と自分自身の両方の目を逸らすための手段として機能している。失敗が深刻になればなるほど、ドナルドの残酷さも増していく。ドナルドが内部告発者を脅し、圧倒的な有罪の証拠を突きつけられながらも自分を免罪にするよう上院議員に強制し、戦争犯罪で告発され死体といっしょにポーズをとって写真撮影をしたとして有罪判決を受けた海軍特殊部隊のエディ・ギャラガーを放免したのと同じ月に、ドナルドが拉致《らち》してメキシコの国境沿いにある強制収容所に入れた子どもたちの存在に注意を払える人などいるだろうか。ドナルドが四万七〇〇〇枚のお皿を空中で回しつづけられるなら、そのお皿のどれか一枚に焦点を合わせられる人などいないだろう。あまりに多くの出来事がありすぎて、一つのことになどとても集中できない。
ドナルドの残酷さはすなわち、お粗末ながら権力の行使でもある。彼はいつも自分より弱い者や、義務や従属関係によって自由に反撃できない者に対して力をふるってきた。従業員や政治任用官（大統領や首相の判断で任命され、政府の要職についた人）は、ドナルドにツイッターで攻撃されても、自分の立場を危険にさらす恐れがあるので、反撃できない。フレディは大空への情熱を弟に馬鹿にされても、親に対する子としての責任感と慎みのせいで仕返しができなかった。ちょうど新型コロナウイルスの危機の際に、民主党支持州の知事が市民に対する十分な支援を求めるのに必死なあまり、人工呼吸器やそのほか救命に必要な物資を送ってもらえなくなるのを恐れ、ドナルドの無能ぶりを非難するのを控えていたのと同じだ。ドナルドがずいぶん昔に攻撃対象を選ぶ術《すべ》を習得しているとも知ってのことだった。

ドナルドは長いあいだ、無関心への恐怖と、兄の破滅を招いた失敗への恐怖のあいだの暗い空間に存在していた。兄が完全に破滅するまでに四二年の時を要したが、その土台は早い時期に築かれた。そして兄に対する辱《はずかし》めなどが目の前で行われたことで、（まだ子どもだった）ドナルドは精神的打撃を受けたのである。これらの二つの組み合わせ――目撃したことと経験したこと――のどちらも、ドナルドを孤立させ、怯《おび》えさせた。ドナルドの子ども時代に恐怖が果たした役割と、それがいま果たしている役割は、どれだけ誇張してもしすぎることはない。ドナルドにとっていまなお恐怖が最大の感情であるという事実は、六〇年前に一族の「屋敷」のなかに地獄が存在したに違いないことを物語っている。

ドナルドが何かについて、最もすばらしいとか、最高、いちばん大きい、何よりもすごい（自分のおかげだと言いたいことも多い）と言うのを耳にするたび、そう言っている男の本質はいまだに幼いときのままなのだと思い出す必要がある。その少年は兄と同じように、自分も能力に欠け、無能ゆえに破滅させられるのではないかという不安にさいなまれているのだ。深層心理のレベルでは、彼の自慢と虚勢は目の前の聴衆に向けたものではなく、一人の人物に向けたものだ。そう、とっくにこの世を去った父親に向けたものなのである。

ドナルドはいつも、ものごとを決めつける発言をして人生を乗り切ってきた（たとえば、「私は誰よりも〇〇について知っている、私を信じてほしい」とか、「私ほど〇〇について詳しい者はいない」など）。核兵器や中国との貿易、そのほか自分が知らないことについては、その場の思いつきで発言する。テストがすんでいない新型コロナウイルスの治療薬の効能を宣伝したり、非常識な歴史修正主義者にかかわったりしても、自分は過ちを犯したことがなく、何一つ自分のせいではないという理由から、基本的に問題にならなかった。

自分が話の主導権を握っていて、前提としていることを詳しく説明したり根本的な事実を実際に理解していることを証明したりすることを迫られないときには、考え方に一貫性があって知識も豊富であるという印象を与えるのはさほど難しいことではない。選挙運動中にメディアが何一つ変化しなかったのは、メディアのたくさんある欠陥のなかの一つだ。ドナルドの常軌を逸した主張や嘘についてきちんと暴いておけば、私たちは彼を大統領にせずにすんだかもしれないのだ。ドナルドが、自身の立場や政策——あらゆる意味において、政策と呼べるものなど実際には存在しないが——について聞かれることはあまりないが、いまだに、理にかなったり理解の深さを示したりすることは必要とされてもいなければ、期待もされていない。大統領選以来、ドナルドはそういう質問を完全に避ける方法を見つけ出した。ホワイトハウスの記者会見や公式記者会見を、「チョッパー・トーク」（取材を受ける側が都合の悪いことは聞こえないふりをする対応）に変えたのだ。都合の悪い質問には、聞き取れないふりができるというわけだ。

二〇二〇年に、ドナルドが新型コロナウイルスの世界的大流行《パンデミック》で開いた「記者会見」は、たちまち、自画自賛と大衆煽動、支持者でいっぱいのミニ選挙集会へと姿を変えた。そのなかで、ドナルドはすでに多くの人の命を失った非人道的な失策を否定し、進展状況について嘘をつき、政府から適切な防護や装備も支給されずに自らの命を危険にさらしながら懸命に市民を助けている人たちをないがしろにした。十万人単位の国民が死にかけているときでさえ、ドナルドは自分のすばらしいリーダーシップが勝利しているように見せかけて語った。ドナルドでさえ真剣にあるいは厳粛になれると誰もが思っているような行事においても、自分と寝たモデルについて冗談を言い、ついでに、フェイスブックのフォロワー数をごまかして伝える。

それでも、引き下がらないジャーナリストは存在する。ドナルドに本気で立ち向かう一握りのジャーナリストに対してはもちろんのこと、不安に怯える国民が少しでも気持ちが楽になるような言葉を求めているだけのジャーナリストに対してさえ、ドナルドは「イヤなやつだ」と嘲《あざけ》り、質問を退ける。フレッドが積極的に促したドナルドの若いころの破壊的な行動から始まり、もはや彼に異議を唱えようとしないメディアの姿勢、二〇一七年一月二〇日からドナルドが日々行っている不正に共和党が喜んで目をつぶっていること、そうした一連の流れによって、かつて偉大だったこの国の経済、民主主義、医療は崩壊の危機に瀕している。

私たちは、メディアと政治の接点を理解するにあたって、ドナルドに「戦略家としての才能がある」などと考えるのをやめなければならない。彼には戦略などない。これまであったためしもない。選挙で有利に働いたまぐれ当たりによって、よくいえば疑わしく、悪くいえば違法だった「勝利」を得たものの、ドナルドは時代精神《ツァイトガイスト》を正確にとらえることなどまったくできていない。ドナルドの大言壮語《たいげんそうご》と恥知らずな性格が、たまたま国民の特定の層と共鳴しただけだ。たとえ二〇一六年の選挙運動で行っていたことがあんなふうにうまくいかなかったとしても、ドナルドはいまでもそれを続けていただろう。彼ができることといえば、嘘をつき、低俗な大衆受けを狙い、不正行為をして、分断の種をまくことだけだからだ。ドナルドは「大統領にふさわしく」なれないだけでなく、変化する状況に適応することもできない。ドナルドは特定の偏見やくすぶっている怒りを利用するのが昔から得意だった。

一九八九年、ドナルドがニューヨーク・タイムズ紙にお金を支払い、ページ一面を丸々使って掲載された長々とした記事は、セントラルパーク・ファイブ（「セントラルパーク・ジョガー事件」と呼ばれる婦女暴行事件の犯人として有罪判決を受けた五人の少年のこと）の死刑を求めるものであって、法の支配に対する彼の懸念についてではなかった（ニューヨーク州は死刑制度を廃止している）。それはドナルドにとって、有力かつ名門の「グレイ・レディ」（ニューヨーク・タイムズ紙の愛称）の紙上で権威ある人間のような印象を与えると同時に、都市にとってきわめて重要で深刻な話題を取り上げる格好の機会だった。それはまた、すでに人種差別が横行している都市で、敵意を意図的にかきたてるむき出しの人種差別だった。

ケヴィン・リチャードソン、アントロン・マックレイ、レイモンド・サンタナ、コーリー・ワイズ、ユーセフ・サラームの五人の少年全員について、その後、疑う余地のないDNA鑑定によって無実が立証され、容疑が晴らされた。だが、こんにちに至るまで、ドナルドは彼らを有罪だと主張している――彼の能力が欠けているさらなる一例だ。事実が明らかにされて自説が否定されても、都合のいい物語を打ち切ることができないのだ。

　ドナルドはどんな叱責も自分への異議として受け止め、批判されれば、それよりひどいことをしてもかまわないといわんばかりに、最初に受けた攻撃を倍にして返す。フレッドはドナルドの頑固さを高く評価するようになった。ドナルドは彼が息子たちに求めたタフさを示していると思えたからだ。それから三〇年後、人々は、ドナルドが最悪の決断をし、悲惨なまでになんの手も打たないせいで、文字どおり死にかけている。何百万という命がかかっている状態で、ドナルドは連邦政府が人工呼吸器を供給しなかったことについて個人的な非難ととり、知事が彼に十分な敬意を払わない州には交付金も出さず救命装置も提供しないと脅した。私は驚かなかった。ただし、ドナルドが社会病質者《ソシオパス》らしく人命を軽視した態度をあからさまにとったことに対して世間が沈黙していることについては、絶望感でいっぱいになった。結局のところ、本当の問題はドナルドという人間そのものではないとあらためて思った。

これが、ドナルドが自分の失敗だけではなく、伝統や、礼儀正しさ、法律、同胞の人間たちに背くことで、絶えず通行証と報酬を与えられつづけた結果なのだ。上院の弾劾裁判で勝ち得たドナルドの無罪判決は、悪い行動に対するそうした報酬のまた別のかたちだった。

口から発せられたとたん、ドナルドのなかでは嘘も真実になるのかもしれない。だが、それでも嘘は嘘だ。ドナルドにとって、嘘は自分がうまくやれるかを確かめる別の方法にすぎない。そして、これまでのところ、ドナルドは何もかもうまくやっている。

エピローグ　一〇番目のサークル

二〇一六年一一月九日、私はドナルドの残酷さと無能さが人々の命を奪うことになるに違いないと確信して絶望的な気持ちになった。私が当時想像していたのは、たとえばドナルドが本来回避できる戦争に巻き込まれたり、あるいはその方向に挑発してしまったりすることによって、悲惨な状況がもたらされるといったことだった。そして、こんなにも多くの人たちがドナルドの最悪の本能を喜んで発揮させてあげることになるなど、まったく予想できなかった。その結果、政府は平気で（不法移民の）親子を引き離し、国境で難民を足止めさせ、同盟国を裏切り、ほかにもさまざまな非人道的行為が行われた。さらに、世界規模で新型コロナウイルスの感染症が広がり、ドナルドの他人の命に対するおぞましいほどの無関心さが露呈することになるなど、私は予見できなかった。

ドナルドの新型コロナウイルスに対する初期対応は、どんな犠牲を払っても悲観的になるべきではないと強調することだった。一族のなかでは弱さと同義の言葉「恐怖」。ドナルドは、三歳のときと同じように、いまだにそれを受け入れられなかった。最大の問題を抱えているいま、ドナルドに最上級の賛辞を送ったとしても十分とはいえない。突拍子のないものであれ、無意味なものであれ、とにかく状況とその対処法は彼にとって独自のものでなければならないのだ。ドナルド政権下で、ハリケーン・マリア（甚大な被害をもたらした二〇一七年九月の大型ハリケーン）ほど雨量の多いハリケーンはなかった。「誰も予測できなかった」とドナルドは言ったが、新型コロナウイルスがワシントン州を襲うわずか数カ月前に、アメリカの保健福祉省はパンデミックのシミュレーションを行っていた。なぜドナルドはこんなことをするのか。それは、恐怖からだ。

　ドナルドは、二〇一九年一二月、そして一月、二月、三月と、ナルシシズムのせいでぐずぐずしていたわけではない。彼がそうしたのは、弱く見えたり、何もかも「うまくいっている」「すばらしい」「完璧だ」というメッセージを伝えられないことを恐れたためだ。皮肉なのは、ドナルドが現実を直視できなかったために、当然のことながら大規模な失敗につながったことだ。今回の災禍では、十数万という人の命が失われ、歴史上最も裕福な国の経済が破綻する恐れまである。だが、ドナルドはこのいずれの事実も直視せず、証拠を隠すためにゴールポストを移動させ、その過程できっと、死者が二〇〇万人でなく十数万人だけなのだから、自分は誰よりも優れた仕事をしたのだと自分を納得させるだろう。

「やられたらやり返せ」とドナルドは言うが、彼がやり返す相手は、支払いを拒否された請負業者とか、保護を拒否された姪や甥といった、たいていは最初に彼のほうから手を出した相手だ。ドナルドがなんとか相手に弾を撃ち込めたとしても、腕が悪いので、巻き添えになる者が出てくる。

ニューヨーク州知事で、現在は新型コロナウイルスへの対応の事実上のアメリカのリーダーといえるアンドリュー・クオモは、ドナルドへの媚《こ》びへつらいが足りなかったという罪だけでなく、究極の罪を犯してしまった。ドナルドより優れ、より有能で人望が厚く、行動力があって賞賛を受ける本物のリーダーであることをドナルドに示すという罪である。だからといって、ドナルドがクオモを黙らせたり、彼の決定を覆《くつがえ》したりして仕返しすることはできない。全国的な対応を主導する権限をドナルドは放棄したからだ。彼はいまや州レベルで下された決定に対抗する力を持っていない。クオモのことをこき下ろし、不平を言うことはできるが、クオモのニューヨーク州知事としての本物のリーダーシップは、日を追うごとに、ドナルドが取るに足りない哀れで器の小さい男――無知で、無能で、力量もなく、自分の妄想にふけっているだけの男――であることを暴いていった。

ドナルドが無力さと怒りを相殺するためにできることといえば、ほかの人たちを罰することだ。彼はきっと、人工呼吸器を供給しなかったり、自分に十分にひれ伏していない州に援助物資を回さなかったりするだろう。ニューヨークで必要な機器や装備の不足が続けば、私たちは悲惨な状態に陥り、クオモの印象は悪くなる。幸いにもニューヨーク市にドナルドの支持者はそれほど多くないものの、彼の「報復」への卑劣な欲求のせいで命を落とす人が出てくるだろう。現在のような状況においては、ドナルドが正当な報復だと考えるものは大量殺人につながっていく。

本来、ドナルドはたやすくヒーローになれたはずなのだ。オバマ政権から渡され、そのあと棚に置かれたままだったパンデミック対策マニュアルを取り出すようドナルドが指示してさえいれば、ドナルドを嫌悪し批判していた人々でさえ、際限なく続くドナルドの愕然とするような行動も大目に見たのではないだろうか。そのウイルスは感染力が強く、きわめて高い致死率を示し、簡単には封じ込められないという最初の兆候が出た時点で、ドナルドが適切な機関と州政府に警告を発してさえいれば……。最悪のシナリオに対処できるような態勢を整えるために個人用防護具（ＰＰＥ）や人工呼吸器、その他必要な装備の生産を始められるよう一九五〇年に制定された国防生産法を発動していれば……。医学や科学の専門家たちが事実をありのまま、かつ明確に伝える記者会見を毎日開くことを許していれば……。すべての関係機関が協力して組織的なトップダウン方式と連携が図れるようにしていれば……。そうしたことをしたとしても、ドナルド自身の労力はほとんど求められなかっただろう。二、三本の電話をかけ、一、二度スピーチを行って、あとは何もかも任せるだけでよかったのだ。慎重すぎると非難されたかもしれないが、国民の大部分は安全でいられ、もっと多くの国民が生き残れたはずだ。だが実際には、州は必要な物資を民間請負業者から購入することを余儀なくされている。連邦政府はそうした物資を奪い取り、連邦緊急事態管理庁（ＦＥＭＡ）がそれを民間請負業者に分配して戻し、業者はまたそれを売りに出している。

何千人もの国民が独りぼっちで亡くなっているときに、ドナルドは株価が好調だとさかんに言い立てた。私の父が独りぼっちで死にかけていたとき、ドナルドは映画を観に行った。あなたの死からなんらかの利益を得ることができるなら、ドナルドはそれを促し、その後あなたが死んだという事実は無視するだろう。

どうしてドナルドは行動を開始するまでにあれほどの時間がかかったのだろう？　どうして新型コロナウイルスを真剣に受け止めなかったのだろう？　一つには、私の祖父のように想像力が欠落しているからだ。パンデミックはすぐにはドナルド自身に関係せず、常に危機管理をしたところで、自分ほどよい仕事をした者はほかにいないという彼の都合のよい物語の宣伝にはなんの役にも立たないからだ。

パンデミックが三カ月、四カ月と続き、死者数が数万人に増えてくると、マスコミは、亡くなった人とその遺族に対するドナルドの共感の欠如についてコメントしはじめた。ドナルドが根本的に他人の苦しみについて考えられないというのは、純然たる事実である。亡くなった人たちの話をしたところで、彼はうんざりするだけだ。新型コロナウイルスの犠牲者に目を向けることは、彼らの弱さ——まさしく父親から軽蔑するよう教えられた特質が弱さだった——を自分に結びつけることになる。父親とフレディのあいだでうまく振る舞うことができなかったのと同じように、病人や死にゆく人々を擁護できないのだ。ドナルドにとって他人に感情移入することに価値はなく、他人を思いやることには明らかな利点がないというのが、間違いなくその理由だろう。政治ジャーナリストのデイヴィッド・コーンは、「この哀れな壊れた人間にとって、ありとあらゆるものが取引なのだ。一つ残らず」と書いている。私の叔父ドナルドは、彼自身にもほかの人にも、すべての人間には生まれもった価値があるということを理解していない。それは、親が育て方を失敗した人物の壮大な悲劇である。

ドナルドの考えでは、避けられない脅威を認めることでさえ弱さを示すことになる。責任をとれば、自分が非難にさらされる。ヒーローに、つまり善き存在になることは、彼にはとうてい無理なのだ。

マーティン・ルーサー・キング・ジュニアが暗殺されたとき以来の最悪の暴動への対応

についても、同じことが言える。これは、ドナルドにとってはあっさり成功するはずのまた別の危機だったわけだが、無知のあまり、自分が大統領に就任してから三番目に大きな国家的惨事にうまく対処できなかった。国民に一つにまとまるよう呼びかけるという効果的な対応ができたはずだが、ドナルドは分裂を求めた。分断、それは彼が唯一知っている生き残るための方法だった。何十年も前に、自分の子どもたちを互いに争わせた祖父が確立した方法である。

これは単なる想像にすぎないが、ジョージ・フロイド（拘束中に頸部を強く圧迫されて死亡した黒人男性）を殺害したときのデレク・ショーヴィン（元ミネアポリスの白人警官）の平然とした残忍さと、人間とは思えないような冷酷さ——手をポケットに突っ込んだまま無頓着にカメラへ目を向けている——をドナルドは羨望の眼差しで見つめていたのではないだろうか。これも私の想像だが、彼は、フロイドの首を圧迫しているのが自分の膝だったらと思っていたのではないだろうか。

代わりにドナルドは、ツイッターやFOXニュースといった安全な場所に引っ込んで、比喩的な意味であれ言葉どおりであれ、シェルターで守られている遠く離れた場所から、非難の言葉をぶつけている。自分こそ弱さをさらしているというのに、他人の弱さについてはわめき散らす。だが、ドナルドがいまも、そしてこの先もずっと、怯《おび》えきった少年であるという事実から逃れることはできない。

ドナルドの怪物ぶりは、彼が子どものときから逃げつづけている、彼の内に潜む真の弱さの表れだ。ドナルドにとっては、たとえそれが単なる虚勢にすぎなくても、楽観的で力強く見せる以外に選択肢はなかった。そうしなければ、待っているのは死だからだ。私の父の短い生涯がその証拠だ。現在、この国は、病弱な妻の声をかき消し、死にかけている息子を責めさいなみ、お気に入りの子どもであるドナルド・トランプの傷ついた心を癒やすどころか悪化させるために、私の祖父が特別に配合したのと同じ毒性の高い楽観主義に苦しんでいる。

「大丈夫、大丈夫、そうだろう、お嬢さん？」

謝辞

サイモン・アンド・シュスター社のジョン・カープ、イーモン・ドラン、ジェシカ・チン、ポール・ディッポリート、リン・アンダーソン、ジャッキー・シオに感謝します。ウィリアム・モリス・エンデヴァー（ＷＭＥ）社では、ジェイ・マンデルとションＩアシュリー・エドワーズに。

さらに、配慮の行き届いた調査をしてくれたキャロリン・レヴィン、親切にしてくれたマザー・ジョーンズ誌のデイヴィッド・コーン、非凡なファクトチェッカーのダレン・アンクロム、よき時代について語ってくれたスチュアート・オルトチック、すばらしいトランスワールド航空（ＴＷＡ）社の歴史を詳しく聞かせてくれたジェリー・ローラー機長、さまざまな疑問を解き明かす情報をくれたマリアン・トランプ・バリーにお礼を申し上げます。

私と団結してくれたデニース・ケンプ、価値ある話をしてくれた私の母リンダ・トランプ、私が何より必要としていたときに友情と信頼を与えてくれたローラ・シュウィアーズ、デビー・R、ステファニー・B、ジェニファー・Tに感謝の気持ちを贈ります。伝統を守る助けになっているジルとマーク・ナスにも（JCE！）。

日々恋しく思っている、みんなのいとしいトランピー（トランピーベアと呼ばれる、トランプに似せた熊のぬいぐるみのこと）にも。

つぎの方々に深く感謝します。あの最初の出会いと、動機を信じてくれたテッド・ブートロス。寛大さと友情を示してくれたアニー・チャンピオン。思慮に富んだ意見を返し、私の人生に入ってきてくれたパット・ロス。私の父のとてもよい友人でいてくれたアンナマリア・フォーシアー。あなたにお会いできて本当に嬉しく思います。たぐいまれなジャーナリズムと誠実さを示してくれたスザンヌ・クレイグとラス・ビュートナー。仲間に加えてくれてありがたく思います。スー、あなたの粘り強さ、勇気、そして励ましがなければ、この本は完成しなかったでしょう。ともに旅をして、この本をよりよいものに――もっと面白くて、前ほど孤独を感じさせないものに――してくれたリズ・スタイン（それにもちろん、ベビーヨーダも）。ずっとそばにいて、根気強く感想を聞かせてくれ、地元の質屋で私を援護してくれたエリック・アドラー。このプロジェクトのそもそもの始まりからかかわって、私がプロジェクトを信じられなくなったときにもずっと信じ、一語一語を繰り返し読んでくれたアリス・フランクストン。これから何が起こるのか、楽しみでしかたありません。

そして最後に、どんな子どもにも求められないほど、我慢強く、理解を示してくれる娘のエイヴァリーに。愛してる。

著者紹介

メアリー・トランプ　MARY L. TRUMP
第45代アメリカ大統領ドナルド・トランプの姪。ダーナー高等心理学研究所で博士号（臨床心理学）を取得し、大学院で心的外傷、精神病理学、発達心理学の講義を担当。娘とともにアメリカ・ニューヨーク州在住。

訳者紹介

草野 香（くさの・かおり）
東京外国語大学外国語学部英米語学科卒。訳書に『情熱のシーラ（下）』（共訳、NHK出版）、『ボーダー 二つの世界』（共訳、早川書房）がある。

菊池由美（きくち・ゆみ）
京都大学文学部哲学科卒。訳書に『ホーリー・カウ』（小学館）、『「困った人」との接し方・付き合い方』（パンローリング）など。

内藤典子（ないとう・のりこ）
同志社女子大学大学院文学研究科修士課程修了。訳書に『図解　異常気象のしくみと自然災害対策術』（原書房）など。

森沢くみ子（もりさわ・くみこ）
関西外国語短期大学外国語学部卒。訳書に『はらぺこ犬の秘密』（論創社）など。

芝 瑞紀（しば・みずき）
青山学院大学総合文化政策学部卒。訳書に『シャンパンの歴史』（原書房）など。

酒井章文（さかい・あきふみ）
武蔵野美術大学造形学部中退。訳書に『ビリー・アイリッシュのすべて』（共訳、大和書房）など。

翻訳協力：株式会社リベル／山下美代子／島崎由里子
装丁（日本版）：前橋隆道
DTP：ためのり企画

世界で最も危険な男
「トランプ家の暗部」を姪が告発

2020年9月20日　初版第1刷発行

著　者　メアリー・トランプ
訳　者　草野 香
　　　　菊池由美・他
発行者　鈴木 崇司
発行所　株式会社 小学館
〒101-8001
東京都千代田区一ツ橋 2-3-1
電　話　編集 03-3230-5803
　　　　販売 03-5281-3555
印刷所　凸版印刷 株式会社
製本所　株式会社 若林製本工場
Printed in Japan. ISBN978-4-09-356728-2

造本には十分注意しておりますが、印刷、製本など製造上の不備がございましたら「制作局コールセンター」（フリーダイヤル0120-336-340）にご連絡ください。（電話受付は、土・日・祝休日を除く 9:30 ～ 17:30）
本書の無断での複写（コピー）、上演、放送等の二次利用、翻案等は、著作権法上の例外を除き禁じられています。本書の電子データ化等の無断複製は著作権法上での例外を除き禁じられています。代行業者等の第三者による本書の電子的複製も認められておりません。